语言梦工厂

Parlare L'italiano Subito Ddall'inizio

零起点

马上开口说意大利语

随时随地扫码学习，说意大利语就是这么简单！

丛书主编 云 心
本书主编 缪春萍
参 编 陈 瑶 陈 玺 符向锋 王小妹
林海肖 王小可 龚 曦 迪 娜
杨晓琳 蒙健平 何东燃 邓乔丹

全书分为9个大章节，涵盖日常交际、情感态度、百姓生活、公共服务、购物消费、感情世界、出国旅游、职场达人、商务贸易几大类，书中设置43个话题，每个话题又根据情境细分为小的场景，全书常用口语句子共计3000句以上。

全书内容以地道、实用的短句为主，每个句子有中文、外文，还标注了中文谐音和拼音，方便读者选择对照学习。本书入门方便，而且适用范围广。适合外语零基础，对外语学习有需求或感兴趣的外语爱好者；或是有一定外语基础，会看不会读，希望快速掌握口语、能说流利、地道口语的外语学习者。

图书在版编目（CIP）数据

零起点马上开口说意大利语 / 缪春萍主编. —北京：机械工业出版社，2017.1

（语言梦工厂）

ISBN 978-7-111-55792-0

Ⅰ. ①零… Ⅱ. ①缪… Ⅲ. ①意大利语—口语—自学参考资料 Ⅳ. ① H772.94

中国版本图书馆 CIP 数据核字（2016）第 313765 号

机械工业出版社（北京市百万庄大街 22 号 邮政编码 100037）

责任编辑：孙铁军　　　版式设计：吴凯贤

责任印制：常天培

涿州市京南印刷厂印刷

2017年8月第1版第1次印刷

127mm×175mm・12印张・276千字

0001–5000 册

标准书号：ISBN 978-7-111-55792-0

定价：36.80 元

凡购本书，如有缺页、倒页、脱页，由本社发行部调换

电话服务	网络服务
服务咨询热线：010-88361066	机 工 官 网：www.cmpbook.com
读者购书热线：010-68326294	机 工 官 博：weibo.com/cmp1952
010-88379203	金 书 网：www.golden-book.com
封面无防伪标均为盗版	教育服务网：www.cmpedu.com

前言

作为一个中学理科出身的外语专业毕业生，身边既有众多“外语精”，更有更多的“外语渣”。于是，在“外语精”们眉飞色舞地和外国友人谈天说地时，“外语渣”们就会略带崇敬及憧憬地问：

“你跟外国人交流是不是都没有困难啊？”

“你出国旅游都不用找导游了吧？”

“是不是看外国电影、电视剧都不用看字幕呀？”

“我要是能有你这水平就好了，路上碰到外国友人问路也不会犯怵了，国内游完一圈，还能勇敢地看看世界各地的风景了！”

其实，你完全不用羡慕嫉妒恨。虽然外语和中文有一定的差别，但是只要掌握了学习的窍门，将汉语和外语之间建立起联系来，你就会发现，外语就是一只纸老虎，这只纸老虎会任你掌控，甚至会变得十分有趣，有趣到你时不时就想“显摆”一下，而越“显摆”，你就说得越流利！

这番言论又遭到“外语渣”们的轰炸：“就是因为不懂得窍门，没发现汉语和外语之间有什么联系，所以才不会说的啊！工作、学习又忙，怎么会有时间、精力细细挖掘一门根本就不精通，甚至一窍不通的外语呢？”

别急别急，这套《零起点马上开口说》系列丛书，将带你们通向“外语通”的捷径！

本套系列丛书共包含 10 个分册，全面覆盖 10 个语种：英语、日语、韩语、德语、法语、俄语、泰语、西班牙语、意大利语和葡萄牙语。每本分册都按情境分类，涵盖了跟日常生活、工作息息相关的最常用、最常听到的口语句子，让你翻开书就能懂，找到句子就能轻松读出，就算一点外语基础都没有，也能轻松地把外语准确地说出口！

大妈、大爷、大叔、大婶、大哥、大姐、小弟、小妹……读者群不分年龄段。

导购、售票员、学生、司机、导游……读者群不分职业身份。

去旅游、去购物、去住店、去交友……读者群不分使用范围。

听听本书配套的音频，再看看这些精心设计后标注的拼音、汉字谐音，嘿，还真不是一般的地道！

来吧，朋友！带上《零起点马上开口说》，哪里不会翻哪里，想说什么都难不倒！

编 者

目录

2 情感态度

3 百姓生活

4 公共服务

5 购物消费

鞋帽配饰

珠宝首饰

护肤美妆

电子产品

购买家具

6 感情世界

7 出国旅游

8 职场达人

求职面试

日常事务

职场沟通

9 商务贸易

营销合作

国际贸易

见面寒暄

亲切问候

早上好！
Buongiorno!
谐音 不翁鸡哦了诺
buongjioleno

下午好！
Buon pomeriggio!
谐音 不翁 波咩力嚼
buong bomielijio

你好！
Ciao!
谐音 俏
qiao

晚上好！
Buonasera!
谐音 不哦那谢啦
buonasela

晚安！
Buonanotte!
谐音 不哦那诺爹
buonanodei

你好吗？
Come stai?
谐音 括咩 斯呆
komie sdai

您好吗？
Come sta?
谐音 括咩 斯哒
komie sda

你最近怎么样？
Come stai ultimamente?
谐音 括咩 斯呆 呜了低嘛闷爹
komie sdai wuledimamendei

一切都还好吧？
Tutto bene?
谐音 度多 呗内
dudo bene

我很好，谢谢！**你呢**？
Molto bene, grazie, e tu?
谐音 莫了铎 呗内 哥拉鸡诶 毒
moledo bene gelajie e du

还行。
Cosi cosi.
谐音 括记 括记
koji koji

不好。
Male.
谐音 骂咧
malie

有什么有趣的事情吗？
C'è qualcosa di interessante?
谐音 切 夸了扩咋 低 因得了丧爹
qie kualekoza di yingdelesangdei

怎么了？
Che c'è?
谐音 科耶 切
ke qie

你今天觉得怎么样？
Come ti senti?
谐音 括咩 低 肾低
komie di sendi

自我介绍

我可以自我介绍一下吗？
Posso presentarmi?
谐音 钵索 不咧增大了米
boso buliezendalemi

我介绍一下自己。
Mi presento.
谐音 咪 不咧增哆
mi buliezendo

我叫玛利亚。
Sono Maria.
谐音 索诺 玛利亚
sono maliya

我叫玛利亚。
Mi chiamo Maria.
谐音 米 科衣啊漠 玛利亚
mi kiamo maliya

我是来自英国的玛利亚。
Sono Maria dall'Inghilterra.
谐音 索诺 玛利亚 哒拎鸡了爹啦
sono maliya dalinjiledeila

我是中国人。

Sono cinese.

谐音 索诺 漆馁则

sono qineze

我今年 22 岁。

Ho ventidue anni.

谐音 哦 温低嘟诶 啊你

o wendidue ani

我是一名学生。（男性用语）

Sono uno studente.

谐音 索诺 呜诺 斯嘟扽爹

sono wuno sdudendei

我是一名学生。（女性用语）

Sono una studentessa.

谐音 索诺 呜呐 斯嘟扽爹撒

sono wuna sdudendeisa

我学意大利语。

Studio la lingua italiana.

谐音 斯渡低哦 拉 吝瓜 一哒狸啊呐

sdudio la lingua idaliana

介绍别人

我想向你介绍一位朋友。

Voglio presentarti un amico.

谐音 喔衣哦 不咧增大了地 翁 啊密括

woyio buliezendaledi ong amiko

我来介绍我哥哥给你认识。

Ti presento mio fratello.

谐音 地 不咧增哆 咪哦 夫拉爹洛

di buliezendo mio fuladeilo

这位是玛利亚。

Lei è Maria.

谐音 累 耶 玛利亚

lei e maliya

她来自英国。

Lei viene dall'Inghilterra.

谐音 累 呜依耶捏 哒拎鸡了爹啦

lei viene dalinjiledeila

他是一名医生。

Lui è un medico.

谐音 噜衣 耶 翁 咩地括

luyi e ong miediko

她很可爱。

Lei è simpatica.

谐音 累 耶 兴爸弟咔

lei e ximbadika

她喜欢读书。

Gli piace leggere i libri.

谐音 衣 逼啊切 咧觉咧 一 里不理

yi biaqie liejuelie yi libuli

回应介绍

很高兴认识你。（男性用语）

Sono lieto di conoscerti.

谐音 索诺 狸诶哆 低 括诺血了低

sono liedo di konoxueledi

很荣幸认识你。
Piacere.
谐音 逼啊切咧
biaqielie

很高兴认识你。（女性用语）
Molto lieta.
谐音 摸了哆 里耶哒
moledo lieda

认识你是我的荣幸。
È stato un piacere conoscerti.
谐音 耶 斯大哆 翁 逼啊切咧 括喏血了低
ye sdado ong biaqielie konoxueledi

这是我们第一次见面。
È la prima volta che ci incontriamo.
谐音 耶 啦 不丽嘛 握了哒 科耶 沏 因空的里阿摸
ye la bulima voleda ke qi yinkondeliamo

我听说了很多你的事。
Ho sentito molte cose su di te.
谐音 哦 肾弟哆 默了爹 扩啧 苏 低 爹
o sendido moledei koze su di dei

我很期待这次会面。
Aspetto da tanto questo colloquio.
谐音 啊斯呗哆 哒 当哆 哭耶斯哆 扩咯溃哦
asbedo da dangduo kuesdo kolokuio

久别重逢

好久不见。
È molto tempo che non ci vediamo.
谐音 耶 摸了多 扽波 科耶 弄 气 呜耶地啊摸
e moledo dembo ke nong qi vediamo

我很想你。

Mi manchi.

谐音 咪 忙科以

mi mangki

一切还顺利吗?

Va tutto bene?

谐音 哇 度多 呗内

va dudo bene

你这阵子在忙些什么呢?

Che cosa hai fatto in questi giorni?

谐音 科耶 括咋 爱 发哆 应 亏斯地 焦了你

ke koza ai fado ying kuesdi jioleni

你还是老样子啊。

Non sei cambiato, sei quello di sempre.

谐音 弄 色衣 康逼啊哆 色衣 亏咯 低 肾不咧

nong sei kangbiado, seyi kuelo di senbulie.

再次见到你我是多么的高兴啊!

Quanto sono contenta di rivederti!

谐音 框哆 索诺 空拕哆 低 狸呜耶爹了地

kuangdo sono kongdendo di livedeiledi

真巧啊!

Che coincidenza!

谐音 科耶 括应漆拕咋

ke koyingqidenza

这世界还真小啊!

Quanto è piccolo il mondo!

谐音 况哆 耶 毕括咯 衣了 蒙哆

kangdo e bikolo yile mongdo

表示感谢

谢谢！
Grazie!
谐音 哥辣鸡耶
gelajie

非常感谢！
Grazie mille!
谐音 哥辣鸡耶 咪咧
gelajie milie

非常感谢！
Grazie tanto!
谐音 哥辣鸡耶 当哆
gelajie dangdo

非常感谢！
Grazie molto!
谐音 哥辣鸡耶 默了哆
gelajie moledo

感谢你！
Ti ringrazio!
谐音 低 拎哥辣鸡哦
di lingelajio

感谢你！
Ti ringrazio sinceramente!
谐音 低 拎哥辣鸡哦 辛切啦闷爹
di lingelajio xinqielamendei

回应感谢

不客气！

Prego!

谐音 不咧锅

buliego

没事儿！

Figurati!

谐音 富衣姑啦低

figuladi

没什么。

Di niente.

谐音 低 尼恩爹

di niendei

没什么。

Non c'è di che.

谐音 弄 切 弟 科耶

nong qie di ke

表示歉意

对不起。

Mi dispiace.

谐音 咪 低斯逼啊怯

mi disbiaqie

抱歉。

Mi scusi.

谐音 咪 斯裤鸡

mi skuji

都是我的错。
È tutta colpa mia.
谐音 耶 嘟哒 括了吧 咪啊
e duda koleba mia

我不是故意的。
Non l'ho fatto apposta.
谐音 弄 落 发哆 控 啊锛斯哒
nong luo fado abosda

我向你道歉。
Ti chiedo scusa.
谐音 低 科衣耶哆 斯裤咋
di kiedo skuza

请你原谅我。
Ti prego, perdonarmi.
谐音 低 不咧锅 呗了哆呐了咪
di buliego beledonalemi

回应道歉

没关系。
Non fa niente.
谐音 弄 发 你恩爹
nong fa niendei

别在意，没事。
Non ti preoccupare.
谐音 弄 低 不咧哦哭爸咧
nong di bulieokubalie

这不是你的错。
Non è colpa tua.
谐音 弄 耶 括了吧 嘟啊
nong e koleba dua

没事，忘了吧。
Non è nulla.
谐音 弄 耶 怒啦
nongyenula

告辞道别

再见。
Ciao.
谐音 俏
qiao

再见。
Ci vediamo.
谐音 漆 呜耶低啊默
qi vediamo

再见。
Arrivederci.
谐音 啊里呜耶爹了期
alivedeileqi

再见。
ArrivederLa.
谐音 啊里呜耶爹了啦
alivedeilela

明天见。
A domani.
谐音 啊 哆骂你
a domani

一会见。
A presto.
谐音 啊 不咧斯哆
a buliesdo

发出邀请

我希望你能接受我的邀请。
Spero che tu possa accettare il mio invito.
谐音 斯呗咯 科耶 渡 波撒 啊切大咧 衣了 咪哦 应呜衣哆
sbelo ke du bosa aqiedalie yile mio yingvido

一起吃午饭怎么样？
Ti piacerebbe pranzare con me?
谐音 低 逼啊切咧呗 不浪咋咧 空 咩
di biaqieliebe bulangzalie kon mie

出去散散步怎么样？
Che ne dici di andare a fare una passeggiata?
谐音 科耶 捏 地起 低 肮大咧 啊 发咧 呜呐 芭些嫁哒
ke ne diqi di angdalie a falie una basejiada

你能来参加我的聚会吗？
Puoi venire alla mia festa?
谐音 不哦衣 呜耶腻咧 啊啦 咪啊 菲斯哒
buoyi venilie ala mia fesda

你想跟我们一起去吗？
Vuoi venire con noi?
谐音 呜哦衣 呜耶腻咧 空 诺衣
vuoyi venilie kon noyi

你今晚有空吗？
Sei libero stasera?
谐音 谢衣 丽呗咯 斯哒谢啦
seyi libelo sdasela

你今天晚上有事吗？

Hai da fare stasera?

谐音 啊衣 大 发咧 斯哒谢啦

ayi da falie sdasela

有这个荣幸一起跳支舞吗？

Posso avere il piacere di ballare con te?

谐音 波所 啊呜耶咧 衣了 逼啊怯咧 低 吧辣咧 空 爹

boso avelie yile biaqiele di balalie kon dei

接受邀请

好主意。

Buona idea.

谐音 不哦哪 衣爹啊

buona yideia

我很乐意。

Mi piacerebbe.

谐音 咪 逼啊切咧呗

mi biaqieliebe

好的，一会见。

Va bene, a presto.

谐音 哇 呗馁 啊 不咧斯哆

va bene a buliesdo

好，没问题。

Va bene, non c'è problema.

谐音 哇 呗馁 弄 切 不咯不咧嘛

va bene nong qie bulobuliema

当然，为什么不呢？

Certo, perchè no?

谐音 怯了哆 呗了科耶 呢欧

qieledo beleke nou

2 点我来接你。
Ti vengo a prendere alle 2.
谐音 低 问锅 啊 不认爹咧 啊咧 嘟耶
di vengo a bulendeilie alie due

我们在哪里见面？
Dove ci dovremmo incontrare?
谐音 哆呜耶 漆 哆呜咧摸 应空的辣咧
dove qi dowuliemo yingkondelalie

我中午 12 点到那儿跟你见面。
Ci vediamo lì a mezzogiorno.
谐音 漆 呜耶低啊莫 丽 啊 咩做鸡哦了诺
qi vediamo li a miezojioleno

回绝邀请

抱歉，不行。
Mi dispiace.
谐音 咪 低斯逼啊且
mi disbiaqie

谢谢你的邀请。
Grazie per il tuo invito.
谐音 哥辣鸡耶 呗了 衣了 嘟哦 应呜衣哆
gelajie bele yile duo yingvido

我很想去，但是我不能。
Mi piacerebbe, ma non posso.
谐音 咪 逼啊且咧呗 妈 弄 波所
mi biaqieliebe ma nong boso

抱歉，我恐怕不能和你一起去了。
Ho paura che non possa venire con te.
谐音 哦 吧呜啦 科耶 弄 波撒 呜耶腻咧 空 爹
o baula ke nong bosa venilie kon dei

恐怕周五前我都没空。
Ho paura che non sia libero fino a venerdì.
谐音 哦 吧呜啦 科耶 弄 西啊 丽呗咯 菲喏 啊 呜耶捏了地
o baula ke nong xia libelo fino a veneledi

我一整天都会很忙。
Sarò occupata tutto il giorno.
谐音 撒落 哦哭爸哒 嘟哆 衣了 鸡哦了诺
salo okubada dudo yile jioleno

对不起啊，我那天没空。
Mi dispiace, quel giorno non sono libeo.
谐音 咪 低斯逼啊且 哭耶了 鸡哦了诺 弄 索诺 丽呗啰
mi disbiaqie kuele jioleno nong suonuo libeilo

聚会变动

改天吧。
Facciamo un'altro giorno
谐音 发 漆阿莫 翁啊了的落 鸡哦了诺
faqiamo ongaledeluo jiolenuo

可以改天吗？
Possiamo fare un'altro giorno?
谐音 波西阿莫 发咧 翁啊了的落 鸡哦了诺
boxiamo falie orgaledeluo jiolenuo

你看我们把约会推迟到6点30分，方便吗？

Pensi che sia conveniente rinviarla alle 6:30?

谐音 笨西 科耶 西阿 空呜耶你恩爹 拎呜衣啊了啦 啊咧 谢 耶 咩做

bensi ke xia konveniendei linvialela alie seyi e miezo

我可能要晚点到。

Ho paura che sarò in ritardo.

谐音 哦 吧呜啦 科耶 撒落 应 狸大了哆

o baula ke salo ying lidaledo

抱歉我今天来不了了。

Mi dispiace di non poter venire all'appuntamento con voi oggi.

谐音 咪 低斯逼啊且 低 弄 波爹咧 呜耶腻咧 啊拉崩哒闷哆 空 呜哦衣 哦鸡

mi disbiaqie di nong bodeilie mangdeinelie labongdamendo kon voyi oji

我们能把聚会推迟到第二天吗？

Possiamo rimandarlo al giorno successivo?

谐音 波西啊麽 狸芒大了咯 啊了 鸡哦了喏 苏切西喔

bosiamo limangdalelo ale jioleno suqiesivo

那会不会太晚？

Non é troppo tardi?

谐音 弄 耶 的落波 大了低

nong ye delobo daledi

参加聚会

人到齐了吗？

Sono tutti qui ora?

谐音 所诺 嘟低 溃 哦啦

sono dudi kui ola

愿意与我跳支舞吗？

Ti piacerebbe ballare con me?

谐音 低 逼啊切咧呗 芭啦咧 空 咩

di biaqieliebe balalie kon mie

请自便。

Fai come vuoi.

谐音 发衣 括咩 呜哦衣

fayi komie vuoyi

你能来真是太好了。

Sono così felice che tu sia potuto venire.

谐音 所诺 括鸡 菲丽且 科耶 渡 西啊 波嘟哆 呜耶腻咧

sono koji feliqie ke du xia bodudo venilie

谢谢你们能来。

Grazie per essere venuto.

谐音 哥辣鸡耶 呗了 耶些咧 呜耶怒哆

gelajie bele eselie venudo

你想喝点什么吗？

Hai voglia di prendere qualcosa da bere?

谐音 啊衣 握衣啊 地 不认爹咧 夸了扩咋 大 呗咧

ayi voyia di burendielie kualekoza da belie

我去给你取些饮料和点心来。

Ti prendo alcune bevande e uno snack.

谐音 低 不认哆 啊了裤捏 呗汪爹 耶 呜诺 斯捏可

di bulendo alekune bevandei e wunuo sneike

我很喜欢这次聚会，谢谢你。

Ho apprezzato molto la festa, grazie.

谐音 哦 啊不咧炸哆 默了哆 啦 菲斯哒 哥辣鸡耶

o abuliezado moledo la fesda gelajie

祝你玩得开心。

Buon divertimento.

谐音 不翁 低呜耶了低闷哆

buong diveledimendo

干杯！

Salute!

谐音 撒路爹

saludei

询问时间

现在几点了？

Che ora è?

谐音 科耶 哦啦 耶

ke ola e

现在几点了？

Che ore sono?

谐音 科耶 哦咧 所诺

ke olie sono

那是当地时间吗？

È che l’oro locale?

谐音 耶 科耶 落落 咯卡咧

e ke luoluo lokalie

你的表几点了？

Che ora fa il tuo orologio?

谐音 科耶 哦啦 发 衣了 嘟哦 哦落落鸡哦

ke ola fa yile duo oluoluojio

请问现在几点了？

Potrebbe dirmi che ora è?

谐音 波的咧呗 地了咪 科耶 哦啦 耶

bodeliebe dilemi ke ola e

回答时间

现在 2 点了。

Sono le due.

谐音 所诺 咧 嘟耶

sono lie due

现在 1 点了。

È l'una.

谐音 耶 路呐

e luna

现在是正午 12 点。

È mezzanotte.

谐音 耶 咩咋诺爹

e miezanodei

现在是凌晨 12 点。

È mezzogiorno.

谐音 耶 咩咋 鸡哦 了诺

e miezogioleno

现在是 5 点 15。

Sono le cinque e un quarto.

谐音 所诺 咧 沁哭耶 耶 翁 跨了哆

sono lie qinkue e ong kualedo

现在差二十分钟 4 点。

Sono le quattro meno venti.

谐音 所诺 咧 跨的咯 咩诺 问低

sono lie kuadelo mieno vendi

那只表慢两分钟。

L'orologio è lento di due minuti.

谐音 落落落鸡哦 耶 认哆 低 嘟耶 咪怒地

lololojio e lento di due minudi

询问日期

今天是几号？

Quanti ne abbiamo oggi?

谐音 况低 捏 啊逼啊麽 哦鸡

kuangdi ne abiamo ogi

今天是星期几？

Che giorno è oggi?

谐音 科耶 鸡哦了诺 耶 哦鸡

ke jioleno e oji

现在是几月？

In che mese siamo?

谐音 因 可耶 灭啧 西阿莫

ying ke mieze xiamo

十月一日是什么日子？
Che giorno è il primo d'ottobre?
谐音 科耶 鸡哦了诺 耶 衣了 不丽摸 哆剁不咧
ke jioleno e yile bulimo duoduobulie

你生日是什么时候？
Quando è il tuo compleanno?
谐音 况哆 耶 衣了 嘟哦 空不咧啊诺
kuangdo e yile duo konbulieano

今年是哪一年？
In che anno è siamo?
谐音 应 科耶 啊诺 耶 哭耶斯大诺
yin ke ano e kuesdano

你知道确切日期吗？
Sai la data esatta?
谐音 撒衣 啦 大大 耶炸哒
sayi la dada ezada

这周末你干什么？
Che cosa fai questo fine settimana?
谐音 科耶 括咋 发衣 哭耶斯哆 菲捏 些低骂哪
ke koza fayi kuesdo fine sedimana

5月5日晚上你在什么地方？
Dove ti trovavi il cinque maggio?
谐音 哆呜耶 低 的落呜衣 衣了 沁哭耶 骂鸡哦
dove di delovavi yile qinkue majio

回答日期

5月5日。
Il cinque maggio.
谐音 衣了沁哭耶 骂鸡哦
yile qinkue majio

今天是星期一。

Oggi è lunedì.

谐音 哦鸡 耶 噜捏地

oji e lunedi

现在是 12 月。

È dicembre.

谐音 耶 低欠不咧

e diqianbulie

今天是 6 号。

Oggi ne abbiamo sei.

谐音 哦鸡 捏 啊逼啊么 谢衣

oji ne abiamo seyi

今天是 5 月 6 号，星期三。

Oggi è il sei maggio, mercoledì.

谐音 哦鸡 耶 衣了 谢衣 骂焦 咩了括了地

oji e yile seyi majio mielekoledi

我出生于 1990 年 9 月 6 日。

Sono nato il 6 settembre, 1990.

谐音 所诺 那多 衣了 谢衣 些扽不咧 咪咧诺呜耶欠哆诺忘哒

sono nado yile seyi sedenbulie milienovecendonovangda

我周末不上班。

Non vado a lavorare il fine settimana.

谐音 弄 哇哆 啊 啦喔辣咧 衣了菲捏 些低骂哪

nong vado a lavolalie yile fine sedimana

今天是我的生日。

Oggi è il mio compleanno.

谐音 哦鸡 耶 衣了 咪哦 空不咧啊诺

oji e yile mio konbulieano

电话礼仪

拨打电话

杰克在吗？

C'è Jack?

谐音 切 杰克

qie jack

麻烦叫杰克接电话。

Posso parlare con Jack?

谐音 钵所 巴了辣咧 空 杰克

boso balelalie kon jack

请问杰克在吗？

Posso parlare con Jack, per favore?

谐音 钵所 巴了辣咧 空 杰克 呗了 发喔咧

boso balelalie kon jack bele favolie

抱歉这么晚给您打电话。

Mi spiace chiamarti così tardi.

谐音 咪 斯逼啊切 科衣啊骂了低 扩鸡 大了低

mi sbiaqie kiamaledi koji daledi

我晚点儿再打过来。

Richiamerò più tardi.

谐音 狸科衣啊咩咯 逼悠 大了低

likiamielo biou daledi

我会再给他打电话的。

Lo chiamerò di nuovo.

谐音 咯 科衣啊咩咯 低 奴哦喔

lo kiamielo di nuovo

是汤姆吗？

È Tom?

谐音 耶 汤姆

e tom

接听电话

你好，我是安娜。

Ciao, sono Anna.

谐音 俏 所诺 安娜

qiao sono anna

请问你是哪位？

Chi è?

谐音 科衣 耶

ki e

能告诉我你的名字吗？

Puoi dirmi il tuo nome?

谐音 不哦衣 地了咪 衣了 嘟哦 诺咩

buoyi dilrmi yile duo nomie

喂？

Pronto?

谐音 不龙哆

bulondo

我就是。

Sì, sono io.

谐音 细 所诺 衣哦

xi sono yio

请稍等。

Un momento, per favore.

谐音 翁 摸闷哆 呗了 发喔咧

ong momendo bele favolie

要我捎个口信吗?

Posso prendere un messaggio?

谐音 钵所 不认爹咧 翁 咩撒鸡哦

boso bulendeilie ong miesajio

杰克，有你的电话。

Jack, c'è una chiamata per te.

谐音 杰克 切 呜呐 科衣啊骂哒 呗了 爹

jack qie wuna kiamada bele dei

对不起，让您久等了。

Mi dispiace di tenervi in attesa.

谐音 咪 低斯逼啊切 低 爹捏了呜衣 应 啊爹咋

mi disbiaqie di deinelevi ying adeiza

挂断电话

谢谢您的来电。

Grazie per avere chiamato.

谐音 哥辣鸡耶 呗了 啊呜耶咧 科衣啊骂哆

gelajie bele avelie kiamado

很高兴与您通话。

È stato bello parlare con te.

谐音 耶 斯大多 呗咯 吧了辣咧 空 爹

e sdado belo balelalie kon dei

我待会儿回电给你。

Ti richiamerò più tardi.

谐音 低 丽科衣啊咩咯 逼悠 大了低

di likiamielo biou daledi

抱歉，我要挂电话了。

Mi dispiace, devo andare ora.

谐音 咪 低斯逼啊切 爹喔 肮大咧 哦啦

mi disbiaqie deivo angdalie ola

你随时可以再给我来电。

Chiamami in qualsiasi momento.

谐音 科衣啊骂咪 应 夸了西啊西 摸闷哆

kiamami ying kualesiasi momendo

我会再给他打电话的。

Lo chiamerò di nuovo.

谐音 咯 科衣啊咩咯 低 奴哦喔

lo kiamielo di nuovo

接收故障

您所拨打的电话已关机。

Il numero chiamato è spento.

谐音 衣了 怒咩咯 科衣啊骂哆 耶 斯笨哆

yile numieluo kiamado e sbendo

您拨打的电话正在通话中。

L'utente che stai chiamando è occupato.

谐音 噜拕爹 科耶 斯呆 科衣啊芒哆 耶 哦哭爸哆

ludendei ke sdai kiamado e okubado

电话占线。
La linea è occupata.

谐音 啦 丽捏啊 耶 哦哭爸打

la linea e okubada

您所拨打的电话暂时无法接通，请稍后再拨。
Il numero chiamato non è raggiungibile al momento, La prego di richiamare più tardi.

谐音 衣了 怒咩咯 科衣啊骂哆 耶 拉窘寄逼咧 啊了 摸闷哆 啦 不咧锅 低 丽科衣啊骂咧 逼悠 大了低

yile numielo kiamado nong ye lajiongjibilie ale momendo la buliego di likiamalie biou daledi

您拨打的电话已停机。
L'utente chiamato è fuori servizio.

谐音 噜扽爹 科衣啊骂哆 耶 敷哦里 些了呜衣鸡哦

ludendei kiamado e fuoli selevijio

你打错电话了。
Mi dispiace, hai sbagliato numero.

谐音 咪 低是逼啊切 啊衣 斯吧衣啊哆 怒咩咯

mi disbiaqie ayi sbayiado numielo

这里没有苏珊这个人。
Non c'è Susan qui.

谐音 弄 怯 苏珊 溃

nong qie susan kui

对不起，她人不在。
Mi dispiace, lei non è qui.

谐音 咪 低斯逼啊切 累 弄 耶 溃

mi disbiaqie lei nong e kui

抱歉，我没听清。

Mi dispiace, non ho sentito bene.

谐音 咪 低斯逼啊切 弄 哦 伸低哆 呗捏

mi disbiaqie nong o shendiduo benie

能麻烦您大点声吗？

La prego di parlare un po 'più forte.

谐音 啦 不咧锅 低 吧了辣咧 翁 波 逼悠 佛了嘚

la buliego di balelalie ong bo biou foledei

能再说一遍吗？

La prego di ripetere.

谐音 啦 不咧锅 低 丽呗爹咧

la buliego di libedeilie

您能慢点说吗？

Puoi rallentare, per favore?

谐音 不哦衣 啦仍哒咧 呗了 发喔咧

buoyi lalendalie bele favolie

你那边好吵。

C'è un sacco di rumore.

谐音 切 翁 撒括 低 噜沫咧

qie ong sako di lumolie

积极乐观

明天会更好。
Domani è un altro giorno.
谐音 哆骂你 耶 翁 啊了的咯 鸡哦了诺
domani e ong aledelo jioleno

一切都会好起来的。
Andrà tutto bene.
谐音 肮的辣 嘟哆 呗捏
angdela dudo bene

我对你有信心。
Ho fiducia in te.
谐音 哦 菲肚恰 应 爹
o fiduqia ying dei

我是一个乐观主义者。
Sono un ottimista.
谐音 所诺 翁 哦低密斯哒
sono ong odimisda

我敢肯定我们会赢的。
Sono sicura che vinceremo.
谐音 所诺 西裤啦 科耶 呜应切咧摸
sono xikula ke vinqieliemo

没什么可担心的。
Non c'è nulla di preoccuparsi.
谐音 弄 切 怒啦 哒 不咧哦哭爸了西
nong qie nula di bulieokubalesi

你一定会成功的。

Sei destinato a vincere.

谐音 些衣 爹斯低呐哆 啊 呜应切咧

seyi deisdinado a vinqielie

条条大路通罗马。

Tutte le strade portano a Roma.

谐音 嘟爹 咧 斯的辣爹 钵了哒诺 啊 落嘛

dudei lie sdeladei boledano a loma

一切皆有可能。

Niente è impossibile.

谐音 尼恩爹 耶 应波西逼咧

niendei e imbosibilie

消极悲观

今儿什么事都不顺心，真倒霉！

Oggi proprio non è il mio giorno. Che sfortuna!

谐音 哦鸡 不咯不狸哦 弄 耶 衣了 咪哦 焦尔诺 科耶 斯佛了渡哪

ogi bulobulio nong e yile mio jioleno ke sfoleduna

我很沮丧。

Mi sento depressa.

谐音 咪 肾哆 爹不咧撒

mi sendo deibuliesa

别提了，简直一团糟。

È un pasticcio.

谐音 耶 翁 吧斯地起哦

e ong basdicio

我觉得自己很没用。

Mi sento inutile.

谐音 咪 肾哆 衣怒低咧

mi sendo yinudilie

我很难过。

Sono triste.

谐音 所诺 的丽斯爹

sono delisdei

别做无用功了。

Questo sforzo è inutile.

谐音 哭耶斯哆 斯佛了撮 耶 衣怒低咧

kuesdo sfolezo e yinudilie

我认为我不会找到一份好工作。

Penso di non potere trovare un buon lavoro.

谐音 笨所 低 弄 波多咧 的咯哇咧 翁 不翁 啦握咯

benso di nong bodielie nong boso delovalie ong buon lavolo

别那么悲观。

Non essere così pessimista.

谐音 弄 耶些咧 括鸡 呗西密斯哒

nong eselie koji besimisda

我很悲观。

Sono molto pessimista.

谐音 所诺 摸了哆呗西密斯哒

sono moledo besimisda

我认输。

Mi arrendo.

谐音 咪 啊认哆

mi alendo

不必抱什么幻想！
Non devi illuderti!
谐音 弄 爹呜衣 衣撸爹了低
nong dievi yiludieledi

不可能，没希望了。
È impossibile. Non c'è speranza.
谐音 耶 应波细逼咧 弄 切 斯呗浪咋
e imbosibilie nong qie sbelangza

这就是我的命啊。
È il mio destino.
谐音 耶 衣了 咪哦 爹斯地诺
e yile mio deisdino

支持鼓励

加油！
Forza!
谐音 佛了咋
foleza

加油！
Dai!
谐音 大衣
dayi

振作起来！
Tirati su!
谐音 地啦低 速
diladi su

别放弃。
Non rinunciare.
谐音 弄 狸弄恰咧
nong linongqialie

别害怕。
Non avere paura.
谐音 弄 啊呜耶咧 吧呜啦
nong avelie baula

别想太多了。
Non pensare troppo.
谐音 弄 笨萨咧 的落波
nong bensalie delobo

没事儿的，忘了它吧。
Niente, dimenticalo.
谐音 你恩爹 低闷低咖咯
niendei dimendikalo

你能做到的。
Puoi farcelo.
谐音 不哦衣 发了切咯
buoi faleqielo

尽力去做。
Fai del tuo meglio.
谐音 发衣 爹了 嘟哦 咩衣哦
fayi deile duo mieyio

再试一下。
Riprova.
谐音 狸不落哇
libulova

你可以做到的。

Puoi farcela.

谐音 不哦衣 发了切啦

buoyi faleqiela

我支持你。

Sono della tua parte.

谐音 所诺 爹啦 嘟啊 爸了爹

sono diela dua baledei

还有我们呢。

Siamo con te.

谐音 西啊麽 空 爹

siamo kon dei

我会支持你的。

Ti appoggio.

谐音 低 啊钵鸡哦

di abojio

你可以依靠我。

Puoi contare su di me.

谐音 不哦衣 空大咧 速 低 咩

buoyi kondalie su di mie

关心安慰

打起精神来！

Tirati su!

谐音 低辣低 速

diladi su

放轻松点。
Calmati.
谐音 咔了妈滴
kalemadi

放松！
Rilassati!
谐音 里啦撒滴
lilasadi

一切都会好起来的。
Tutto andrà bene.
谐音 嘟哆 肮的辣 呗捏
dudo angdela bene

你会没事的。
Ti andrà bene.
谐音 滴 肮的辣 呗捏
di angdela bene

你还有机会的。
Hai ancora una possibilità.
谐音 啊衣 肮扩啦 呜呐 波西逼里大
ayi angkola wuna bosibilida

别担心，这是常发生的事。
Non ti preoccupare, succede sempre.
谐音 弄 滴 不咧哦哭爸咧 苏怯爹 肾不咧
nong di bulieokubalie suqiedei senbulie

我还见过更糟糕的呢。
Ho visto di peggio.
谐音 哦 呜衣斯哆 低 呗鸡哦
o visdo di bejio

总会有办法的。
Tutto si risolverà.
谐音 嘟哆 细 狸做了呜耶辣
dudo si lizuolevela

看看好的一面。
Guarda il lato positivo.
谐音 挂了哒 衣了 辣哆 波贼地喔
gualeda yile lado bojidivo

失败乃成功之母。
Il fallimento è la madre di successo.
谐音 衣了 发狸闷哆 耶 啦骂的咧 低 苏怯锁
yile falimendo e la madelie di suqieso

我了解你的感受。
So come ti senti.
谐音 缩 扩咩 低 肾低
so komie di sendi

我们一起面对。
Affrontiamolo.
谐音 啊抚隆低啊么咯
aflongdiamolo

快乐幸福

我很高兴。
Sono così felice.
谐音 缩诺 括鸡 飞丽且
suono koji feliqie

我今天心情很好。

Oggi sono di buon umore.

谐音 哦鸡 缩诺 低 不翁 呜默咧

ogi sono di buong umolie

你真幸运！

Sei fortunato!

谐音 谢衣 佛了嘟那多

seyi foledunado

我们玩得很开心。

ci stiamo divertendo.

谐音 漆 伸低啊摸 低呜耶了扽哆

qi shendiamo diveledendduo

他眼里闪烁着幸福的光芒。

I suoi occhi brillavano di felicità.

谐音 衣 书哦衣 哦科衣 不理辣哇诺 低 飞丽漆大

yi suoyi oki bulilavano di feliqida

看见大家那么快乐我很高兴。

Sono contento di vedere tutti così felici.

谐音 缩诺 空扽哆 低 呜耶爹咧 度低 括鸡 飞丽漆

sonuo kongdendo di vedielie dudi koji feliqi

读书给了我很多乐趣。

Leggere mi da un grande piacere.

谐音 咧觉咧 咪 哒 翁 哥浪爹 逼啊怯咧

liejuelie mi da ong gelangdei biaqielie

我觉得很幸福。

Mi sento felice.

谐音 咪 肾哆 飞丽且

mi sendo feliqie

我过得很幸福。

Ho una vita felice.

谐音 哦 呜呐 呜衣哒 飞丽且

o wuna vida feliqie

简直不敢相信有这么好的事。

Questo è troppo bello per essere vero.

谐音 哭耶斯哆 耶 的落波 呗咯 呗了 耶些了 呜耶咯

kuesdo e deluobo belo bele esele velo

我感到飘飘欲仙。

Sono al settimo cielo.

谐音 索诺 啊了 些低摸 漆耶啰

suonuo ale xiedimo qielo

我太高兴了。

Sono felicissimo.

谐音 所诺 飞丽

sonuo ying qima ale mongdo

担心忧虑

我很紧张。

Sono nervosa.

谐音 缩诺 捏了握咋

sono nelevoza

我很担心他。

Sono preoccupato per lui.

谐音 缩诺 不咧哦哭爸哆 呗了 路衣

sono bulieokubado bele luyi

我担心自己会迟到。

Ho paura che sarò in ritardo.

谐音 哦 吧呜啦 科耶 撒落 应 里大了哆

o bawula ke saluo ying lidaledo

我真是着急。

Sono davvero ansioso.

谐音 缩诺 哒呜耶咯 肮西哦做

sono davelo angxiozo

你没事吧？

Stai bene?

谐音 斯带 呗捏

sdai bene

发生什么事了？

Che cosa è successo?

谐音 科耶 扩咋 耶 苏切索

ke koza e suqieso

怎么了？

Che c'è?

谐音 科耶 切

ke qie

你在担心什么？

Che cosa ti preoccupa?

谐音 科耶 扩咋 低 不咧哦哭吧

ke koza di bulieokuba

别担心。

Non preoccuparti.

谐音 弄 不咧哦哭爸了低

nong bulieokubaledi

我担心他的身体。

Sono preoccupato per la sua salute.

谐音 缩诺 不咧哦哭爸哆 呗了 啦 苏啊 撒路爹

sono bulieokubado bele la sua saludei

我真不知道该怎么办了。

Io davvero non so che cosa fare.

谐音 衣哦 哒呜耶咯 弄 缩 可耶 括咋 发咧

yio davelo nong so ke koza falie

没有他我真不知道该怎么活下去。

Non riesco a vivere senza di lui.

谐音 弄 里耶斯括 啊呜衣呜耶咧 肾咋 低 路衣

nong liesko a vivelie senza di luyi

称赞祝贺

恭喜！

Complimenti!

谐音 空不丽闷低

kongbulimendi

恭喜！

Congratulazioni!

谐音 空哥拉嘟啦鸡哦你

kongeladulajioni

恭喜你结婚了。

Congratulazioni per il tuo matrimonio.

谐音 空哥拉嘟啦鸡哦你 呗了 衣了 嘟哦 妈的丽默腻哦

kongeladulajioni bele yile duo madelimonio

做得好！

Ben fatto!

谐音 笨 发哆

ben fado

你干得不错。

Hai fatto un ottimo lavoro.

谐音 啊衣 发哆 翁 哦弟麽 啦喔咯

ayi fado ong odimo lavolo

你看起来棒极了！

Sei in gran forma!

谐音 些衣 应 哥浪 佛了嘛

seyi ying gelang folema

圣诞节快乐！

Buon Natale!

谐音 不翁 呐大咧

buong nadalie

新年快乐！

Buon anno!

谐音 不翁 啊诺

buong ano

生日快乐！

Buon compleanno!

谐音 不翁 空不咧啊诺

buong konbulieano

你们俩真是天生一对。

Voi due fate una bella coppia.

谐音 呜哦衣 嘟耶 发爹 呜呐 呗啦 扩逼啊

voyi due fadei wuna bela kobia

你人真好！
Sei così buono!
谐音 些衣 括鸡 不哦诺
seyi koji buonuo

他对你的评价很高。
Parla molto bene di te.
谐音 爸了啦 摸了哆 呗捏 低 爹
balela moledo bene di dei

听说你找到新的工作了，太好了。
È bello che tu abbia trovato un nuovo lavoro.
谐音 耶 呗咯 科耶 渡 阿逼啊 的落哇哆 翁 驽哦喔 啦喔咯
ye belo ke du abla deluowaduo ong nuovo lavolo

太为你高兴了。
Sono contenta per te.
谐音 缩诺 空掉哒 呗了 爹
sono kondenda bele dei

生气愤怒

我很生气。
Sono arrabbiato.
谐音 缩诺 啊啦逼啊哆
sono alabiado

我再也受不了了。
Non posso più sopportarlo.
谐音 弄 钵所 逼悠 索波了大了落
nong boso biou suoboledaleluo

我被气炸了。

Ho un diavolo per capello.

谐音 哦 呜呐 低啊我咯 呗了 卡呗洛

o ong diavolo bele kabelo

我快被你逼疯了。

Mi stai facendo impazzire.

谐音 咪 斯带 发欠哆 应吧鸡咧

mi sdai faqiando inbajilie

你太过分了!

Sei andato troppo oltre!

谐音 些衣 肮大多 的落波 哦了的咧

seyi angdado delobo oledelie

看看他干的好事!

Guardate quello che ha fatto!

谐音 瓜了大爹 哭耶咯 科耶 啊 发哆

gualedadei kuelo ke a fado

你脑子进水了?

Cosa stavi pensando?

谐音 扩咋 斯大呜衣 奔丧哆

koza sdavi bensangdo

你怎么能这样对我?

Come hai potuto farmi questo?

谐音 扩咩 啊衣 波渡哆 发了咪 哭耶斯哆

komie ayi bodudo falemi kuesdo

他说什么惹恼了你?

A cosa ti ha detto per farti arrabbiare?

谐音 啊 括咋 低 啊 爹哆 低 发了低 啊啦逼啊咧

a koza di a deido di faledi alabialie

我受够他的坏脾气了。

Sono stafa del suo brutto carattere.

谐音 缩诺 斯嘟发 爹了 苏哦 不路哆 卡辣爹咧

sono sdufa diele suo buludo kaladielie

别生气了。

Non essere arrabbiato.

谐音 弄 耶些咧 啊啦逼啊哆

nong eselie alabiado

你让我心烦。

Mi dai fastidio.

谐音 咪 大衣 发斯地低哦

mi dayi fasididio

你故意让我生气。

Mi fai arrabbiare intenzionalemente.

谐音 咪 发衣 阿啦逼啊咧 应扽鸡哦响了闷爹

mi fayi alabialie yindenjionalemendie

表示悔恨

我相信他总有一天会后悔的。

Sono sicura che si pentirà per quello che ha fatto.

谐音 所诺 西裤啦 科耶 西 奔低辣 呗了 哭耶咯 科耶 啊 发哆

sono xikula ke si bendila bele kuelo ke a fado

我不该那样做的。

Non avrei dovuto farlo.

谐音 弄 啊呜累 哆呜哆 发了咯

nong awulei dovudo falelo

我应该跟他说实话的。
Ho dovuto dirgli la verità.
谐音 哦 哆呜哆 地了衣 啦呜耶里大
o dovudo dileyi la velida

我后悔做了那件事。
Mi pento di averlo fatto.
谐音 咪 笨哆 低 啊呜耶了咯 发哆
mi bendo di aveleluo faduo

真遗憾！
Che peccato!
谐音 科耶 呗卡哆
ke bekado

我要是再用点功就好了。
Magari avessi studiato di più.
谐音 骂嘎里 啊呜耶西 斯嘟低啊哆 低 逼悠
magali avesi sdudiado di biou

现在后悔也晚了。
È troppo tardi.
谐音 耶 的落体 大了低
e delobo daledi

我很后悔错过了那次机会。
Mi pento di aver perso questa opportunità.
谐音 咪 笨哆 低 啊呜耶咧 呗了所 哭耶斯哒 哦波了嘟你大
mi bendo di avele beleso kuesda oboledunida

害怕恐惧

我吓得要死。
Ho paura da morire.
谐音 哦 吧呜啦 哒 摸里咧
o bavula da molilie

你把我吓坏了。
Mi hai terrorizzato.
谐音 咪 啊衣 爹落里咋哆
mi ayi deilolizado

我很害怕。
Ho paura.
谐音 哦 吧呜啦
o bawula

你为什么浑身发抖？
Perché tremi?
谐音 呗了科耶 的咧咪
beleke deliemi

那简直是一场噩梦！
È stato davvero un incubo!
谐音 耶 斯大多 哒呜耶咯 翁 硬哭波
e sdado davelo ong yingkubo

这里看起来阴森森的。
Sembra spettrale qui.
谐音 肾不啦 斯呗的辣咧 溃
senbula sbedelalie kui

简直让人毛骨悚然！
È spaventoso!
谐音 耶 斯吧问哆做
e sbavendozo

别那样吓我！
Non spaventarmi in quel modo!
谐音 弄 斯吧问大了咪 应 哭耶了 默哆
nong sbavendalemi ying kuele modo

这有什么好怕的。

Questo non fa paura.

谐音 哭耶斯哆 弄 发 爸呜拉

kuesdo nong fa pawula

惊奇怀疑

真的吗?

Davvero?

谐音 大呜耶咯

davelo

你当真吗?

Sei serio?

谐音 些衣 些丽哦

seyi selio

你是在逗我吧?

Ma stai scherzando?

谐音 吗 斯带 斯科耶了脏哆

ma sdai skelezangdo

你听说了吗?

Ne hai sentito parlare?

谐音 捏 阿衣 伸低哆 吧了辣咧

nie ayi shendiduo balelie

什么?你一定是在开玩笑吧。

Che cosa? Stai scherzando spero.

谐音 科耶 括咋 斯带 斯科耶了脏哆 斯呗啰

ke koza sdai skelezangdo sbeluo sbeluo

我怀疑。

Lo dubito.

谐音 咯 渡逼哆

lo dubido

这太难以置信了！

È incredibile!

谐音 耶 应科咧弟逼咧

e yingkeliedibilie

真不可思议！

È fantastico!

谐音 耶 方大斯地括

e fangdasdiko

真不敢相信！

Non riesco a crederci!

谐音 弄 里耶斯括 啊科咧爹了哥衣

nong liesko a keliedeilegi

我真没想到他们会做出那样的事来。

Mi sorprende che abbiano fatto una cosa del genere.

谐音 咪 缩了不认爹 科耶 阿逼阿诺 发哆 呜阿 括扎 爹了 觉捏咧

e velamendei mi soleburendei ke abiano fado wuna koza deile juenelie

天啊！真不敢相信！

Dio! È incredibile!

谐音 弟哦 耶 应科咧弟逼咧

dio e yingkeliedibilie

天啊！

Mamma mia!

谐音 妈妈 咪啊

mama mia

你到底在说些什么啊?

Di che cosa stai parlando?

谐音 低 科耶 括咋 斯带 吧了浪哆

di ke koza sdai balelangdo

你确定吗?

Sei sicuro?

谐音 些衣 西裤咯

seyi sikulo

喜欢偏爱

我最喜欢的颜色是蓝色。

Il mio colore preferito è il blu.

谐音 衣了 咪哦 括落咧 不咧飞丽哆 耶 衣了 不路

yile mio kololie buliefelido e yile bulu

我喜欢吃冰淇淋。

Mi piace mangiare il gelato.

谐音 咪 逼啊切 芒嫁咧 衣了 觉辣哆

mi biaqie manggialie yile juelado

我比较喜欢白色的那个。

Io preferisco quello bianco.

谐音 衣哦 不咧飞丽斯括 哭耶咯 逼盎括

yio buliefelisko kuelo biangko

我很崇拜他。

Lo adoro.

谐音 咯 阿剁啰

lo aduoluo

我很喜欢看 NBA。

Mi piace guardare l'NBA.

谐音 咪逼啊切 瓜了大咧 仍逼诶

mi biaqie gualedalie lenbiei

我喜欢跳舞。

Mi piace ballare.

谐音 咪 逼啊切 吧辣咧

mi biaqie balalie

我很喜欢数学。

Sono bravo in matematica.

谐音 缩诺 不啦喔 应 妈爹骂低咔

sono bulavo ying madeimadika

我宁愿待在家里也不愿出去。

Preferisco rimanere a casa piuttosto che andare fuori.

谐音 不咧飞丽斯括 里嘛馁咧 啊卡咋 逼悠哆斯哆 科耶 肮大咧 夫哦里

buliefelisko limanelie a kaza bioudosdo ke angdalie fuoli

你更喜欢哪个？

Quale preferisci?

谐音 夸咧 不咧飞丽许

kualie buliefelixu

我最喜欢读书。

Ciò che mi piace di più è la lettura.

谐音 漆哦 科耶 咪 逼啊切 低 逼悠 耶 啦 咧度啦

qio ke mi biaqie di biou e la liedula

厌恶憎恨

我讨厌这个。
Lo odio.
谐音 咯 哦弟哦
lo odio

我不喜欢。
Non mi piace.
谐音 弄 咪 逼啊且
nong mi biaqie

真恶心。
Questo è disgustoso.
谐音 哭耶斯哆 耶 低斯故斯哆做
kuesdo e disgusdozo

我不喜欢那样的东西。
Non mi piacciono le cose di questo genere.
谐音 弄 咪 逼啊切哦捏 咧 括啧 低 哭耶斯哆 觉捏咧
nong mi biaqionuo lie kuoze di kuyesduo juenielie

我不喜欢吃方便面。
Sono stufo degli spaghetti istantanei.
谐音 缩诺 斯渡佛 爹衣 斯吧哥耶低 衣斯当哒捏衣
sono sdufo deiyi sbageyedi isdangdanei

我讨厌西红柿。
Detesto i pomodori.
谐音 爹爹斯哆 衣 波模哆里
diediesduo yi bomodoli

完全不喜欢。
Non mi piace affatto.
谐音 弄 咪 逼阿切 啊发哆
nong mi biaqie afado

我不喜欢动作片。
Non mi piacciono cartoni animati.
谐音 弄 咪 逼啊漆哦诺 卡了舵你 啊你骂低
nong mi biaqienuo kaledoni animadi

她不是我喜欢的类型。
Lei non è il mio tipo.
谐音 累 弄 耶 衣了 咪哦 弟波
lei nong e yile mio dibo

肯定赞赏

我肯定。
Sono sicura.
谐音 缩诺 西裤啦
sono sikula

那是毫无疑问的。
Senza dubbio.
谐音 肾咋 渡逼哦
senza dubio

我百分之百相信。
Sono sicura al cento per cento.
谐音 所诺 西裤啦 啊了 欠哆 呗了 欠哆
sono sikula ale qiando bele qiando

我看不出有什么问题。
Non vedo alcun problema.
谐音 弄 呜耶哆 啊了空 不咯不咧嘛
nong vedo alekon bulobuliema

毋庸置疑。
Non c'è alcun dubbio.
谐音 弄 切 阿勒空 渡逼哦
nong qie alekon dubio

你正在进步。
Stai facendo progressi.
谐音 斯带 发欠哆 不咯哥咧西
sdai faqiando bulogeliesi

我没理由拒绝。
Non ho ragioni per rifiutare.
谐音 弄 哦 啦鸡哦你 呗了 里夫衣大咧
nong o lajioni bele lifuyidalie

你真棒！
Bravo!
谐音 不啦喔
bulavo

否定回绝

我说不准。
Non sono sicura.
谐音 弄 缩诺 西裤啦
nong sono sikula

没门儿！
Non c'è altro modo!
谐音 弄 切 啊了的落 默哆
nong qie aledelo modo

绝不可能！
È impossibile!
谐音 耶 应波西逼咧
e yingbosibilie

当然不行。
Assolutamente no.
谐音 阿索路哒闷爹 尼欧
asuoludamendei nou

不可能！我应付不过来。
Impossibile! Non posso risolverlo.
谐音 应波西毕咧 弄 波所 里做了呜耶了咯
yingbosibilie nong boso lisolevelelo

对不起，不行。
Mi dispiace, non posso.
谐音 咪 低斯逼啊切 弄 钵所
mi disbiaqie nong boso

表示同意

我支持你。
Ti appoggio.
谐音 低 啊波鸡哦
di abojio

我非常同意。
Sono d'accordo.
谐音 缩 诺 哒括了哆
sono dakoledo

你说得对。
Hai ragione.
谐音 啊衣 啦焦捏
ai lagione

我同意这点。
Sono d'accordo su questo.
谐音 缩 诺 哒括了哆 苏 哭耶斯哆
sono dakoledo su kuesdo

我也这么想。
Anch'io la penso cosi.
谐音 盎可耶衣哦 啦 笨所 括鸡
angkio la bensuo kuoji

我同意你说的观点。
Sono d'accordo con te.
谐音 所诺 哒括了哆 空 爹
sono dakoledo kon dei

我完全同意。
Sono completamente d'accordo.
谐音 所诺 空不咧哒闷爹 哒括了哆
sono konbuliedamendei dakoledo

好主意。我完全同意。
Buona idea. Sono completamente d'accordo.
谐音 不哦那 衣爹啊所诺 空不咧哒闷爹 哒括了哆
buona idea sono konbuliedamendei dakoledo

分歧反对

我无意冒犯，但是我不这样认为。

Non voglio essere scortese, ma io non la penso così.

谐音 弄 握衣哦 耶些咧 斯括了爹啧 吗 衣哦 弄 啦 笨缩 括鸡

nong woyio eselie skoledeize ma yio nong la benso koji

我不这么想。

Non la penso così.

谐音 弄 咯 笨缩 括鸡

nong lo benso koji

我认为你错了。

Non credo che tu abbia ragione.

谐音 弄 科咧哆 科耶 渡 啊逼啊 啦鸡哦捏

nong keliedo ke du abia lagione

对不起，我不同意你的看法。

Mi dispiace, non sono d'accordo con te.

谐音 咪 低斯逼啊且 弄 所诺 哒括了哆 空 爹

mi disbiaiqe nong sono dakoledo kon dei

这完全不可能。

È assolutamente impossibile.

谐音 耶 啊缩噜哒闷爹 应波细比咧

e asoludamendei yingbosibilie

我不赞成。

Non sono d'accordo.

谐音 弄 所诺 哒括了哆

nong sono dakoledo

我无法赞成你的意见。
Non sono d'accordo con te.
谐音 弄所诺 哒括了哆 空 爹
nong sono dakoledo kon dei

建议忠告

你认为怎么样?
Che ne pensi?
谐音 科耶 捏 笨西
ke ne bensi

请坦率直言你的意见。
Ti prego, dimmi francamente la tua opinione.
谐音 低 不咧锅 弟咪 夫浪卡门爹 啦 嘟啊 哦逼尼哦捏
di buliego dimi flangkamendei la dua obinione

你对这类事情怎么看?
Che cose ne pensi di cose di questo genere?
谐音 科耶 括喷 捏 笨西 低 括喷 低 哭耶斯多 觉捏咧
ke kuoze ne bensi di koze di kuesduo juenelie

我想听听你的意见。
Mi piacerebbe sentire la tua opinione su questo.
谐音 咪 逼啊且咧呗 肾地咧 啦 嘟啊 哦逼尼哦捏 速 哭耶斯哆
mi biaqieliebe sendilie la dua obinione su kuesdo

你能给我提些建议吗?
Mi puoi offrire qualche consiglio?
谐音 咪 不哦衣 哦夫丽咧 夸了科耶 空细衣哦
mi buoyi oflile kualeke kongsiyio

我的建议如下。
I miei suggerimenti sono i seguenti.
谐音 衣 咪耶衣 苏觉里闷滴 所诺 衣 些棍低
yi mieyi sujuelimendi sono yi seguendi

我能建议我们把午休时间缩短到半个小时吗？
Posso suggerire di accorciare a mezz'ora la pausa di mezzogiorno?
谐音 波所 苏觉丽咧 低 啊扩了恰咧 啊 咩做啦 啦 报咋 低 咩做鸡哦了诺
buosuo sujuelilie di akoleqialie a miezuola la baoza di miezogioleno ying miezola

外面很冷。我建议你多穿些衣服。
Fa molto freddo fuori. Ti consiglio di mettere più vestiti.
谐音 发 摸了哆 夫咧哆 夫哦里 低 空细衣哦 低 咩爹咧 逼悠 呜耶斯地低
e moledofuliedo fuoli di kongsiyio di miedeilie biou vesdidi

我认为您应该买下那部词典。
Penso che dovrebbe comprare quel dizionario.
谐音 笨所 科耶 哆呜咧呗 空不啦咧 哭耶了 低鸡哦那里哦
benso ke dovuliebe konbulale kuele dijionalio

你千万不要用湿手碰插座。
Non devi toccare la spina con le mani bagnate.
谐音 弄 爹呜衣 哆卡咧 啦斯毕那 空 咧 骂你 吧尼啊爹
nong deivi dokalie la sbina kon lie mani baniadei

如果我是你，我会寻求他的意见。
Se fossi al tuo posto , io gli chiederei consiglio.
谐音 些 佛西 啊了 嘟哦 钵斯哆 衣哦 衣 科衣耶爹累衣 空细衣哦
se fosi ale duo bosdo yio yi kiedieleiyi kongsiyio

我觉得这是一个好机会。

Penso che sia una buona opportunità.

谐音 笨所 科耶 西啊 呜呐 不哦那 哦波了嘟你哒

benso ke sia wuna buona oboledunida

你不妨再跟他谈谈。

Puoi anche avere un altro colloquio con lui.

谐音 不哦衣 盎科耶 啊呜耶咧 呜呐 括咯哭衣哦 空 路衣

buoyi angke avelie ong aledelo kolokuyio kon luyi

这值得一试。

Vale la pena provare.

谐音 哇咧 啦 呗那 不咯哇咧

valie la bena bulovalie

满意满足

我很满足。

Sono contenta.

谐音 所诺 空扽哒

sono kondenda

好极了！

Che bello!

谐音 科耶 呗咯

ke belo

非常好！

Bellissimo!

谐音 呗丽西摸

belisimo

太精彩了！

Fantastico!

谐音 方大斯弟括

fangdasdiko

我对我的工作很满意。

Sono contento del mio lavoro.

谐音 所诺 空扽哆 爹了 咪哦 啦喔咯

sono kondendo deile mio lavolo

我过得很好。

Vivo una bella vita.

谐音 呜衣我 呜呐 呗啦 呜衣 哒

vivo wuna bela vida

我对我的成绩很满意。

Sono soddisfatto dei miei risultati degli esami.

谐音 所诺 缩低斯发哆 爹衣 咪耶衣 里苏了大地 爹衣 耶咋咪

sono sodisfado deiyi mieyi lisuledadi deiyi ezami

这使人感到满足。

È appagante.

谐音 耶 啊爸杠爹

e abagangdei

我很满足于我所拥有的一切。

Sono contento di quello che ho

谐音 所诺 空扽哆 低 哭耶咯 科耶 哦

sono kondendo di kuelo ke o

抱怨不满

你就不能快点吗？

Puoi essere un po' più veloce?

谐音 不哦衣 耶些咧 翁 波 逼哒 呜耶落切

buoyi eselie ong bo biou veluoqie

又怎么了？
Che c'è di nuovo?

谐音 可耶 切 低 怒哦喔
ke qie di nuowo

你就不能消停一下吗？
Non puoi semplicemente smettere di farlo?

谐音 弄 不哦衣 肾不丽且闷爹 斯灭爹咧 低 发了咯
nong buoyi senbuliqiemendei smiedeilie di falelo

请你别在这儿抽烟好吗？
Ti prego di non fumare qui?

谐音 低 不咧锅 低 弄 夫骂咧 溃
ti buliego di nong fumalie kui

我一点儿也不满意这个计划。
Io non sono per niente soddisfatto di questo piano.

谐音 衣哦 弄 所诺 呗了 尼恩爹 所低斯发哆 低 哭耶斯哆 逼啊诺
yio nong sono bele niendei sodisfado di kuesdo biano

我要投诉。
Ho un reclamo da fare.

谐音 哦 翁 咧科辣摸 哒 发咧
o ong lieklamo da falie

别再抱怨了。
Smettila di lamentarti.

谐音 斯咩低啦 低 啦们大了低
smiedila di lamendaledi

我要跟你讲多少遍才行啊？
Quante volte te lo devo dire?

谐音 框爹 握了爹 爹 咯 爹喔 地咧
kuangdei voledei dei lo deivo dilie

这不公平。

Non è giusto.

谐音 弄 耶 就死哆

nong e giusdo

这还不够好。

Non è abbastanza buono.

谐音 弄 耶 啊爸斯当咋 不哦诺

nong e abasdanza buono

我对这儿的服务很不满。

Non sono soddisfatto del servizio qui.

谐音 弄 所诺 所低斯发哆 爹了 些了呜衣鸡哦 溃

nong sono sodisfado deile selevijio kui

我等你等了两个小时了。

Ti ho aspettato per 2 ore.

谐音 低 哦 啊斯呗大多 呗了 嘟耶 哦咧

di o asbedado bele due olie

三 冷漠苛责

我才懒得管呢。

Non mi importa niente.

谐音 弄 咪 应钵了哒 尼恩爹

nong mi yingboleda niendei

这不关我的事。

Non mi riguarda.

谐音 弄 咪 里挂了哒

nong mi ligualeda

我真的不在乎。

Io davvero non mi importa.

谐音 衣哦 哒呜耶咯 弄 咪 应钵了哒

yio davelo nong mi yingboleda

你疯了吗?

Sei pazzo?

谐音 些衣 爸做

seyi bazo

别吹牛了行吗?

Puoi smetterla di vantarti?

谐音 不哦衣 斯咩爹了啦 低 忘大了低

buoyi smiedeilela di wangdaledi

你不为自己感到羞愧吗?

Non ti vergogni di te stesso?

谐音 弄 低 呜耶了郭尼 低 爹 斯爹所

nong ti velegoni di dei sdeiso

我今天被老板教训了。

Sono stata rimproverata dal mio capo oggi.

谐音 索诺 斯大多 拎不罗呜耶啦哆哒了 咪哦 卡波 哦鸡

suonuo sdada linbulovelada dale mio kabo oji

讨论决定

我们花了很长时间才做出这个决定。

Ci è voluto molto tempo per prendere questa decisione.

谐音 气 耶 喔路哆 默了哆 扽波 呗了 不认爹咧 哭耶斯哒 爹漆鸡哦捏

qi e voludo moledo denbo bele burendielie kuesda deiqijione

我想要一个明确的答复。
Voglio una risposta definitiva.
谐音 喔衣哦 呜呐 丽斯钵斯哒 爹夫衣你弟哇
voyio wuna lisbosda deifinidiva

我坚持我的决定。
Insisto sulla mia decisione.
谐音 应细斯哆 苏啦 咪啊 爹漆鸡哦捏
yingsisdo sula mia deiqijione

你能告诉我你的看法吗?
Mi puoi dire la tua opinione?
谐音 咪 不哦衣 地咧 啦 嘟啊 哦逼尼哦捏
mi buoyi dilie la dua obinione

我能跟你谈谈这个问题吗?
Posso parlare con te di questo problema?
谐音 钵所 吧了辣咧 空 爹 低 哭耶斯哆 不咯不咧嘛
boso balelalie kon dei di kuesdo bulobuliema

就这个问题讨论一下怎么样?
Cosa ne dite di una discussione su questo problema?
谐音 括咋 捏 地爹 低 呜呐 低斯哭西哦捏 苏 哭耶斯哆 不咯不咧嘛
koza ne didei di wuna diskusione su kuesdo bulobuliema

你想好了吗?
Hai deciso?
谐音 啊衣 爹漆做
ayi deiqizo

你的决定是什么?
Qual'è la tua decisione?
谐音 夸 咧 啦 嘟啊 爹漆鸡哦捏
kua lie la dua deiqijione

希望愿望

你希望怎么样?

Cosa speri?

谐音 括咋 斯呗里

kuoza sbeli

你希望我怎么做呢?

Che cosa vuoi che io faccia?

谐音 科耶 括咋 呜哦衣 科耶 衣哦 发卡

ke koza vuoyi ke io faqia

我希望她能早日找到如意郎君。

Spero che troverà la sua Mr.Right presto.

谐音 斯呗咯 科耶 的咯呜耶辣 啦 苏啊 咪斯特 赖特 不咧斯哆

sbelo ke delovela la sua misteraite buliesdo

比我预期的好。

È meglio di quanto mi aspettassi.

谐音 耶 灭衣哦 低 况哆 咪 啊斯呗大西

e mieyio di kuangdo mi asbedasi

希望如此。

Spero sia cosi.

谐音 斯呗咯 西啊 括机

sbelo xia kuoji

希望不会。

Spero di no.

谐音 斯呗咯 低 呢欧

sbelo di nou

期待您的回信。
Non vedo l'ora di sentire una vostra risposta.
谐音 弄 呜耶哆 咯啦 低 肾低咧 呜啊 喔斯的啦 里斯波斯哒
nong vedo lola di sendile wuna wuosdela lisbosda

希望你过得快乐。
Spero che tu abbia una vita felice.
谐音 斯呗咯 科耶 渡 啊逼啊 呜呐 呜衣哒 飞里且
sbel ke du abia wuna vida feliqie

别让我失望。
Non deludermi.
谐音 弄 爹路爹了咪
nong deiludeilemi

你最好祈祷雨快点停。
Faresti meglio a pregare che la pioggia si fermi presto.
谐音 发咧斯低 灭衣哦 啊 不咧嘎咧 科耶 啦 逼哦家 西 飞了咪 不咧斯哆
faliesdi mieyio a buliegale ke la biogia si felemi buliesdo

接受拒绝

好主意!
Buona idea!
谐音 不哦那 意爹啊
buona ideia

当然。
Certamente.
谐音 切了哒闷爹
qieledamendei

当然。
Senz'altro.
谐音 肾炸了的落
senzaledelo

没问题。
Va bene.
谐音 哇 呗捏
va bene

没问题。
Non c'è problema.
谐音 弄 切 不咯不咧嘛
nong qie bulobuliema

不用了，谢谢。
No, grazie.
谐音 尼欧 个辣鸡耶
nou gelajie

对不起，不行。
Mi dispiace, non posso.
谐音 咪 低斯逼啊且 弄 钵所
mi disbiaqie nong boso

恐怕不行。
Temo di no.
谐音 爹摸 低 尼欧
deimo di nou

我很想，但是……
Mi piacerebbe, ma...
谐音 咪 逼啊切咧呗 嘛
mi biaqieliebe ma

租房房源

此房出租。

Questa casa è in affitto.

谐音 哭耶斯哆 卡咋 耶 应 啊夫衣哆

kuesda kaza e ying afido

我正在找一套公寓。

Sto cercando un appartamento.

谐音 斯哆 切了抗哆 翁 啊爸了哒闷哆

sdo qielekangdo ong abaledamendo

你想租什么样的房子？

Che tipo di appartamento vuoi affittare?

谐音 科耶 地波 低 啊爸了哒闷哆 呜哦衣 阿夫衣大咧

ke dibo di abaledamendo vuoyi afidalie

你的价位范围是多少？

Qual'è la tua fascia di prezzo?

谐音 夸 咧 啦 嘟啊 发需啊 低 不咧做

kua lie la dua faxua di buliezo

这个小区里有好几套那个价位的房子可供选择。

Ci sono molte case disponibili in quella fascia di prezzo in questo quartiere.

谐音 漆 所诺 默了爹 卡啧 低斯波腻比里 应 哭耶辣 发需啊 低 不咧做 应 哭耶斯哆 夸了低耶咧

qi sono moledie kaze disbonibili ying kuela faxua di buliezo ying kuesdo kualedielie

你想住在校内还是校外？

Preferisci vivere nell'università o fuori dall'università?

谐音 不咧飞丽需 呜衣呜耶咧 捏噜你呜耶了西大 哦 夫哦里 哒噜你呜耶了西大

buliefelixu vivelie nelunivelesida o fuoli dalunivelesida

你想自己住还是合租？

Vuoi compagni di stanza o vivere da solo?

谐音 呜哦衣 空爸你 低 斯当咋 哦 呜衣呜耶咧 哒 索罗

vuoyi konbani di sdangza o vivelie da solo

我想租一套带家具的公寓。

Vorrei affittare un appartamento ammobiliato.

谐音 喔累 啊夫衣大咧 翁 啊爸了哒闷哆 啊摸逼里啊哆

volei afidalie ong abaledamendo amobiliado

我想租一个一居室。

Voglio un appartamento con una camera da letto.

谐音 喔衣哦 翁啊爸了哒闷哆 空 呜呐 卡咩辣 哒 咧哆

voyio ong abaledamendo kon wuna kamiela da liedo

你看报纸上"房屋出租"的广告了吗？

Hai controllato gli annunci di "affittasi" sul giornale?

谐音 啊衣 空的落辣哆 衣 啊弄气 低 啊夫衣哒西 苏了 鸡哦了那咧

ayi kondelolado yi anongqi di afidasi sule giolenalie

我有一间房子空着。

Ho una stanza ancora libera.

谐音 哦 呜呐 斯当咋 肮扩啦 丽呗啦

O wuna sdangza angkola libela

您想要多大面积的房子？

Di quanti metri quadri la mole le case?

谐音 低 旷低 咩的里 跨的里 啦 呜哦咧 咧 括啧

di kuangdi miedeli kuadeli la wuolie lie koze

您想要多大面积的房子？

Quali sono le dimensioni della casa?

谐音 胯里 索诺 咧 低们西哦你 爹啦 卡扎

kuali suono lie dimensioni diela kaza

市中心区有一套房子，家电齐全，精装修。

C'è un appartamento arredato disponibile nel centro della città.

谐音 切 翁 啊爸了哒闷哆 啊咧大多 低斯波膩逼咧 捏了 欠的落 爹啦 漆大

qie ong abaledamendo aliedado disbonibilie nele qiandelo deila qida

我什么时候能去看房呢？

Quando posso andare a vedere l'appartamento?

谐音 况哆 钵所 肮大咧 啊 呜耶爹咧 啦爸了哒闷哆

kuangdo boso angdalie a vedeilie labaledamendo

看房订房

我是来看你登广告的那套公寓的。

Sono qui per vedere l'appartamento che avete pubblicizzato.

谐音 所诺 溃 呗咧 呜耶爹咧 啦爸了哒闷哆 科耶 啊呜耶爹 不不丽漆炸多

sono kui belie vedeilie labaledamendo ke avedei bubuliqizaduo

我们喜欢住在自然光线充足的房间里。

Ci piace vivere in una casa con molta luce naturale.

谐音 漆 逼啊切 呜衣呜耶咧 应 呜呐 卡咋 空 默了哒 路切 那嘟啦咧

qi biaqie vivelie ying wuna kaza kon moledo luqie nadulalie

这是客厅，带一个小厨房。

Questo è il soggiorno con cucina.

谐音 哭耶斯哆 耶 衣了 所鸡哦了诺 空 哭泣那

kuesdo e yile sogioleno kon kuqina

这个房子的朝向如何?

Dove punta la casa?

谐音 多呜耶 蹦哒 啦 卡咋

duove bonda la kaza

都是朝南的，这是最好的位置了。

Entrambi si affacciano a sud, la posizione migliore.

谐音 恩的浪逼 西 啊发恰诺 啊 速的 啦 波鸡鸡哦捏 咪衣哦咧

endelangbi si afaqiano a sude la bozijione miyiolie

虽然小，但设备齐全，有冰箱、微波炉、烤面包机和炉灶。

È piccola, ma completamente attrezzata con frigorifero, forno a microonde, un tostapane e una stufa.

谐音 耶 毕括啦 嘛 空不咧哒闷爹 啊的咧炸哒 空 夫丽郭丽飞咯 佛了诺 啊 咪科龙爹 翁 哆斯哒爸捏 耶 呜呐 斯渡发

e bikola ma konbuliedamendei adeliezada kon fuligolifelo foleno a mikelondei ong dosdabane e wuna sdufa

有两个卧室，一个起居室，一个厨房和一个浴室。

Ci sono due camere da letto, un soggiorno, una cucina e un bagno.

谐音 漆 所诺 嘟耶 卡咩咧 哒 咧哆 翁 所鸡哦了诺 呜呐 哭泣呐 耶 翁 爸你哦

qi sono due kamielie da liedo ong sojioleno wuna kuqina e ong banio

谢谢你带我看房子。

Grazie per avermi mostrato la casa.

谐音 哥辣鸡耶 呗了 啊呜耶了咪 摸死的辣哆 啦 卡扎

gelajie bele avelemi mosdelado la kaza

每个月租金是多少?

Quanto costa l'affitto mensile?

谐音 况哆 括斯哒 啦夫衣哆 闷西咧

kuangdo kosda lafido menxilie

押金是多少?

Quanto è il deposito?

谐音 况哆 耶 衣了 爹钵鸡哆

kuangdo e yile deibojido

有包含水电吗?

Sono incluse l'acqua e l'elettricità?

谐音 所诺 应科路做 啦夸 耶 咧咧的里漆大

sono yingkeluze lakua e lieliedeliqida

每个月 600 元,不包括水电费。

600 yuan al mese, escluse acqua ed elettricità.

谐音 些衣欠哆 元 啊了咩啧 耶斯科路啧 啊夸 耶的 耶咧的丽漆大

seyiqiando ale mieze eskeluze akua ed eliedeliqida

你得交一个月的房租作为预付保证金。

Devi lasciare l'affitto di un mese come deposito cauzionale.

谐音 爹呜衣 啦夏咧 啦夫衣哆 低 翁 灭啧 扩咩 爹钵鸡哆 靠鸡哦那咧

deivi laxualie lafido di ong mieze komie deibojido kaojionalie

你签过租房合同了吗?

Hai firmato un contratto d'affitto per il tuo appartamento?

谐音 啊衣 夫衣了骂哆 翁 空的辣哆 哒夫衣哆 呗了 衣了 嘟哦 啊爸了哒闷哆

ayi filemado ong kondelado dafuyiduo bele yile duo abaledamendo

你应该跟房东商量一下合同的事情。

Dovresti parlare del contratto con il padrone di casa.

谐音 哆呜咧斯地 吧了辣咧 爹了 空的辣哆 空 衣了 吧的落捏 低 咔咋

dovuliesdi balelalie deile kondelado kon yile badelone di kaza

搬家整理

搬家的费用是多少？

Qual'è il costo per il trasloco?

谐音 夸 咧 衣了 扩斯哆 呗了 衣了 的啦斯落扩

kua lie yile kosdo bele yile delasluokuo

你打算什么时候搬家？

Quando pensi di traslocare?

谐音 况哆 苯西 低 的辣斯扩辣咧

kuangdo benxi di delasluokalie

我们找搬家公司来搬。

Troveremo i traslocatori per farlo.

谐音 的落呜耶咧摸 衣 的啦斯洛卡哆里 呗了 发了咯

deloveliemo yi delaslukaduoli bele falelo

请小心这些易碎品。

Si prega di fare particolare attenzione a questi oggetti fragili.

谐音 西 不咧嘎 低 发咧 吧了低括辣咧 啊扽鸡哦捏 啊 哭耶斯 哦觉地 夫辣鸡里

si buliega di falie baledikuolalie adenjionie a kuesdi ojuedi flagili

屋里还很乱。

La stanza è ancora in disordine.

谐音 啦 斯荡扎 耶 盎括啦 应 低斯哦了低捏

la sdanza e angkuola yin disoledinie

我要花很长时间才能整理好。

Ho bisogno di un sacco di tempo per avere tutto organizzato.

谐音 哦逼做你哦低翁萨括低扽波呗了啊呜耶咧渡哆哦了嘎你炸哆

o bizuonio di ong sako di denbo bele avelie dudo oleganizado

你给搬家公司打电话了吗？

Hai telefonato alla compagnia di trascochi?

谐音 啊衣 爹咧佛那多 啊啦 空吧你啊 低 的辣斯落可衣

ayi deiliefonado ala konbania di delasluoki

我们得开始准备搬家了。

Dobbiamo cominciare l'imballaggio per il trasloco.

谐音 哆逼啊摸 括闽恰咧 捘吧辣鸡哦 呗了 衣了 的辣斯落括

dobiamo kominqialie lingbalajio bele yile delasluokuo

需要我帮忙打包吗？

Posso aiutarLa con l'imballaggio?

谐音 钵所 爱悠大了啦 空 捘吧辣鸡哦

boso aiyoudalela kong linbalajio

载货电梯在哪里？

Dove si trova l'ascensore di servizio?

谐音 哆呜耶 西 的落哇 啦萱做咧 低 些了呜衣鸡哦

dove si delova laxuanzolie di selevijio

别忘了在箱子上贴标签。

Non dimenticare di etichettare le scatole.

谐音 弄 低们低咔咧 低 耶低科耶大咧 咧 斯卡哆咧

nong dimendikalie di edikedalie lie skadolie

出现问题

我发现厨房的水龙头漏水。

Ho notato che il rubinetto della cucina perde.

谐音 哦 诺大多 科耶 衣了 噜逼捏哆 爹啦 哭泣那 呗了爹

o nodado ke yile lubinedo deila kuqina beledie

我房间的抽水马桶好像出了点毛病。

Sembra che ci sia qualcosa di sbagliato con il gabinetto.

谐音 肾不啦 科耶 漆 西 夸了括咋 低 斯吧衣啊哆 空 衣了 嘎逼捏哆

shenbula ke qi sia kualekoza di sbayiado kon yile gabinedo

卫生间的水槽堵了。

Il lavandino in bagno è intasato.

谐音 衣了 啦汪弟诺 应 吧呢哦 耶 应大萨哆

yile lavangdino ying bano e yingdasado

我房间的灯不亮了。

La luce in camera mia non funziona.

谐音 啦 路切 应 卡灭啦 咪啊 弄 风机哦那

la luqie ying kamiela mia nong fengjiona

我们公寓的供暖系统出问题了。

Il riscaldamento del nostro appartamento non funziona.

谐音 衣了 里斯卡了哒闷哆 得了 诺斯的咯 啊爸了哒闷哆 弄 风机哦那

yile liskaledamendo deile nosdelo abaledamendo nong fengjiona

这个房间太吵了。

La stanza è troppo rumorosa.

谐音 啦 斯当咋 耶 的落波 噜摸咯扎

la sdangza e delobo lumoloza

水管漏了。

Il tubo perde.

谐音 衣了 渡波 呗了爹

yile dubo beledei

这儿水温很低啊。

La temperatura dell'acqua è sempre bassa.

谐音 啦 炖呗啦渡啦 爹辣夸 耶 肾不咧 爸傻

la denbeladula deilakua e shenbulie basa

咨询楼盘

这个地区的房价是多少？
Quanto costano le case in questo quartiere?
谐音 况哆 括斯大诺 咧 卡啧 应 哭耶斯哆 夸了低耶咧
kuangdo kosdano lie kaze ying kuesdo kualedielie

还有什么户型？
Che tipo di appartamento è ancora disponibile?
谐音 科耶 弟波 低 啊爸了哒闷哆 耶 肮扩啦 低斯波腻毕咧
ke dibo di abaledamendo e angkola disbonibilie

你要什么价位的？
Qual'è la tua fascia di prezzi?
谐音 跨 咧 啦 嘟啊 发虚啊 低 不咧鸡
kua lie la dua faxua di bulieji

希望不要超过 70 万。
Supponiamo sotto 700.000 Yuan.
谐音 苏波尼啊摸 所哆 些爹欠哆咪啦 元
suboniamo sodo sedeiqiandomila yuan

请过来看大厦模型。
Si prega di dare un'occhiata alla struttura dell'edificio.
谐音 西 不咧嘎 低 大咧 翁 哦科衣啊哒 阿啦 斯的路渡啦 爹咧低夫衣漆哦
si buliega di dalie ongokiada ala sdeludula deiliedifiqio

请问工程何时完成？
Quando è la data di completamento?
谐音 况哆 耶 啦 大大 低 空不咧哒闷哆
kuangdo e la dada di kongbuliedamendo

你买这套房是投资还是自用呢?

Posso chiederle se il vostro interesse nell'acquisto dell'appartamento è dovuto ad un investimento o auto-impiego?

谐音 钵所 科衣耶爹了咧 些 衣了 喔斯的落 应爹咧谢 捏拉哭耶斯哆 爹拉爸了哒闷哆 耶 多乌多 阿的 翁 应呜耶斯低们哆 哦 奥多应逼耶郭

boso kiedeilie se yile vosdelo yingdeiliese nielakuyesduo deilabaledamenduo e duowuduo ade ong yingvesdimendo o aodo yingbiego

第二层和第三层是用于停车的。

Il secondo e il terzo piano sono per il parcheggio auto.

谐音 衣了 些控都 耶 啦 爹了咋 逼啊诺 所诺 呗了 衣了 吧了科耶鸡哦 傲哆

yile sekondo e il deilezo biano suonuo bele yile balekejio aodo

每层有四套房子。

Ci sono quattro unità di ogni piano.

谐音 漆 所诺 跨的咯 呜你大 低 哦你 逼啊诺

qi sono kuadelo unida di oni biano

我能看一下房子吗?

Potrei dare un'occhiata alla casa?

谐音 波的累 大咧 翁 哦科衣啊哒 啊啦 卡咋

bodelei dalie ongokiada ala kaza

还有其他设施吗?

Ci sono altri servizi?

谐音 漆 所诺 啊了的丽 些了呜衣鸡

qi sono aledeli seleviji

看样板房

我可以看一下你们的样板间吗？

Posso dare un'occhiata al vostro appartamento?

谐音 波所 大咧 翁哦可衣啊哒 啊了 握斯的落 啊爸了哒闷哆

boso dalie ongokiada ale vosdelo abaledamendo

所有的户型都是这样的吗？

Gli appartamenti sono tutti di di questo tipo?

谐音 衣 啊爸了哒闷低 低 哭耶斯地 弟波

yi abaledamendi di kuesdo dibo

这间房子的基本设计为三房二厅，包括一个客厅、一个饭厅、一间主人套房和两间睡房。

Il disegno dell'appartàmento è composto da una sala da pranzo, un soggiorno, una camera matrimoniale e due camere da letto.

谐音 衣了 低啧你哦 爹啦爸了哒闷哆 耶 空钵是哆 哒 呜呐 撒啦哒 不浪做 翁 缩鸡哦了诺 呜呐 卡咩辣 嘛的丽摸你啊咧 耶 嘟耶 卡咩咧 哒 咧哆

yile dizenio deilabaledamendo e konbosdo da wuna sala da bulangzo ong sojioleno wuna kamiela madelimonialie e due kamielie da liedo

这个房子的朝向如何？

Dove punta la casa?

谐音 多乌耶 蹦哒 啦 卡扎

duowuye bengda la kaza

在各位右手边的是厨房。

Sul lato destro c'è la cucina.

谐音 苏了 啦哆 爹斯的落 切 啦 哭泣那

sule lado deisdelo qie la kuqina

还有什么户型？
Che tipo di appartamento è ancora disponibile?
谐音 科耶 弟波 低 啊爸了哒闷哆 耶 肮扩啦 低斯波腻逼咧
ke dibo di abaledamendo e angkola disbonibilie

贷款咨询

我想分期付款。
Voglio comprarlo a rate.
谐音 握衣哦 空不啦了咯 啊 啦爹
voyio kongbulalelo a ladei

他想咨询有关银行按揭的详细内容。
Lui vorrebbe chiedere dettagli su mutui ipotecari.
谐音 路衣 握咧呗 科衣耶爹咧 爹大衣 苏 慕渡衣 衣波爹卡丽
luyi voliebe kiedeilie deidayi su muduyi yibodeikali

你们的住房贷款的利率是多少？
Quali sono i tassi di interesse del vostro mutuo per la casa?
谐音 跨里 所诺 衣 大西 低 应爹咧些 爹了 握斯的落 慕渡哦 呗了 啦 卡咋
kuali sono yi dasi di yingdeiliese deile vosdelo muduo bele la kaza

我想知道有多少种银行按揭方法可供选择。
Voglio conoscere i diversi tipi di piani di investimento per la casa che la vostra banca offre.
谐音 握衣哦 括诺血咧 衣 低呜耶了西 低 逼啊你 低 应呜耶斯地闷哆 呗了 啦 卡咋 科耶 啦 握斯的辣 棒卡 哦夫咧
voyio konoxuelie yi divelesi dibi di biani di yingvesdimendo bele la kaza ke la vosdela bangka ofulie

你可以选择 10 年期或 20 年期还清。

È possibile scegliere pagare in 10 o 20 anni.

谐音 耶 波细逼咧 血衣耶咧 吧嘎咧 应 低耶漆 哦 问低 啊你

e bosibilie xueyielie bagalie ying dieqi o vendi ani

首付款是多少？

A quanto ammonta l'acconto?

谐音 啊 况哆 啊梦哒 啦空哆

a kaundo amonda lakondo

签订合同

我已填好一式三份的临时租赁协议书。

Ho già fatto tre copie del contratto di permanenza provvisoria.

谐音 哦 嫁 发哆 的咧 扩逼耶 爹了 空的辣哆 低 呗了麻嫩扎 不咯呜衣做里啊

o gia fado delie kobie deile kondelado di belemanenza bulovizolia

让我简单解释一下协议书的内容。

Mi lasci spiegare i termini di questo contratto di permanenza.

谐音 咪 辣需 斯逼耶尬咧 衣 爹了咪你 低 哭耶斯哆 空的辣哆 低 呗了麻嫩扎

mi laxu sbiegalie yi deilemini di kuesdo kondelado di belemanenza

如何计算印花税？

Come si calcola la tassa di bollo?

谐音 括咩 西 卡了括啦 拉 大萨 低 钵咯

komie si kalekola la dasa di bolo

这是印花税表，给您参考。

Ecco il modulo di bollo da consultare.

谐音 耶括 衣了 摸渡咯 低 波罗 哒 空书了大咧

eko yile modulo di bolo da konshuledalie

如果没有异议，请在合同最下方签字。
Se non c'è nulla da cambiare, si prega di firmare in fondo.

谐音 些 弄 切 怒啦 大 康逼啊咧 西 不咧嘎 低 夫衣了骂咧 应 风哆
se nong qie nula da kangbialie si buliega di filemalie ying fondo

合同中的主要条款有哪些？
Quali sono le principali clausole del contratto?

谐音 跨里 所诺 咧 不拎漆吧丽 科捞做咧 爹了 空的辣哆
kuali sono lie bulinqibali klaozuolie deile kongdelado

合同一经双方签订即生效。
Il contratto entrerà in vigore non appena è firmato da entrambi le parti.

谐音 衣了 空的辣哆 恩的咧辣 应 呜衣郭咧 弄 啊呗那 耶 夫衣了骂哆 大 恩的浪逼 咧 爸了低
yile kondelado endeliela ying vigole nong abena e filiemado da endelangbi le baledi

我们现在可以签合同了。
Possiamo firmare ora.

谐音 波西啊摸 夫衣了骂咧 哦辣
bosiamo filemalie ola

物业服务

我需要支付多少物业管理费？
Quanto dovrei pagare per la gestione?

谐音 况哆 哆呜累 爸嘎咧 呗了 啦 觉斯低哦捏
kuangdo dovlei bagalie bele la juesdione

我们小区的物业很好。
Il nostro servizio di gestione appartamento è buono.

谐音 衣了 诺斯的落 些了呜衣鸡哦 低 觉斯地哦捏 啊爸了哒闷哆 耶 不哦诺
yile nosdelo selevijio di deisdione abaledamendo e buono

您能派个人来修一下吗？

Potrebbe mandare qualcuno per ripararlo?

谐音 波的咧呗 芒大咧 夸了裤诺 呗了 里吧辣了咯

bodeliebe mandalie kualekuno bele ribalalelo

我马上派人上去修。

Manderò qualcuno a risolvere il problema subito.

谐音 芒爹落 夸了裤诺 啊 里做了呜耶咧 衣了 不咯不咧嘛 苏逼哆

mangdeilo kualekuno a lizolevele yile bulobuliema subido

没人收垃圾。

Nessuno raccoglie la spazzatura.

谐音 捏速诺 啦括衣耶 啦 斯吧咋渡啦

nesuno lakoyie le sbazadula

没人打扫楼道。

Nessuno pulisce il corridoio.

谐音 捏速诺 不丽血 衣了 括里哆衣哦

nesuno bulixue yile kolidoio

给物业打电话了吗？

Hai chiamato la gestione dell'appartamento?

谐音 啊衣 科衣啊骂哆 啦 觉斯低哦捏 爹啦爸了哒闷哆

ayi kiamado la juesdione deilabaledamendo

咨询车型

您想要什么类型的车？

Che tipo di auto vuole?

谐音 科耶 低波 低 奥哆 呜哦咧

ke dibo di aodo vuolie

这款车型是今年最新的设计。
Questo modello è l'ultimo design di quest'anno.
谐音 哭耶斯哆 摸爹落 耶 路了低摸 低债 低 哭耶斯大诺
kuesdo modeilo e luledimo dizai di kuesdano

这是一辆内部宽敞的小型车。
È una vettura con un interno spazioso.
谐音 耶 呜呐 呜耶嘟啦 空 翁 应爹了诺 斯吧鸡哦做
e wuna vedula kon ong yingdeileno sbajioso

我需要一辆省油的车。
Ho bisogno di una macchina a basso consumo.
谐音 哦 逼做你哦 低 呜呐 骂科衣呐 啊 爸所 空树模
o bizonio di wuna makina a basuo konshumo

我喜欢自动挡的车。
Preferisco una macchina con una trasmissione automatica.
谐音 不咧飞丽斯括 呜呐骂科衣呐 空 呜呐 的辣咪西哦捏 奥哆骂地卡
buliefelisko wuna makina kon wuna delasmisione aodomadika

我想要便宜、小巧，并且舒适的车。
Preferisco un'auto a buon mercato, piccolo e confortevole.
谐音 不咧飞丽斯括 翁奥多 阿 不翁 咩了卡哆 毕括咯 耶 空佛了爹喔咧
buliefelisko ongaoduo a buong mielekado bikolo e konfoledeivolie

你能告诉我一下车型吗？
Mi puoi dire la forma della vettura?
谐音 咪 不哦衣 弟咧 啦 佛了骂 爹啦 呜耶渡啦
mi buoyi dilie la folema deila vedula

你想要什么样的车？
Che tipo di auto preferisci?
谐音 科耶 低波 低 奥哆 不咧飞丽需
ke dibo di aodo buliefelixu

这辆新车配置齐全。

Questa nuova vettura è ben attrezzata.

谐音 哭耶斯哆 怒哦哇 呜耶嘟啦 耶 笨 啊的咧咋哒

kuesda nuova vedula e ben adeliezada

能介绍一下这辆车的基本配置吗？

Può presentare l'alttrezzatura standard del veicolo?

谐音 波 不咧怎哒咧 啦了爹咋渡拉 斯电的 爹了 喂括洛

buo buliezhendalie lalediezadula sdiande diele weikuoluo

这辆车的里程如何？

Com'è il chilomentraggio della vetttura?

谐音 括咩 衣了 科衣咯咩的辣鸡哦 爹啦 呜耶渡拉

komie yile kilomiedelagio deila vedula

我能看看发动机吗？

Posso vedere il motore?

谐音 波所 呜耶爹咧 衣了 摸哆咧

boso vedeilie yile modolie

3 加仑的油可以开 100 千米。

È possibile eseguire 100 chilometri con 3 galloni.

谐音 耶 波西毕咧 耶喷规咧 欠哆 科衣咯咩的丽 空 的咧 嘎咯你

e bosibilie ezeguilie qiando kilomiedeli kon delie galoni

它的安全性能是一流的，有两个安全气囊和制动防抱死系统。

Ha ottime caratteristiche di sicurezza, come il doppio airbag e freni ABS.

谐音 啊 哦地咩 卡辣爹里斯低科耶 低 西裤咧咋 括咩 衣了 哆逼哦 诶尔呗个 耶 夫咧尼 诶逼斯

a odimie kaladeilisdike di sikulieza komie yile dobio eirbeg e fulieni abs

制动防抱死系统能防止你在路上打滑。

Freni ABS impediscono lo slittamento sulla strada.

谐音 夫咧尼 诶逼斯 应呗地斯括诺 洛 斯丽大们哆 苏啦 斯的辣大

fulieni abs yingbedisikono lo slidamendo sula sdelada

这辆车装有导航系统。

Ha un sistema di navigazione.

谐音 啊 翁 西斯爹骂 低 那呜衣嘎鸡哦捏

a ong sisdeima di navigajione

这是一款节能汽车。

È una vettura a basso consumo energetico.

谐音 耶 呜呐 呜耶嘟啦 啊 爸所 空速摸 耶捏了觉地括

e wuna vedula a baso konsumo enelejuetiko

这辆车是多大排量的?

Quantto gas di scarico produce questa vettura?

谐音 况多 尬斯 低 斯卡丽括 不洛杜切 哭耶斯多 呜耶杜拉

kuangduo gas di skalikuo buloduqie kuyesdo vedula

它的基本配备包括空调、防死锁刹车、气囊和音响。

I suoi standard sono: aria condizionata, freni antibloccaggio, airbag, e stereo.

谐音 衣 苏哦衣 斯电的 所诺 啊里啊 空地鸡哦那哒 抚咧尼 肮低不咯卡鸡哦 诶尔呗个 耶 斯爹咧哦

yi suoyi sdande sono alia kondijionada fulieni angdibulokajio eierbege e sdeilieo

车辆试驾

我能试驾一下吗?

Posso provare a guidare?

谐音 波所 不咯哇咧 阿 规大咧

boso bulovalelo

可以，我给您取钥匙去。

Certo. Mi permetta di prendere la chiave.

谐音 切了哒 咪 呗了咩哒 低 不认爹咧 啦 科衣啊呜耶

qieledo mi belemieda di bulendeilie la kiave

这辆车操作起来很灵活！

Questa macchina è facile da guidare!

谐音 哭耶是哒 骂科衣呐 耶 发漆咧 哒 规大咧

kuesda makina ye faqilie da guidalie

我想上高速试试它的速度。

Mi piacerebbe andare in autostrada per testare per la velocità.

谐音 咪 逼啊切咧呗 肮大咧 应 奥哆斯的辣大 呗了 爹斯大咧 呗了 啦 呜耶咯漆大

mi biaqieliebe angdalie ying aodosdelada bele deisdalie bele la veloqida

这辆车开得很平稳。

Questa vettura è stabile.

谐音 哭耶是哒 呜耶渡啦 耶 斯大逼咧

kuesda vedula ye sdabilie

贷款咨询

我要申请贷款买一辆新车。

Farò richiesta di un prestito per comprare una macchina nuova.

谐音 发咯 里科衣耶斯哒 低 翁 不咧斯低哆 呗了 空不啦咧 呜呐 骂科衣呐 奴哦哇

falo likiesda di ong buliesdido bele konbulalie wuna makina nuova

贷款最高额可达到购车款的 80%。

La linea di prestito deve essere non più dell'80% dei fondi auto.

谐音 啦 丽捏啊 低 不咧斯地哆 爹呜耶 耶些咧 弄 逼悠 爹洛当哒呗了钱多 爹衣 凤低 奥哆

la linea di buliesdido deive eselie nong biou deiluodangdabeleqianduo deiyi fondi aodo

汽车消费贷款一般为 3 年，最长不超过 5 年（含）。

Il prestito di solito dura 3 anni e non più di 5 anni.

谐音 衣了 不咧斯地哆 低 索里哆 渡啦 的咧 啊你 耶 弄 逼悠 低 沁块 啊你

yile buliesdido di solido dula delie ani e nong biou di qinkue ani

你们收多少贷款利率？

Che tipo di interesse si carica?

谐音 科耶 弟波 低 应爹咧些 西 卡丽卡

ke dibo di yingdeiliese si kalika

购买二手车

我想要买一辆二手车。

Vorrei una macchina di seconda mano.

谐音 我累 呜呐 骂科衣呐 低 些空大 骂诺

volei wuna makina di sekonda mano

首先你得检查下车子。

La prima cosa da fare è controllare la vettura.

谐音 啦 不丽吗 括咋 哒 发咧 耶 空的落啦咧 啦 呜耶渡啦

la bulima koza da falie e kondelolalie la vedula

3 百姓生活

你得检查车有没有大修过。

Dovresti controllare se sono state fatte grandi riparazioni.

谐音 哆呜咧斯低 空的落辣咧 些 索诺 斯大爹 发爹 哥浪低 里巴拉鸡哦你

dovuliesdi kongdeluolalie xie suonuo sdadie fadie gelandi libalazioni

要保证刹车不会偏向一边。

Bisogna assicurarsi che i freni non tirano da una parte.

谐音 逼做你啊 阿西裤辣了西 科耶 衣 夫咧尼 弄 低辣诺 哒 呜呐 爸了爹

bizuonia asikulalesi ke yi fulieni nong dilanuo da wuna baledei

这辆车没有跑多少公里，车况很好，而且他急着卖。

Ha un basso chilometraggio, è in buone condizioni, ed è in gran richiesta.

谐音 啊 翁 爸索 可衣落咩的辣鸡哦 耶 应 不哦捏 空地鸡哦你 耶的 耶 应 哥浪 里可衣耶斯哒

a ong basuo kilomiedelajio e ying buone kondijioni ede e ying gelang likiyesda

价格很优惠。

Questo è un buon prezzo.

谐音 哭耶斯哆 耶 翁 不翁 不咧做

kuesdo e ong buong buliezo

你买之前应该要求看看执照。

Dovresti mostrare la patente prima di acquistarlo.

谐音 哆呜咧斯低 摸斯的辣咧 啦 吧扽爹 不丽吗 低 啊亏斯大了咯

duowuliesdi mosdelalie la badendei bulima di akuisdalelo

这辆二手车成色不错。
Questa macchina usata è quasi nuova.
谐音 哭耶斯哒 骂科衣呐 呜炸哒 耶 夸鸡 奴哦哇
kuesda makina uzada e kuaji nuova

我需要这辆车的维修记录。
Ho bisogno della documentazione di manutenzione della macchina.
谐音 哦 逼做你哦 爹啦 多哭闷鸡哦捏 低 吗怒扽鸡哦捏 爹啦 骂科衣呐
o bizuonio deila duokumenzionie di manudenjione deila makina

给车加油

您的车要加什么油？
Che tipo di gas usa questa vettura prende?
谐音 科耶 地波 低 嘎斯 污扎 哭耶斯哒 呜耶渡啦 不认爹
ke dibo di gas wuza kuesda vedula burendei

加普通汽油还是无铅汽油？
Regolare o senza piombo?
谐音 咧锅啦咧 哦 肾咋 逼翁波
liegolalie o shenza bionbo

这是自助式加油站。
Questa è la pompa self-service.
谐音 哭耶斯哒 耶 啦 棒吧 小夫些呜衣斯
kuesda e la bomba xiaofu sevis

我要找加油站，汽车该加油了。
Ho bisogno di trovare un distributore di benzina fare il pieno.
谐音 哦 逼做你哦 低 的落哇咧 翁 低斯的丽不哆咧 低 奔鸡那 发咧 衣了 逼耶诺
o bizuonio di delovalie ong disdelibudolie di benjina falie yile biyenuo

麻烦加满。
Faccia il pieno, per favore.
谐音 发卡 衣了 逼耶诺 呗了发喔咧
faqia yile bieno bele favolie

一共多少钱？
Quanto costano in totale?
谐音 况哆 括斯哒诺 应多大咧
kuangdo kosdano yingduodalie

已经加满了。
Il serbatoio è pieno.
谐音 衣了 些了吧哆衣哦 耶 逼耶诺
yile selebadoyio e bieno

您想加多少油，先生？
Quanto gas desidera, signore?
谐音 况哆 嘎斯 爹鸡爹啦 西你哦咧
kuangdo gas deijideila xiniolie

93 号的，20 升。
93 #, 20 litri.
谐音 挪忘哒的咧，问低 丽的丽
nowangdadelie wendi lideli

保养维护

给我的车重新喷漆需要很长时间吗？
Ci vuole molto tempo per ridipingere la mia auto?
谐音 漆 呜哦咧 默了哆 扽波 呗了 里低病觉咧 啦 咪啊 奥哆
qi vuolie moledo denbo bele lidibingjuelie la mia aodo

这辆汽车需要保养。
La macchina ha bisogno di manutenzione.

谐音 啦 骂科衣呐 啊 逼做你哦 低 吗努扽鸡哦捏
la makina a bizonio di manudenjione

这次汽车保养是完全免费的。
La manutenzione per quest'auto è gratuita.

谐音 啦 妈怒扽鸡哦捏 呗了 哭耶斯哒 耶 哥拉嘟衣哒
la manudenjionie bele kuyesdaoduo ye geladuida

这辆车需要添加一些润滑油了。
La macchina ha bisogno di lubrificante.

谐音 啦 骂科衣呐 啊 逼做你哦 低 路不丽夫衣抗爹
la makina a bizonio di lubulifikangdei

保养汽车需要花多少钱?
Quanto costa la manutenzione dell'auto?

谐音 况哆 括思达 啦 吗努扽鸡哦捏 爹唠多
kuangdo kosda la manudeinjione dielaoduo

这辆车的刹车不如以前灵敏了。
I freni non sono sensibili come prima.

谐音 衣 夫咧尼 弄 所诺 肾细毕里 括咩 不丽嘛
yi fulieni nong sono shensibili komie bulima

我想给车窗贴一下车膜。
Voglio attaccare una pellicola ai finestrini dell'auto.

谐音 握衣哦 啊哒卡咧 呜呐 呗丽括拉 啊衣 夫衣捏死的丽 爹涝哆
voyio adakalie wuna belikuola ayi finesdeli deilaodo

车子要清洁和打蜡吗?
Vuoi che sia pulita e cerata?

谐音 呜哦衣 科耶 西啊 不丽哒 耶 切辣哒
vuoyi ke sia bulida e qielada

车辆修理

你能帮我检查一下轮胎吗？

Può controllare le mie gomme?

谐音 钵 空的落辣咧 咧 咪耶 过咩

bo kondelolalie lie mie gomie

提车需要很长时间吗？

Ci vuole molto tempo per ritirare la mia auto?

谐音 漆 呜哦咧 默了哆 扽波 呗了 里低辣咧 啦 咪啊 奥哆

qi vuolie moledo denbo bele litilare la mia aodo

汽车的排气系统出了故障。

C'è qualche problema con il sistema di scarico.

谐音 切 跨了科耶 不咯不咧嘛 空 衣了 西斯爹骂 低 斯卡丽括

qie kualeke bulobuliema kon yile sisdeima di skaliko

这附近有汽车修理厂吗？

C'è un garage vicino?

谐音 切 翁 嘎辣觉 呜衣气诺

qie ong galajue viqino

汽车的发动机有问题。

Il motore ha un problema.

谐音 衣了 摸多咧 啊 翁不啰不咧麻

yile moduolie a ong buluobuliema

修这辆车需要多少钱？

Quanto costa riparare la macchina?

谐音 况哆 括斯达 呗了 里吧辣咧 啦 骂科衣呐

kuangdo kuosda bele libalalie la makina

我想换进口的零件。
Voglio scambiare componenti importati.

谐音 握衣哦 斯康逼啊咧 空波嫩滴 应波了大低

voyio skangbialie konbonendi yingboledadi

多长时间可以修好这辆车？
Quanto tempo ci vorrà per riparare la macchina?

谐音 况哆 扽波 漆 喔辣 呗了 里吧辣咧 啦 吗科衣呐

kuangdo denbo qi vola bele libalalie la makina

这次维修是免费的。
La riparazione è gratuita.

谐音 啦 里吧啦鸡哦捏 耶 哥拉嘟衣哒

la libalajione e geladuyida

美食参考

换换口味吃中餐怎么样？
Che ne dici di mangiare il cibo cinese per cambiare un po'?

谐音 科耶 捏 地起 低 芒嫁咧 衣了 气波 漆捏啧 呗了 康逼阿咧 翁 波

ke ne diqi di manggialie yile qibo qineze bele kangbialie ong bo

你想吃嫩点儿、适中，还是老一点儿的？
Le vuoi di cottura,media o ben cotta?

谐音 咧 呜哦衣 低 括渡啦 咩低啊 哦 笨 括哒

lie wuoyi di kuodula miedia o ben kuoda

那家墨西哥餐厅很正宗。

Il cibo nel ristorante messicano è autentico.

谐音 衣了 气波 捏了 里斯哆浪爹 咩西卡诺 耶 凹扽低括

yile qibo nele lisdolangdei miesikaniko e aodendiko

这是最受欢迎的一道菜。

Questo è il piatto più popolare.

谐音 哭耶斯哆 耶 衣了 逼啊哆 逼悠 波波辣咧

kuyesduo ye yile biado biou bobolalie

是否可介绍一家附近口碑不错的餐厅？

Puoi consigliarci di un bel ristorante qui vicino?

谐音 不哦衣 空西衣啊了漆 低 翁 呗了 里斯哆浪爹 溃 呜衣气诺

buoyi kongsiyialeqi di ong bele lisdolangdei kui viqino

餐厅预订

我想预订桌位。

Vorrei fare una prenotazione, per favore.

谐音 我累衣 发咧 呜呐 不咧诺哒鸡哦捏 呗了 发我咧

wolieyi falie wuna bulienodajione bele favolie

我想预订一个小包间。

Vorrei prendere una stanza piccola.

谐音 我累衣 不认爹咧 呜呐 斯当咋 毕括啦

wolieyi bulendielie wuna sdangza bikola

我会尽量帮你预留餐桌的。

Farò del mio meglio per prenotare un tavolo per te.

谐音 发落 爹了 咪哦 咩衣哦 呗了 不咧诺大咧 翁 大握咯 呗了 爹

falo diele mio mieyio bele bulienodale ong davolo bele dei

我们会努力早点来的。

Faremo sforzi per venire presto.

谐音 发咧摸 斯佛了鸡 呗了 呜耶腻咧 不咧斯哆

faliemo sfoleji bele venilie buliesdo

我想预订一个今天晚上 6 点的 8 人桌。

Vorrei prenotare un tavolo per 8 persone alle 6 di stasera.

谐音 我累衣 不咧诺哒咧 翁 大握咯 呗了 哦哆 呗了索捏 啊咧 些衣 低 斯哒些啦

wolieyi bulienodalie ong davolo bele odo belesuonie seyi di sdasela

请预留一张两个人的桌位。

La prego di prenotare un tavolo per due.

谐音 啦 不咧郭 低 不咧诺大咧 翁 大握咯 呗了 嘟耶

la bulieguo di bulenodalie ong davolo bele due

我们不接受电话订位。

Non accettiamo prenotazioni al telefono.

谐音 弄 啊切低啊摸 不咧诺哒鸡哦你 啊了 爹咧佛诺

nong aqiediamo bulienodajioni ale deiliefono

位子可以保留多久?

Quanto tempo può tenere il tavolo per me?

谐音 况哆 扽波 钵 爹捏咧 衣了 大握咯 呗了 咩

kuangdo denbo bo deiniele yile davolo bele mie

您想订什么时间的?

A che ora vorrebbe il Suo tavolo?

谐音 啊 科耶 哦啦 我累呗 衣了 书哦 大握咯

a ke ola woleibe yile shuo davolo

请帮我安排靠窗的位置。
Si prega di metterci vicino alla finestra.
谐音 西 不咧嘎 低 咩爹了漆 呜衣气诺 啊啦 夫衣捏死的辣
xi buliega di miedeileqi vicino ala finesdela

找位等位

你好，要一张两人桌。
Salve, tavolo per due, per favore.
谐音 撒了呜耶 大握咯 呗了 嘟耶 呗了 发握咧
salewuye davolo bele due bele favolie

靠窗的那个位置更好。
Il posto vicino alla finestra sarebbe meglio.
谐音 衣了 钵斯哆 呜衣气诺 啊啦 夫衣捏死的辣 撒咧呗 灭衣哦
yile bosdo viqino ala finesdela saliebe mieyio

比起包厢，我更喜欢坐在这里。
Preferisco sedermi qui rispetto a in cabina.
谐音 不咧飞丽斯括 些爹了咪 溃 里斯呗哆 阿 应 卡毕那
buliefelisko sedielemi kui lisbeduo a yin kabina

什么时候会有位子？
Quando sarà disponibile un tavolo?
谐音 况哆 撒啦 低斯波腻逼咧 翁 大握咯
kuangdo sala disbonibilie ong davolo

我们得等多久？
Quanto tempo dobbiamo aspettare?
谐音 况哆 扽波 都逼啊摸 啊斯呗大咧
kaungdo denbo dobiamo asbedalie

我前面还有几个人？

Quante persone ci sono davanti a me?

谐音 况爹 呗了所捏 漆所诺 哒忘低 啊 咩

quangdei belesone qi sono davangdi a mie

您排在第六位。

È il sesto in lista d'attesa.

谐音 耶 衣了 些斯哆 应 丽斯哒 哒爹咋

ye yile sesdo ying lisda dadeiza

您介意拼桌吗？

La dispiacerebbe condividere il tavolo?

谐音 啦 低斯逼啊切咧呗 空低呜衣爹咧 衣了 大握咯

la disbiaqieliebe kondivideilie yile davolo

对不起，这张桌子已经被预订了。

Mi dispiace, è riservato.

谐音 咪 低斯逼啊切 耶 里些了哇哆

mi disbiaqie e liselevado

现在还有空位吗？

C'è un tavolo disponibile ora?

谐音 切 翁 大握咯 低斯波腻毕咧 哦啦

qie ong davolo disbonibilie ola

餐馆点餐

请给我菜单好吗？

Potrei avere un menu, per favore?

谐音 波的累 啊呜耶咧 翁 咩怒 呗了 发我咧

bodelei avelie ong mienu bele favolie

今天有什么推荐的吗？
Che cosa mi consiglia oggi?
谐音 科耶 括咋 咪 空细衣啊 哦鸡
ke koza mi konsiyia oji

今天有什么好吃的？
Che cosa c'è di buono oggi?
谐音 可耶 括扎 切 低 不哦诺 哦鸡
ke kuoza qie di buono ogi

你们饭店的招牌菜是什么？
Qual'è la specialità del vostro ristorante?
谐音 跨 咧 啦 斯呗掐里大 爹了 握斯的落 里斯哆浪爹
kua lie la sbeqialida deile vosdelo lisdolangdei

我还没准备好要点餐呢。
Non sono ancora pronto ad ordinare.
谐音 弄 所诺 肮扩啦 不龙哆 啊的 哦了低呐咧
nong sono angkola bulongdo ade oledinalie

你们有什么地方特色菜吗？
Avete delle specialità locali?
谐音 啊呜耶爹 爹咧 斯呗掐里大 咯卡丽
avedei deilie sbeqialida lokali

你这儿有什么清淡的菜吗？
Avete qualcosa di leggero?
谐音 啊呜耶爹 夸了括咋 低 咧觉咯
avedei kualekoza di liejuelo

我想要我的牛排熟一点儿。
Vorrei che la mia bistecca di manzo sia ben cotta, per favore.
谐音 喔累 科耶 啦 咪啊 逼斯爹卡 低 慢做 西啊 奔 扩哒 呗了 发握咧
volei ke la mia bisdeika di mangzo xia ben kuoda bele favolie

你觉得这些够了吗？
Pensi che sarà sufficiente?
谐音 笨西 科耶 撒啦 苏夫衣漆恩爹
bensi ke sala sufiqiendei

您要不要来点儿酒水饮料？
Vuole ordinare qualche bevande?
谐音 呜哦咧 哦了低呐咧 夸了可耶 呗忘哒
vuolie oledinalie kualekeye bewangda

您喜欢几成熟的？是要半生 的、适中的，还是熟透的？
Le vuole tenere di media cottura o ben cotta?
谐音 咧 呜哦咧 爹捏咧 低 咩低阿 括渡啦 哦 奔 括哒
lie wuolie dienielie di miedia kuodula o ben kuoda

席间服务

上菜能快点吗？
La pregherei di servire un po'più veloce.
谐音 啦 不咧哥累衣 低 些了呜衣咧 翁 钵 逼悠 呜耶咯切
la buliegeyeilie di selevilie ong bo biou veloqie

我想再加一个菜。
Voglio aggiungere un altro piatto.
谐音 我衣哦 阿窘觉咧 翁 阿了的落 逼阿哆
woyio ajionjuelie ong aldeluo biaduo

我用不惯筷子，能给我拿一副刀叉吗？
Non sono abituato di utilizzare le bacchette. Mi può portare una forchetta e coltello?
谐音 弄 所诺 啊逼嘟啊哆 低 呜低丽扎咧 咧 吧科耶爹 咪 钵 波了哒咧 呜呐 佛了科耶大 耶 括了爹落
nong sono abiduado di wudilizalie lie bakedei mi bo boledalie wuna folekeda e koledeilo

能把盐递给我吗？
Potrebbe passarmi il sale?
谐音 波的咧呗 吧撒了咪 衣了 撒咧
bodeliebe basalemi yile salie

不用那么早就上汤。
Non c'è bisogno di servire la zuppa così presto.
谐音 弄 切 逼做你哦 低 些了呜衣咧 啦 组吧 括鸡 不咧斯哆
nong qie bizuonio di selevilie la zuba koji buliesdo

我想你给我上错菜了。
Penso che tu mi abbia dato il piatto sbagliato.
谐音 笨所 科耶 渡 咪 啊逼阿 大多 衣了 逼啊哆 斯吧衣啊哆
benso ke du mi abia dado yile biado sbayiado

我可以把碟子收起来吗？
Posso prendere il vostro piatto?
谐音 波所 不认爹咧 衣了 握斯的落 逼啊哆
boso bulendeilie yile vosdelo biado

这是您的热毛巾。
Ecco il suo asciugamano caldo.
谐音 耶括 衣了 输哦 啊休嘎骂诺 卡了哆
eko yile suo axiugamano kaledo

我现在可以上菜了吗？
Posso servirLa ora?
谐音 钵所 些了呜衣了啦 哦啦
boso xielewuyilela ola

品评菜肴

我从来没吃过比这更好吃的了。
Non ho mai assaggiato niente di più buono.
谐音 弄 哦 骂衣 啊撒嫁哆 你恩爹 低 逼呕 不哦诺
nong o mayi asagiado niendei di biou buonuo

肉太老了。

La carne è dura.

谐音 啦 卡了捏 耶 渡啦

la kalene e dula

真辣。

È piccante.

谐音 耶 逼抗爹

e bikangdei

这汤我觉得有点儿咸了。

La zuppa è un po'salata per me.

谐音 啦 住吧 耶 翁 钵 撒啦哒 呗了 咩

la zuba e ong bo salada bele mie

这鱼色香味美。

Questo pesce ha un buono sapore.

谐音 哭耶斯哆 呗学 啊 翁 不哦诺 撒钵咧

kuesdo bexue a ong buono sabolie

真是鲜美可口。

È appetitoso e gustoso.

谐音 耶 啊呗地哆做 耶 估斯舵做

e abedidozo e gusdozo

很好吃。

È delizioso.

谐音 耶 爹里鸡哦做

e deilijioso

味道很奇怪。

Questo ha un sapore strano.

谐音 哭耶斯哆 啊 翁 撒钵咧 斯的辣诺

kuesdo a ong sabolie sdelano

饭后甜点

您想要甜点吗?

Vuoi un po'di dolce?

谐音 呜哦衣 翁 钵 低 哆了且

vuoyi ong bo di doleqie

你们有没有低脂的点心?

Avete dolce basso contenuto di grasso?

谐音 阿呜耶爹 哆了切 爸哦 空爹怒哆 低 哥辣索

avedie doleqe baso kondeinudo di gelasuo

我看看点心菜单。

Posso avere il menu dei dolci.

谐音 钵所 啊呜耶咧 衣了 咩怒 爹衣 多了漆

boso avelie yile mienu deyi duoleqi

我们今天有蛋挞。

Abbiamo crostate di crema all'uovo oggi.

谐音 啊逼啊摸 科咯斯大爹 低 科咧嘛 阿路哦握 哦鸡

aboamo kelosdadei di keliema aluowo ogi

我想要一份巧克力布丁。

Voglio un budino al cioccolato.

谐音 握衣哦 翁 布弟诺 啊了 气哦括辣哆

voyio ong budino ale qiokolado

是现在为您上甜点，还是迟一些?

Vuole che il suo dolce ora o più tardi?

谐音 呜哦咧 科耶 书哦 嘟哦 哆了且 哦啦 哦 逼悠 大了低

wuolie ke yile shuo duoleqie ola o biou daledi

餐馆抱怨

菜糟透了！

Il cibo è orribile!

谐音 衣了 气波 耶啦 哦丽毕咧

yile qibo e olibilie

你们的领班在哪儿？

Dov'è il vostro capo cameriere?

谐音 哆呜耶 衣了 握斯的落 卡波 卡咩里耶咧

dove yile wosdelo kabo kamielielie

我点的菜不新鲜。

Il piatto che ho ordinato non era fresco.

谐音 衣了 逼啊哆 科耶 哦 哦了低呐哆 弄 耶啦 敷咧斯括

yile biado ke o oledinado nong ela fuliesko

服务太慢了，菜都凉了。

Il servizio è troppo lento e i piatti serviti sono freddi.

谐音 衣了 些了呜衣鸡哦 耶 的落波 认哆 耶 衣 逼啊低 些了呜衣地 所诺 敷咧低

yile selevijio e delobo lendo e yi biadi selevidi sono fuliedi

我们等得太久了。

Aspettiamo da molto tempo.

谐音 啊斯呗地啊摸 哒 摸了哆 炖波

asbediamo da moledo denbo

这个碟子有裂缝。

Questo piatto è scheggiato.

谐音 哭也是多 逼啊哆 耶 斯可耶架哆

kuesdo biado e skejiaduo

3 百姓生活

结账买单

请给我账单好吗？

Posso avere il conto per favore?

谐音 钵所 啊呜耶咧 衣了 空哆 呗了 发我咧

boso avelie yile kongdo bele favolie

这次我们各付各的吧。

Facciamo alla romana questa volta.

谐音 发漆啊摸 啊啦 罗马呐 哭耶是哒 喔了哒

faqiamo ala lomana kuesda voleda

这次我请客。

Pago io questa volta.

谐音 爸郭 衣哦 哭耶是哒 喔了哒

bago yio kuesda voleda

能刷信用卡吗？

Accettate la carta di credito?

谐音 啊切大爹 啦 卡了哒 低 科咧弟哆

aqiedadei la kaleda di keliedido

你们接受哪些信用卡？

Quali carte di credito accettate?

谐音 跨里 卡了爹 低 科咧弟哆 啊切哒爹

kuali kaledei di keliedido aqiedadei

你们接受个人支票吗？

Accettate assegni personali?

谐音 啊切哒爹 啊些你 呗了所呐里

aqiedadei aseni belesonali

你能把发票给我吗?

Mi puoi dare la ricevuta?

谐音 咪 不哦衣 大咧 啦 里且呜大

mi buoyi dalie la liqievuda

不用找了。

Tenga il resto.

谐音 扽嘎 衣了 咧斯哆

denga yile liesdo

我在这儿买单还是到柜台买单?

Devo pagare qui o alla cassa?

谐音 爹喔 吧嘎咧 溃 哦 阿拉 卡撒

deivo bagalie kui o ala kasa

服务费包含在内。

Il costo del servizio è incluso.

谐音 衣了 括斯哆 爹了 些了呜衣鸡哦 耶 应科路做

yile kosdo deile selevijio e yingkeluzo

快餐外卖

我们叫外卖吧。

Chiamiamo per il cibo da asporto.

谐音 可衣啊米阿摸 呗了 衣了 气波 哒 阿斯波了哆

kiamiamo bele yile qibo da asboleduo

可以外带吗?

Posso portare via?

谐音 钵所 波了大咧呜衣啊

boso boledalie via

我们半小时内送到。

Noi consegneremo in mezz'ora.

谐音 诺衣 空些捏咧摸 应 咩坐啦

noyi kongseneliemo ying miezola

无论你点多少，配送费都是五元。

La spese di consegna è di cinque yuan, non importa quanto si ordina.

谐音 啦 斯呗咋 低 空些你啊 耶 低 沁哭耶 元，弄 应钵了哒 况哆 西 哦了低呐

la sbesa di kongsenia e di qinkue yuan nong yingboleda kuangdo si oledina

你们有外卖服务吗？

Avete servizio take away?

谐音 啊呜耶爹 些了呜衣鸡哦 忒科 呃喂

avedei selevijio teikeawei

您的地址是什么？

Posso avere il Suo indirizzo?

谐音 钵所 啊呜耶咧 衣了 苏哦 应低丽做

boso avelie yile suo yingdilizo

请送到第五大道 120 号。

Si prega di consegnarlo al numero 120 della Quinta Strada.

谐音 西 不咧嘎 低 空些你啊了咯 阿了 怒咩落 欠哆问低 爹啦 哭应哒 斯的辣哒

si buliega di kongsenialelo ale numieluo qiandowendi diela kunyinda sdelada

配送费多少钱？

Quanto è il costo di consegna?

谐音 况哆 耶 衣了 扩斯哆 低 空些你啊

kuangdo e yile kosdo di kongsenia

请尽量早点送来。

Si prega di consegnare il prima possibile.

谐音 西 不咧嘎 低 空些你阿咧 衣了 不丽嘛 波细毕咧

si buliega di konxienialie yile bulima bosibilie

带走。

Take away, per favore.

谐音 忒科 呃喂 呗了 发我咧

teike awei bele favolie

两个芝士汉堡带走。

Due hamburger di formaggio da asporto per favore.

谐音 嘟耶 汉呗个 低 佛了骂鸡哦 哒 阿斯钵了哆 呗了 发我咧

due hanbege di folemajio da asboleduo bele favolie

咖啡休闲

我想要一杯咖啡。

Mi piacerebbe avere una tazza di caffè, per favore.

谐音 咪 逼啊切咧呗 啊呜耶咧 呜呐 大咋 低 咖啡 呗了 发我咧

mi biaqieliebe avelie wuna daza di kafe bele favolie

你喝什么样的咖啡?

Come ti piace il caffè?

谐音 括咩 低 逼啊切 衣了 咖啡

komie dibiaqie yile kafe

咖啡是现煮的吗?

È il caffè appena fatto?

谐音 耶 衣了 咖啡 啊呗那 发哆

e yile kafe abena fado

我想要加牛奶泡泡的拿铁咖啡。

Mi piacerebbe avere latte con schiuma.

谐音 咪 逼啊切咧呗 啊呜耶咧 辣爹 空 斯科衣有吗

mi biaqieliebe avelie ladei kon skiuma

您这里卖咖啡豆吗?

Vendete i chicchi di caffè?

谐音 温爹爹 衣 科衣科衣 低 咖啡

vendeidei yi kiki di kafe

来一杯没有咖啡因的咖啡。

Vorrei un caffè.

谐音 喔累 翁 卡飞

volei ong kafei

请给我续一下杯。

Vorrei un'altra tazza, per favore.

谐音 我累 呜呐了的啦 大乍 呗了 发我咧

volei wunaledela daza bele favolie

酒吧畅饮

我就想要一杯苏格兰威士忌。

Voglio solo un bicchiere di scotch.

谐音 喔衣哦 所咯 翁 逼科衣耶咧 低 斯过得

voyio solo ong bikielie di sgode

这是酒单。慢慢看。

Ecco la lista dei vini. Prenditi il tuo tempo.

谐音 耶括 啦 丽斯哒 爹衣 呜衣你 不认低低 衣了 嘟哦 扽波

eko la lisda deiyi vini bulendidi yile duo denbo

我能不能在酒里加别的东西呢?

Potrei aggiungere qualcosa al vino?

谐音 波的累 啊囧觉咧 夸了扩咋 啊了 呜衣诺

bodelei ajiongjuelie kualekoza ale vino

这种酒劲儿很大。

Questo tipo d'alcol è molto forte.

谐音 哭耶斯多 地波 大了括 耶 摸了哆 佛了爹

kuesduo dibo dalekuo e moledo foledei

再来一杯怎么样?

Che ne dici di un altro?

谐音 科耶 捏 低漆 低 翁 啊了的落

ke ne diqi di ong aledelo

我们想来点儿鸡尾酒。

Vorremmo qualche cocktail.

谐音 我咧摸 夸了科耶 扩科忒欧

voliemo kualeke koketeio

请给我生啤酒。

Alla spina, per favore.

谐音 啊拉 斯毕那 呗了 发我咧

ala sbina bele favolie

再给我一杯。

Un altro, per favore.

谐音 翁 啊了的落 呗了 发我咧

ong aledelo bele favolie

请给我一些扎啤。
Per favore mi dia un po'di birra fresca.
谐音 呗了 发我咧 咪 低啊 翁波 低 毕啦 敷咧斯卡
bele favolie mi dia ong bo di bila fulieska

你喜欢坐在吧台吗？
Vuoi stare seduto al barcone?
谐音 呜哦衣 斯大咧 些渡哆 啊了 吧了括捏
vuoyi sdalie sedudo ale balekuonie

请享用！
Si goda la Sua bevanda!
谐音 西 过哒 啦 苏啊 呗汪大
xi guoda la sua bevanda

这是您的加冰啤酒。
Qui è la vostra birra con ghiaccio.
谐音 溃 耶 啦 我斯的辣 毕啦 空 鸡阿气哦
kui e la vosdela bila kon jiaqio

电影电视

人们最近都在谈论 3D 版的《泰坦尼克号》。
Ultimamente tutti parlano di Titanic 3D.
谐音 呜瓜了低闷爹 渡低 吧了啦诺 低 低他你可 的咧 弟
wugualedimendie dudi balelanuo di ditanike deilie di

你觉得我们昨天看的电影怎么样？
Che ne dici del film che abbiamo visto ieri?
谐音 科耶 捏低漆 爹了 夫衣了咩 科耶 啊逼啊磨 呜衣是哆 衣也里
ke ne diqi dele filemie ke abiamo visdo yieli

你喜欢这部电视剧吗?
Ti piace questa serie?
谐音 低 逼啊切 哭耶斯哒 些里耶
di biaqie kuyesda xieliye

好莱坞电影引人入胜。
I film di Hollywood sono coinvolgenti.
谐音 衣 敷衣了么 低 伙里呜的 所诺 括应握了娟低
yi fileme di huoliwude sono kuoyinwolejuandi

你喜欢哪个好莱坞电影明星?
Quale star di Hollywood ti piace?
谐音 夸咧 斯大 低 或狸捂的 低 逼啊切
kualie sda di huoliwude di biaqie

《盗梦空间》获得了奥斯卡提名奖。
Inception è stato nominato agli Oscar.
谐音 应些呸熏 耶 斯大哆 喏咪那哆 阿衣 哦斯卡
Yingsepxun e sdado nominado ayi oska

能推荐几部美剧吗?
Mi può consigliare alcune serie TV degli Stati Uniti?
谐音 咪 波 空西衣啊咧 啊了哭捏 谢里耶 地呜 爹衣 斯大弟 呜腻低
mi bo kongsiyialle alekune selie tv deiyi sdati unidi

这部电影的导演是谁?
Chi è il regista di questo film?
谐音 科耶 耶 衣了 咧鸡斯哒 低 哭耶斯哆 夫衣了咩
ki e yile lejisda di kuesdo filemie

观看比赛

今天是什么队的比赛?
Quali squadre stanno giocando oggi?
谐音 夸里 斯垮的咧 斯的辣诺 鸡哦抗哆 哦鸡
kuali skuadelie sdano jiokangdo oji

3 百姓生活

最近有什么体育赛事吗？

Ci sono tornei sportivi che si terrano in questi giorni?

谐音 漆 所诺 哆了捏衣 斯波了地呜衣 科耶 西 爹辣诺 应 哭耶斯低 鸡哦了你

qi sono doleneyi sboledivi ke si deilanuo ying kuesdi jioleni

你想看什么比赛？

Che partita vuoi vedere?

谐音 可耶 吧了弟哒 呜哦衣 呜耶爹咧

ke baledida vuoyi vedeilie

现在比分是多少？

Qual è il punteggio in questo momento?

谐音 跨 咧 衣了 蹦爹鸡哦 应 哭耶斯哆 摸闷哆

kua lie yile bundajio ying kuesdo momendo

这个座位在哪儿？

Dove si trova questo posto?

谐音 哆呜耶 西 的落哇 哭耶斯哆 钵斯哆

dove si delova kuesdo bosdo

比赛什么时候结束？

Quando finirà il gioco?

谐音 况哆 夫衣泥辣 衣了 鸡哦括

kuanfdo finila yile jioko

现在哪个队领先？

Quale squadra sta vincendo ora?

谐音 跨咧 斯洿的辣哒 斯大 呜应欠多 哦辣

kualie skuadela sda vinqianduo ola

听音乐会

我提前赶到了音乐大厅。

Sono arrivata al concerto in anticipo.

谐音 所诺 啊里哇哒 啊了 空切了哆 应 盎弟气波

sono alivada ale kongqieledo ying angdiqibo

音乐会很长，音乐一直不停地演奏着。
È stato un lunghissimo concerto; la musica non finirà mai.

谐音 耶 斯大哆 翁 龙记西摸 空切了哆 啦 木鸡卡 弄 夫衣你辣卖衣
e sdado ong longjisimo kongqieledo la mujika nong fuyinila mayi

我要两张座位挨着的票。
Voglio due posti uniti.

谐音 握衣哦 嘟耶 钵斯地 呜腻低
voyio due bosdi unidi

音效棒极了！
L'acustica è incredibile!

谐音 啦哭斯低咔 耶 应科咧弟毕咧
lakusdika e yingkeliedibilie

今晚的音乐会还有票吗？
Hai ancora biglietti per il concerto di stasera?

谐音 啊衣 肮扩啦 逼衣耶低 呗了 衣了 空切了哆 低 是哒谢啦
ayi angkola biyiedi bele yile kongqieledo di sdasela

有什么着装要求吗？
È richiesto un certo tipo di abbagliamento?

谐音 耶 里可衣耶斯多 翁 切了多 弟波 低 啊爸衣阿闷多
ye likiyesduo ong qieleduo dibo di abayiamenduo

你觉得这个交响乐队怎么样？
Com'è questa orchestra?

谐音 括咩 哭耶斯哒 哦了科耶斯的拉
komie kuesda olekesdela

请至少提前半个小时入场。

Si prega di arrivare almeno 30 minuti prima.

谐音 西 不咧嘎 低 啊里哇咧 啊了灭诺 的认哒 咪怒低 不丽嘛

xi buliega di alivalie alemieno delenda minudi bulima

攀岩露营

你想去攀岩吗？

Vuoi andare a fare arrampicata sulla roccia?

谐音 呜哦衣 肮大咧 阿发咧 啊浪逼卡哒 苏啦 落洽

vuoyi angdalie a falie alangbikada sula luoqia

攀岩难度大吗？

È difficile salire?

谐音 耶 低夫衣漆咧 撕丽咧

e difiqilie salidie

每个攀岩者戴上安全带系上很牢的绳。

Ogni alpinista indossa su un imbracatura e lega una corda resistente.

谐音 哦你 啊了逼腻斯哒 应剁撒 苏 翁 应不啦卡渡啦 耶 列嘎 呜呐 括了哒 咧西撕扽爹

oni alebinisda yinduosa su ong inbulakadula e lega wuna koleda liesisdendei

下降比往悬崖上爬要快很多。

La discesa è più veloce rispetto alla salita.

谐音 啦 低血咋 耶 逼悠 呜耶落切 里斯别哆 啊啦 撒丽哒

la dixueza e biou veloqie lisbedo ala salida

我们应该在这里扎营。

Dovremmo fare campeggio qui.

谐音 哆呜咧摸 发咧 康呗鸡哦 溃

dowuliemo falie kangbejio kui

这里是很好的露营地。

Questo è un buon campeggio.

谐音 哭耶斯哆 耶 翁 不翁 康呗鸡哦

kuesdo e ong buong kangbejio

我去收集柴火。

Andrò raccogliere la legna da ardere.

谐音 肮的落 啦括衣耶咧 啦 咧泥啊 哒 啊咧爹咧

angdelo lakoyielie la liegnia da aliedeilie

谁有手电筒?

Qualcuno ha una torcia elettrica?

谐音 夸了裤诺 啊 呜呐 舵了恰 耶列的丽卡

kualekuno a wuna doleqia eledelika

你一个人去露营不安全。

Non è sicuro andare in campeggio da soli.

谐音 弄 耶 西裤咯 肮大咧 应 康呗鸡哦 哒 索里

nong e sikulo angdalie ying kangbejio da soli

K歌跳舞

我想学学舞步。

Voglio imparare alcuni passi di danza.

谐音 握衣哦 应吧辣咧 阿了酷你 爸西 低 荡咋

voyio yingbalalie alekuni baxi di dangza

我可没有跳迪斯科的经验。

Non ho alcuna esperienza di discoteca.

谐音 弄 哦 啊了裤呐 耶斯呗丽恩咋 低 低斯括爹卡

nong o alekuna esbelienza di diskodeika

我要休息一下，不跳下支舞了。

Penso che salterò il prossimo ballo.

谐音 笨所 科耶 撒了爹咯 衣了 不落西莫 吧落

benso ke saledieluo yile bulosimo baluo

谈到跳舞，我真是一窍不通。

Quando si tratta di danza,non so niente di niente.

谐音 况多 西 的辣哒 低 荡扎 弄 索 你嗯爹 应 你嗯爹

kuanduo xi delada di danza nong suo niendie di niendie

你想去练歌房吗？

Vuoi andare al KTV?

谐音 呜哦衣 肮大咧 啊了 科衣踢呜

vuoyi angdalie ale ktv

我想清唱。

Mi piacerebbe cantare senza musica.

谐音 咪 逼啊切咧呗 康大咧 肾咋 慕鸡卡

mi biaqieliebe kangdalie shenza mujika

把麦克风给我。

Dammi il microfono.

谐音 大米 衣了 咪科咯风

dami yile mikelofono

让我跟着原唱唱吧。

Fammi cantare sulla traccia originale.

谐音 发米 康大咧 书啦 的辣恰 哦里鸡那咧

fami kangdelie shula delaqia olijinalie

没好节奏我不能跟随音乐跳舞。

Non riesco a ballare con la musica senza un buon ritmo.

谐音 弄 里耶斯括 啊 吧辣咧 空 啦 慕鸡卡 肾咋 翁 不翁 丽的摸

nong liesko a balalie kong la mujika shenza ong buon lidemo

你知道今晚在舞会上演奏的是哪个乐团吗?

Sai quale band suonerà al ballo stasera?

谐音 撒衣 跨咧 笨的 书哦捏辣 啊了 爸咯 斯哒些啦

sayi kualie bande suoniela ale balo sdasela

乐队改奏快步舞曲了。

La band è cambiato ad un ritmo veloce.

谐音 啦 笨的 耶 康逼啊哆 啊的 翁 丽的摸 呜耶落切

la bande e kangbiado ad ong lidmo veloqie

你的华尔兹舞跳得很好。

Balli il valzer molto bene.

谐音 爸里 衣了 哇了啧 摸了哆 呗捏

bali yile valeze moledo bene

网上冲浪

我几乎每天都上网。

Navigo su internet quasi tutti i giorni.

谐音 呐呜衣锅 输 应爹啦 夸鸡 渡低 衣 鸡哦了你

navigo shu yingtenete kuaji dudi yi jioleni

他整天沉溺于网络游戏。

Lui si abbandona ai giochi online per tutto il giorno.

谐音 路衣 西 啊崩哆呐 啊衣 鸡哦科衣 翁赖 呗了 渡哆 衣了 鸡哦了诺

luyi si abangdona ayi jioki onlai bele dudo yile jioleno

你经常在网上购物吗?

Ti capita spesso di acquistare su internet?

谐音 地 卡毕哒 斯呗所 低 啊溃斯大咧 苏 应特捏特

di kabida sbeso di akuisdalie su yingtenete

你能帮我上网查点资料吗？

Puoi aiutarmi a fare una ricerca su Internet?

谐音 不哦衣 爱悠大了咪 啊 发咧 呜呐 里且了卡 苏 应特捏特

buoyi aiyoudalemi a falie wuna liqieleka su yingtenete

我可不想在网上和一大堆不认识的人聊天。

Non ho alcun desiderio di chattare su internet con un gruppo di sconosciuti.

谐音 弄 哦 啊了控 爹鸡爹里哦 低 切大咧 苏 应特捏特 空 翁 个路波 低 斯括诺树低

nong o alekon deijideilio di qiedalie su yingtenet kon ong gelubo di skonoxiudi

节日聚会

您能向我讲一下端午节的来历吗？

Potrebbe dirmi l'origine della festa cinese delle barche-drago?

谐音 波的咧呗 弟了咪 咯丽鸡捏 爹啦 飞斯哒 漆捏啧 爹咧 爸了科耶的辣郭

bodeliebe dilemi lolijine deila fesda qinese deilie balekedelaguo

你们复活节放几天假？

Quanti giorni di vacanza ci sono per Pasqua?

谐音 框低 鸡哦了你 低 哇抗炸 漆 所诺 呗了 爸斯垮

kuangdi jioleni di wakangza qi sono bele baskua

我们准备搞一次普通的野餐。

Vogliamo fare un normale picnic.

谐音 喔衣啊摸 发咧 翁 诺了骂咧 逼科你可

voyiamo falie ong nolemalie bikenike

你除夕夜都去哪儿？

Dove vai la vigilia del Capodanno?

谐音 哆呜耶 哇衣 啦 呜衣鸡丽啊 爹了 卡波大诺

dove vayi la vijilia deile kabodano

那是和朋友聚会并参加化装舞会的好机会。

È una buona occasione per stare insieme con gli amici e partecipare a una festa in costume.

谐音 耶 呜呐 不哦那 哦卡机哦捏 呗了 斯大咧 应西耶咩 空 衣 啊密漆 耶 吧了爹漆爸咧 啊 呜呐 飞斯哒 应 括斯渡咩

e wuna buona okajione bele sdalie yingsiemie kon yi amiqi e baledeiqibalie a wuna fesda ying kosdumie

你们怎样庆祝中秋节？

Come festeggiate la festa della Luna?

谐音 括咩 飞斯爹嫁爹 啦 飞斯哒 爹啦 路娜

komie fesdeigiadei la fesda deila luna

中国人最重要的节日是什么？

Qual'è la festa più importante per il cinese?

谐音 跨 咧 啦 飞斯哒 逼悠 应波了当爹 呗了 衣了 漆捏啧

kua lie la fesda biou yingboledangdei bele yile qineze

谈论家人

你家有几口人？

Da quante persone è composta la tua famiglia?

谐音 哒 况爹 呗了锁捏 耶 空钵斯哒 啦 嘟啊 发密衣啊

da kuangdei belesone e kongbosda la dua famiyia

零起点马上开口说意大利语

你的父母怎么样啊？

Come sono i tuoi genitori?

谐音 扩咩 索诺 嘟哦衣 觉你哆里

komie suonuo duoyi juenidoli

你家里都好吧？

Tutto bene a casa?

谐音 渡哆 呗捏 啊 卡咋

duduo benie a kaza

你父母和你住在一起吗？

I tuoi genitori vivono con te?

谐音 衣 嘟哦衣 觉你舵里 呜衣握诺 空 爹

yi duoyi juenidoli vivono kon dei

我妈既慷慨又善良。

Mia madre è generosa e gentile.

谐音 咪啊 骂的咧 耶 觉捏咯咋 耶 娟地咧

mia madelie e jueneloza e juandilie

你有姐姐 / 妹妹吗？

Hai delle sorelle?

谐音 啊衣 爹咧 缩咧咧

ayi deilie solielie

你有哥哥 / 弟弟吗？

Hai dei fratelli?

谐音 啊衣 爹衣 夫辣爹里

ayi deiyi fuladeili

你的父母工作忙吗？

I tuoi genitori sono impegnati con il lavoro?

谐音 衣 嘟哦衣 觉你舵里 所诺 应呗你阿低 空 衣了 拉握落

yi duoyi juenidoli sono yinbeniadi kong yile lawoluo

除了你叔叔以外，我见过你所有的家人。

Ho incontrato tutti i membri della tua famiglia ad eccezione di tuo zio.

谐音 哦 应空的辣哆 渡地 衣 闷呗丽 爹啦 嘟啊 发密衣啊 啊的 耶切记哦捏 低 嘟哦 鸡哦

o yingkongdelado dudi yi menbeli deila dua famiyia ade eqiejione di duo jio

照片上在你和你爱人之间的那个是你女儿吗？

È tua figlia quella fra te e tua moglie nella foto?

谐音 耶 嘟啊 夫衣衣啊 哭耶啦 夫辣 爹 耶 嘟啊 默衣耶 捏啦 佛哆

e dua fiyia kuyela fula dei e dua moyie nela fodo

你真像你母亲。

Sei proprio come tua madre.

谐音 些衣 不咯不里哦 括咩 嘟啊 骂的咧

seyi bulobulio komie dua madelie

我很爱我的家人。

Amo molto la mia famiglia.

谐音 啊摸 默了哆 啦 咪啊 发密衣啊

amo moledo la mia famiyia

兴趣爱好

你有什么爱好吗？

Hai dei passatempi?

谐音 啊衣 跌衣 吧撒托笔

ayi deiyi basadenbi

你的爱好是什么？

Qual'è il tuo passatempo?

谐音 跨 列 衣了 嘟哦 吧撒托波

kua le yile duo basadenbo

你对什么感兴趣?

Cosa ti interessa?

谐音 扩咋 低 应爹咧撒

koza di yingdeiliesa

闲暇时你经常干什么?

Cosa fai di solito nel tempo libero?

谐音 扩咋 发衣 低 索里多 捏了 扥波 丽呗洛

koza fayi di solido nele denbo libelo

你喜欢打篮球吗?

Ti piace giocare a pallacanestro?

谐音 低 逼啊且 鸡哦卡咧 啊 吧啦卡捏斯的洛

di biaqie jiokalie a balakanesdelo

你喜欢玩游戏吗?

Ti piacciono i giochi?

谐音 低 逼阿漆阿诺 衣 鸡哦科衣

di biaqionuo yi jioki

我的兴趣很广泛。

Sono una persona dei molti interessi.

谐音 索诺 呜那 呗了索那 爹衣 莫了低 应爹咧西

sono wuna belesona deiyi moledi yingdeiliexi

我对看书很感兴趣。

Sono interessata alla lettura.

谐音 索诺 应爹咧撒哒 啊拉 咧度拉

sono yingdeiliesada ala liedula

我喜欢看书。

Mi piace leggere i libri.

谐音 咪 逼啊且 列觉咧 衣 丽不利

mi biaqie liejuelie yi libuli

我喜欢音乐。
Mi piace la musica.

谐音 咪 逼啊且 拉 木鸡卡
mi biaqie la mujika

我业余时间读书。
Nel mio tempo libero leggo libri.

谐音 捏了 咪哦 扥波 丽呗洛 咧过 丽不利
nele mio denbo libelo lieguo libuli

我酷爱登山。
Vado pazza per l'arrampicata.

谐音 哇多 吧咋 呗了 浪逼卡哒
waduo baza bele langbikada

绿色环保

你想参与植树活动吗?
Vuoi essere coinvolto in piantazione di alberi?

谐音 呜哦衣 也谢咧 扩应握了哆 应 逼肮哒鸡哦捏 低 啊了呗里
vuoyi eselie koyingvoledo ying biangdajionc di alebeli

少购买一次性产品。
Evita di comprare i prodotti monousi.

谐音 耶呜衣哒 低 空不辣咧 衣 不落哆低 摸喏物机
evida di konbulalie yi bulododi monowuji

用布做的毛巾和餐巾代替各种各样的纸巾。
Utilizza asciugamani e tovaglioli di stoffa al posto quelli di carta.

谐音 呜低丽咋 啊修噶骂你 耶 哆哇衣哦丽 低 斯多发 啊了 钵斯多 哭耶丽 低 卡了哒
udiliza axiugamani e dovayioli di sdofa ale bosdo kuyeli di kaleka

不使用时关掉所有电器。
Spegni tutti gli apparecchi quando non li stai usando.
谐音 斯呗你 度低 衣 啊爸咧科衣 况哆 弄 丽 斯哒衣 呜丧哆
sbeni dudi yi abalieki kuangdo nong li sdayi uzangdo

纸张两面都可打印，尽量减少页边空白。
Stampa fronte-retro e riduci i margini.
谐音 斯当吧 夫浪爹 咧的洛 耶 丽度漆 衣 骂了鸡你
sdangba fulongdei liedelo e liduqi yi malejini

确保把纸张、塑料瓶等物品分开以方便回收。
Assicura di mantenere elementi come carta e bottiglie di plastica separati in modo che possano essere riciclati.
谐音 啊西裤拉 低 忙爹捏咧 耶咧闷低 扩咩 卡了哒 耶 波弟衣耶 低 不辣死低卡 些吧辣低 应 默哆 科耶 钵撒诺 耶些咧 丽漆可辣低
asikula di mangdenelie eliemendi komie kaleda e bodiyie di bulasdika sebaladi ying modo ke bosano eselie liqikladi

我们不该在公共场合吐痰。
Non si dovrebbe sputare in luoghi pubblici.
谐音 弄 西 哆呜咧呗 斯不大咧 应 路哦鸡 不不理漆
nong xi duowuliebe sbudalie ying luoji bubuliqi

水龙头没关紧会浪费水的。
Un rubinetto che perde acqua spreca acqua.
谐音 翁 路逼捏哆 科耶 过期哦拉 啊夸 斯不咧卡 阿跨
ong lubinedo ke beledei akua sbulieka akua

娱乐八卦

你听说有关我们总统的丑闻了吗？
Hai sentito lo scandalo del nostro presidente?
谐音 啊衣 申地哆 咯 死抗哆洛 爹了 诺斯的洛 不咧鸡托爹
ayi shendido lo skangdalo dele nosdelo buliejidende

不要背后议论别人！
Non pettegolare alle spalle della gente!

谐音 弄 呗爹过辣咧 啊咧 斯爸咧 跌啦 绢爹
nong bedeguolalie alie sbalie dela juande

她从来不说别人坏话。
Lei non dice mai nulla di male di nessuno.

谐音 类 弄 第切 骂衣 怒拉 低 骂咧 低 捏塑诺
lei nong diqie mai nula di malie di nesuno

新闻报道了一个男孩在他的学校杀死了很多他的同学。
Il telegiornale ha detto che un ragazzo ha ucciso diversi suoi compagni di classe nella sua scuola.

谐音 衣了 爹咧鸡哦了那咧 啊 爹哆 科耶 翁 拉噶做 啊 呜气做 低 呜耶了西 苏哦衣 空吧你 低 可辣谢 捏拉 苏啊 斯扩拉
yile dieliejiolenalie a deido ke ong lagazuo a uqizuo divelesi suoyi konbani di kelase nela sua skola

我们有几个朋友特爱八卦。
Abbiamo amici molto pettegoli.

谐音 啊逼啊摸 啊密漆 摸了多 呗爹过丽
abiamo amiqi moledo bedeigoli

昨晚上我看到他们接吻了。
Li ho visti baciarsi la notte scorsa.

谐音 里 哦 呜衣斯哆 吧恰了西 拉 诺爹 斯扩了撒
li o visdo baqialesi la nodei skolesa

我觉得男主角不怎么样。
Penso che il protagonista non sia un granché.

谐音 笨索 可耶 衣了 不落哒过你死哒 弄 西阿 翁 哥浪可耶
bensuo ke yile buluodaguonisda nong xia ong gelanke

我听说凯文家养了一只狗。

Ho sentito che Kevin tiene un cane a casa sua.

谐音 哦 申低哆 科耶 凯文 低耶捏 翁 卡捏 啊 卡咋 苏啊

o shendido ke kewen diene ong kane a kaza sua

大家都在议论他们之间的暧昧关系。

Ci sono pettegolezzi che loro stanno avendo una relazione.

谐音 漆 索诺 呗爹过咧鸡 科耶 落落 斯大诺 啊问哆 呜那 咧拉鸡哦捏

qi suonuo bedieguoliji ke luoluo sdanuo avendo wuna lielajione

对你讲别人坏话的人也会在别人面前嚼你的舌头。

Chiunque spettegola con te, spettegola di te agli altri.

谐音 科衣翁裤耶 斯呗爹锅拉 空 爹 斯呗爹过拉 低 爹 啊衣 啊了的丽

kiongkui sbedieguola kong dei sbedeigola di dei ayi aledeli

家有宠物

我爷爷把他的宠物狗当作家庭成员一样。

Mio nonno tratta il suo cane come un membro della famiglia.

谐音 咪哦 诺诺 的辣哒 衣了 苏哦 卡捏 括咩 翁 们呗洛 爹拉 发密衣啊

mio nono delada yile suo kane komie ong menbelo deila famiyia

人们应当把动物当作朋友来对待。

La gente dovrebbe trattare gli animali come amici.

谐音 拉 绢爹 哆呜咧呗 的啦大咧 衣 啊你骂里 括咩 啊密漆

la juande dovuliebe deladalie yi animali komie amiqi

这只小狗是孩子们的宠物。

Il piccolo cane era l'animale domestico dei ragazzi.

谐音 衣了 毕扩洛 卡捏 耶拉 拉尼骂咧 哆咩斯低括 爹衣 拉噶鸡

yile bikolo kane ela lanimalie domiesdiko deiyi lagaji

昨天我的宠物猫丢了。

Ho perso il mio gatto ieri.

谐音 哦 呗了索 衣了 咪哦 噶哆 衣耶丽

o beleso yile mio gado yieli

卷毛狗是很多人都爱的宠物。

Il barboncino è un animale domestico.

谐音 衣了 吧了蹦气诺 耶 翁 啊你骂咧 哆灭斯低括

yile balebonqino e ong animalie domiesdiko

禁止宠物大小便。

Vietato lasciare fare i bisogni ai propri animali domestici.

谐音 呜耶大多 拉需阿咧 发咧 衣 逼做你 阿衣 不啰不里 阿你骂里 多咩斯低漆

wuyedaduo laxualie falie yi bizuoni ayi bulobuli animali duomiesdiqi

---

小狗不停地哑声吠叫。

Il cucciolo abbaia con voce roca per tutto il tempo.

谐音 衣了 裤漆哦洛 啊毕啊 空 握且 落卡 呗了 嘟哆 衣了 扽波

yile kuqiolo abia kon voqie loka bele dudo yile denbo

小狗躺在门前打盹儿。

Il cane stava sonnecchiando davanti alla porta.

谐音 衣了 咔捏 斯大哇 索捏科衣肮哆 大望低 啊拉 钵了哒

yile kane sdava sonekiangdo davandi ala boleda

我需要多久喂一次鱼?

Ogni quanto devo dare da mangiare ai pesci?

谐音 哦你 况多 跌握 大咧 大 芒嫁咧 啊衣 呗需

oni kuangduo deivo dalie da manjialie ayi bexu

水需要多久换一次？
Quanto spesso devo cambiare l'acqua?
谐音 况哆 斯呗索 跌握 康逼啊咧 辣夸
kuangdo sbeso deivo kangbialie lakua

报刊杂志

这个杂志的发行量是多少？
Qual'è la frequenza di pubblicazione di questa rivista?
谐音 跨 咧 拉 佛咧困乍 低 不不丽卡鸡哦捏 低 哭耶斯哒 里呜衣斯哒
kua lie la fuliekunza di bubulikajione di kuesda livisda

在中国最受欢迎的报纸是哪家？
Qual'è il giornale più popolare in circolazione in Cina?
谐音 跨 咧 衣了 鸡哦了那咧 逼悠 波波辣咧 应 漆了扩啦鸡哦捏 应 气那
kua lie yile jiolenalie biou bobolalie ying qilekolajione ying qina

你每天自己取报纸吗？
Ritiri il giornale da solo tutti i giorni?
谐音 里低里 衣了 鸡哦了那咧 哒 索落 嘟低 衣 鸡哦了你
lidili yile jiolenalie da solo dudi yi jioleni

我的报纸每天都会送到我的家门口。
Il mio giornale viene consegnato alla mia porta ogni giorno.
谐音 衣了 咪哦 鸡哦了那咧 呜耶捏 空些你啊哆 啊拉 咪啊 钵了 哒 哦你 鸡哦了诺
yile mio jiolenalie vienie kongseniado ala mia boleda oni jioleno

你们的报纸也注重娱乐性吗？
Anche il vostro giornale si concentra sul divertimento?
谐音 盎科耶 衣了 喔斯的洛 鸡哦了那咧 西 空欠的辣 苏了 低呜耶了低闷哆
angke yile vosdelo jiolenalie xi kongqiandelal sule diveledimendo

我每天都读金融版，以便了解世界贸易的新动向。
Ho letto la sezione di tutti i giornali finanziari per scoprire che cosa sta accadendo nel mondo degli affari.
谐音 哦 咧哆 拉 些鸡哦捏 低 度低 衣 鸡哦了那里 夫衣囊鸡啊里 呗了 斯扩不利咧 科耶 扩咋 斯哒 啊卡托哆 捏了 梦哆 爹衣 啊发力
o liedo la sejione di dudi yi jiolenali finangjiali bele skobulilie ke koza sda akadendo nele mongdo deiyi afali

多数人认为《人民日报》是中国最具影响力的日报。
Quotidiano del Popolo è ritenuto da molti come il quotidiano più influente in Cina.
谐音 扩低低啊诺 爹了 钵钵洛 耶 里爹怒哆 哒 摸了低 括咩 衣了 括低低啊诺 逼悠 应夫路恩爹 应 气那
kodidiano deile bobolo e lideinudo da moledi komie yile kodidiano biou yingfuluendei ying qina

这份报纸是什么时候开始发行的？
Quando è stato pubblicato il giornale?
谐音 况哆 耶 斯大多 不不理卡哆 衣了 鸡哦了那咧
kuangdo e sdado bubulikado yile jiolenalie

我想知道在你们国家有多少种期刊？
Voglio sapere quanti periodici ci sono nel vostro paese?
谐音 握衣哦 撒呗咧 况低 呗里哦低漆 漆 索诺 捏了 握斯的洛 爸耶啧
voyio sabelie kuangdi beliodiqi qi sono nele vosdelo baeze

有没有你最喜欢读的版面？
Hai una sezione preferita?
谐音 啊衣 呜那 些鸡哦捏 不咧飞丽哒
ayi wuna sejione buliefelida

3 百姓生活

你每天都看晚报吗？

Leggi tutti i gorni il giornale della sera?

谐音 咧机 度低 衣 鸡哦了你 衣了 鸡哦了那咧 爹啦 谢啦

lieji dudi yi jioleni yile jiolenalie deila sela

这报纸多长时间一期？

Con quale frequenza viene pubblicato il giornale?

谐音 空 跨咧 夫咧困咋 呜衣耶捏 不不丽卡哆 衣了 鸡哦了呐咧

kon kualie fuliekunza viene bubulikado yile jiolenalie

运动健身

你喜欢什么运动？

Che tipo di sport ti piace?

谐音 科耶 弟钵 低 斯钵特 发衣 低 逼啊切

ke dibo di sbot di biaqie

你平时都做什么运动？

Che sport fai di solito?

谐音 科耶 斯钵了特 发衣 低 缩里哆

ke sbot fai di solido

锻炼对身体特别有好处。

L'esercizio fisico fa molto bene alla salute.

谐音 咧啧了气鸡哦 佛衣机括 发 摸了哆 呗捏 啊啦 撒路爹

liezaleqijio fayijikuo fa moledo bene ala saludei

瑜伽有助于塑形。

Yoga fa bene al modellamento del corpo.

谐音 哟个 发 呗捏 啊了 喔爹啦闷哆 爹了 括了钵

yoge fa bene ale modeilamendo deile kolebo

你应该找时间练习瑜伽。

Dovrei trovare del tempo per praticare lo yoga.

谐音 哆呜累 的落哇咧 爹了 拕波 拕波 呗了 不啦低咔咧 咯 哟个

dovlei deluowalie diele denbo denbo bele buladikalie lo yoge

我每天都坚持慢跑。

Continuo a correre tutti i giorni.

谐音 空低怒哦 啊 括咧咧 渡低 衣鸡哦了你

kondinuo a kolielie dudi yi jioleni

有氧运动令我更加强壮。

Gli esercizi aerobici mi rendono più forte.

谐音 衣 耶啧了气鸡 啊耶咯毕漆 咪 认哆诺 逼悠 佛了爹

yi ezeleqiji aelobiqi mi lenduonuo biou foledei

你每隔多久锻炼一次?

Quanto spesso alleni?

谐音 况哆 斯呗所 啊咧尼

kuando sbeso alieni

让我们先暖身。

Facciamoci scaldamento prima.

谐音 发漆阿摸漆 斯卡了哒闷哆 不丽嘛

faqiamoqi skaledamenduo bulima

我总是没有足够的时间在健身房锻炼。

Non ho mai abbastanza tempo per fare esercizio fisico in palestra.

谐音 弄 哦 骂衣 啊爸斯当咋 拕波 呗了 发咧 耶啧了气鸡哦 佛衣机括 应 吧咧斯的辣

nong o mayi abasdangza denbo belie fale ezeleqijio fuyijikuo ying baliesdela

晚上健身房里太拥挤了。

La sera,la palestra è troppo affollata.

谐音 啦 些啦 啦 吧咧斯的拉 耶 的落波 阿佛辣哒

la xiela la baliesdela ye deluobo afuolada

3 百姓生活

现在还有场地吗？

C'è un campo disponibile?

谐音 切 翁 抗波 低斯波腻逼咧

qie ong kangbo disbonibilie

减肥计划

我还太小，不能节食减肥。

Sono troppo giovane per fare una dieta.

谐音 所诺 的落波 焦哇捏 呗了 发咧 呜呐 低耶哒

sono delobo giovane bele falie wuna dieda

她每晚只吃一个苹果。

Lei mangia solo una mela ogni sera.

谐音 累 芒家 缩咯 呜呐 灭啦 哦你 些拉

lei manggia solo wuna miela oni xiela

你要保持均衡饮食。

È necessario mantenere una dieta equilibrata.

谐音 耶 捏切撒丽哦 忙爹捏咧 呜呐 低耶哒 耶亏里不辣哒

e neqiesalio mangdeinelie wuna dieda ekuilibulada

要想减肥的话，你应该尽量多吃一些谷物。

Al fine di ridurre il peso, è meglio mangiare di più i cereali.

谐音 啊了 夫衣捏 低 里渡咧 衣了 呗做 耶 灭衣哦 芒嫁咧 低 逼悠 衣 切利啊里

ale fine lidulie yile beso e mieyio manggialie di biou yi qieleali

他每天跑步减肥。

Lui corre ogni giorno per perdere il peso.

谐音 路衣 扩咧 哦你 鸡哦了诺 呗了 呗了爹咧 衣了 呗做

luyi kolie oni jioleno bele beledielie yilie bezo

我应该少食油腻食品。

Dovrei mangiare meno cibi grassi.

谐音 哆呜累 忙嫁咧 灭诺 气逼 个辣西

dovlei manggialie mieno qibi gelasi

游泳和慢跑都可以减肥。

Il nuoto e il jogging possono aiutare a ridurre il peso.

谐音 衣了 怒哦哆 耶 衣了 焦应 波索诺 爱悠大咧 啊 里渡咧 衣了 呗做

yile nuoduo ye yile jiaoyin bosuono aiyoudalie a lidulie yile bezo

为了减肥，我每隔一天做一个小时的健身操。

Per perdere peso a giorni alterni faccio un'ora di aerobica.

谐音 呗了 呗了爹咧 呗做 啊 鸡哦了你 啊了爹了你 发起哦 呜诺啦 低 啊耶落毕卡

bele beledeilie bezo faqio a jioleni aledeileni wunola di aelobika

每天坚持有氧运动，会对减肥有很大的帮助。

Facendo esercizi aerobici ogni giorno può aiutare a perdere il peso.

谐音 发欠哆 耶啧了气鸡 啊耶咯毕漆 哦你 鸡哦了诺 波 爱悠大咧 啊 呗了爹咧 衣了 呗做

faqiando ezeleqiji aelobiqi oni jioleno bo aiyoudalie a beledeilie yile bezo

天气情况

今天天气怎么样?

Com'è il tempo oggi?

谐音 括咩 衣了 扽波 哦鸡

komie yile denbo oji

今天天气怎么样?

Che tempo fa?

谐音 科耶 扽波 发

ke denbo fa

天气预报怎么说？

Che cosa dicono le previsioni del tempo?

谐音 科耶 括咋 地括诺 咧 不咧呜衣鸡哦你 爹了 扽波

ke koza dikono lie bulievijioni deile denbo

是不是要下雨了？

Sta per piovere?

谐音 斯哒 呗了 逼哦呜耶咧

sda bele biovelie

天气真好！

Il tempo è bello!

谐音 衣了 扽波 耶 呗咯

yile denbo e belo

天气真好！

Fa bel tempo!

谐音 发 呗了 扽波

fa bele denbo

天气真糟糕！

Il tempo è brutto!

谐音 衣了 扽波 耶 不路哆

yile denbo e buludo

天气真糟糕！

Fa brutto tempo!

谐音 发 不路哆 扽波

fa buludo denbo

好冷啊。

Fa così freddo.

谐音 发 括鸡 夫咧哆

fa koji fuliedo

今天好热啊。

Fa molto caldo oggi.

谐音 发 摸了哆 卡了哆 哦鸡

fa moledo kaledo oji

我受不了这么热的天气。

Non sopporto il caldo.

谐音 弄 所钵了哆 衣了 卡了哆

nong soboledo yile kaledo

天气变化无常。

È variabile.

谐音 耶 哇里啊逼咧

e valiabilie

友谊万岁

祝我们的友谊天长地久。

Ci auguriamo che la nostra amicizia duri per sempre.

谐音 漆 奥古丽啊摸 科耶 啦 诺斯的辣 啊咪气鸡啊 嘟里 呗了 肾不咧

qi aoguliamo ke la nosdela amiqijia duli bele shenbulie

你有没有试试跟她和好?

Hai provato a riappacificare con lei?

谐音 啊衣 不咯哇哆 啊 里阿吧漆夫衣卡咧 空 累

ayi bulovado a liabaqifuyikalie kon lei

有你这样的朋友真是太好了。

È bello avere un amico come te.

谐音 耶 呗咯 啊呜耶咧 翁 啊咪扩 括咩 爹

e belo avelie ong amiko komie dei

他们终于弥合了分歧。

Sono riusciti a conciliare le loro differenze.

谐音 所诺 里呜续低 啊 空漆里阿咧 咧 咯咯 低飞认咋

sono liuxudi a konqilialie lie lolo diferenze

你们两个可是很亲密的好朋友啊。

Voi due siete amici intimi.

谐音 呜哦衣 嘟耶 西耶爹 啊密漆 应低咪

Voyi due siedei amiqi yingdimi

你不应该让这样一件小事影响你们的友谊。

Non devi lasciare che una cosa banale come questa influenzi la vostra amicizia.

谐音 弄 爹呜衣 啦续啊咧 科耶 呜呐 括咋 吧呐咧 括咩 哭耶斯哒 应付路恩机 啦 喔斯的辣 啊咪气鸡啊

nong deivi laxualie ke wuna koza banalie komie kuesda yingfuluenzi la vosdela amiqijia

朋友之间就是要这样的，不是吗？

Questo è ciò che significa essere amici, non è vero?

谐音 哭耶斯哆 耶 漆哦 科耶 西腻 夫衣 卡 耶些咧 啊密漆 弄 耶 呜耶咯

kuesdo e qio ke sinifika eselie amiqi nong e velo

你太了解我了！

Mi conosci così bene!

谐音 咪 括诺虚 括鸡 呗捏

mi kuonuoxu koji bene

讨论工作

你喜欢哪份工作，会计员还是秘书？

Quale lavoro preferisci, commercialista o segretaria?

谐音 跨咧 啦喔咯 不咧飞丽需 括咩了恰里斯哒 哦 些个咧哒狸啊

kualie lavolo buliefelixu komieleqialisda o segeliedalia

这份工作提供什么福利？

Quali sono i benefici di lavoro?

谐音 跨里 所诺 衣 呗捏夫衣漆 低 啦喔咯

kuali sono yi benefiqi di lavolo

据说年终我们每人都会得到一份奖金，作为一年辛苦工作的回报。

Si dice che tutti noi otteniamo un bonus come ricompensa per il duro lavoro di un anno.

谐音 西 弟切 科耶 嘟低 诺衣 哦爹你啊摸 翁 不欧呢斯 括咩 里空笨萨 呗了 衣了 渡咯 啦握咯 低 翁 啊诺

xi diqie ke dudi noyi odeniamo ong bounes komie likonbensa bele yile dulo lavolo di ong ano

你和同事的关系怎么样？

Come va con i tuoi colleghi?

谐音 括咩 哇 空 衣 嘟哦衣 括咧鸡

komie va kong yi duoyi kolieji

你今晚要加班吗？

Vuoi fare gli straordinari stasera?

谐音 呜哦衣 发咧 衣 斯的辣哦了低呐里 斯哒谢啦

vuoyi falie yi sdelaoledinali sdasela

旅游交流

坐飞机旅行要比乘陆路交通工具旅行贵得多。

Viaggiare in aereo può essere molto più costoso di viaggiare in via terra.

谐音 呜衣啊嫁咧 应 啊耶咧哦 波 耶些咧 摸了哆 扩四哆做 低 呜衣啊嫁咧 因 呜衣啊 跌啦

viagialie ying aelieo bo eselie moledo biou kosdozo di viagialie in via deila

你去野营过吗？

Siete mai andati in campeggio?

谐音 西耶爹 骂衣 肮大地 应 康别鸡

siedei mai dangdadi ying kangbejio

由于我对欧洲的风俗习惯知之甚少，希望你能给我一些建议。

Dato che non so nulla dei costumi europei, spero che tu mi possa dare alcuni suggerimenti.

谐音 大哆 可耶 弄 所 怒啦 爹衣 括斯渡咪 耶呜咯呗衣 斯呗咯 科耶 渡 咪 波撒 大咧 啊了裤你 苏觉里闷低

daduo ke nong so nula deiyi kosdumi eulobeyi sbelo ke du mi bosa dalie alekuni sujuelimendi

我更喜欢那种包价旅游。

Io preferisco i pacchetti turistici.

谐音 衣哦 不咧飞丽斯括 衣 吧科耶低 嘟丽撕低漆

yio buliefelisko yi bakedi dulistiqi

现在是一年中举行野餐的好时光。

Questo è un bel periodo dell’anno per fare picnic.

谐音 哭耶斯哆 耶 翁 呗了 呗丽哦哆 爹辣诺 呗了 发咧 毕科腻科

kuesdo e ong bele beliodo deilano bele falie biknik

生病就医

预约挂号

我想和乔医生预约下就诊时间。

Vorrei un appuntamento con il dottor Joe.

谐音 我累衣 发咧 翁 啊崩哒闷哆 空 衣了 哆哆咧 乔

woleiyi falie ong abaledamendo kon yile dodolie jio

医生今天有空吗？

È disponibile il medico oggi?

谐音 耶 低斯波腻逼咧 衣了 灭低括 哦鸡

e disbonibilie yile mieyio oji

能尽快安排就诊时间吗？

Vuoi programmare la diagnosi il più presto possibile?

谐音 呜哦衣 不咯哥拉骂咧 啦 低哦诺西 衣了 逼悠 不咧斯哆 波细逼咧

vuoyi buloglamalie la dianiosi yile biou buliesdo bulesdo bosibilie

我要看外科。

Voglio vedere un chirurgo.

谐音 握衣哦 呜耶跌咧 翁 科衣路了过

voyio vedeilie ong kiluleguo

挂号得排队。

Bisogna fare la fila per la registrazione.

谐音 逼做你阿 发咧 啦 夫衣啦 呗了 啦 咧鸡斯的辣鸡哦捏

bizuonia falie la fila bele la liegisdelajione

请填写入院手卡。

Si prega di compilare la scheda di ammissione.

谐音 西 不咧嘎 低 空逼啦咧 啦 斯科耶哒 低 啊咪西哦捏

xi buliega di kongbilalie la skeda di amisione

您想挂哪个科？

Quale dipartimento vuole registrare?

谐音 跨咧 低吧了低闷哆 呜哦咧 咧鸡斯的辣咧

kualie dibaledimendo wuolie liejisdelalie

您有挂号卡和病历吗？

Ha una scheda di registrazione e un documento?

谐音 啊 呜呐 斯科耶哒 低 咧鸡斯的辣鸡哦捏 耶 翁 哆哭闷哆

a wuna skeda di liegisdelajione e ong dokumendo

请缴挂号费和病历费。

Si prega di pagare la registrazione e il documento.

谐音 西 不咧嘎 低 吧嘎咧 啦 咧鸡斯的辣鸡哦捏 耶 衣了 哆哭闷哆

xi buliega di bagalie la liegisdelajione e yile dokumendo

咨询问诊

你有哪里不舒服吗？

Dove ti fa male?

谐音 多呜耶 低 发 骂咧

duowuye di fa malie

大概是什么毛病？

Che cosa potrebbe essere il problema?

谐音 可耶 括咋 波的咧呗 耶些咧 衣了 不咯不咧嘛

ke kuoza bodeliebe eselie yile bulobuliema

你需要立即住院。

Hai bisogno di essere ricoverato in ospedale subito.

谐音 啊衣 逼做你哦 低 耶 些咧 里括呜耶辣哆 应 哦斯呗哒咧 速毕哆

ayi bizuonio di eselie likovelado ying osbedalie subido

医生，我怎么了？
Dottore, che problema ho?
谐音 哆哆咧 科耶 不咯不咧嘛 哦
dodolie ke bulobuliema o

我吃过几片阿司匹林，但没有多大作用。
Ho preso un po'di aspirina, ma non mi ha aiutato molto.
谐音 哦 呗了所 翁 钵 低 啊斯逼里呐 吗 弄 咪 啊 爱悠哒舵 摸了哆
o bulezuo ong bo di asbelina ma nong mi a aiyoudado moledo

你对青霉素过敏吗？
Sei allergico alla penicillina?
谐音 些衣 啊咧了句括 啊啦 呗你漆里呐
seyi aleliegiko ala beniqilina

你这样有多久了？
Da quanto tempo sei stato così?
谐音 大 况哆 扽波 些衣 斯大哆 括鸡
da kuangdo denbo seyi sdado koji

我按这儿你觉得疼吗？
Ti fa male quando premo qul?
谐音 低 发 骂咧 况哆 不咧摸 溃
di fa malie kuangdo buliemo kui

你睡眠怎么样？
Com'è il tuo sonno?
谐音 括咩 衣了 嘟哦 所诺
komie yile duo sono

你的胃口怎么样？
Com'è il tuo appetito?
谐音 括咩 衣了 嘟哦 啊呗低哆
komie yile duo abedido

描述症状

我觉得不太舒服。

Non mi sento bene.

谐音 弄 咪 肾哆 呗捏

nong mi shendo bene

先是发冷，然后出了很多汗。

Prima ho avuto i brividi e poi ho sudato molto.

谐音 不丽麻 哦 阿误哆 衣 不丽呜衣低 耶 波衣 哦 苏大哆 摸了哆

bulima o avuduo yi bulividi e boyi o sudado moledo

我是干咳，没有痰。

La mia tosse è secca, non produce catarro.

谐音 啦 咪啊 多谢 耶 些卡 弄 不咯渡切 卡大咯

la mia dose e seka nong buloduqie kadalo

我有点鼻塞。

Ho il naso chiuso.

谐音 哦 衣了 呐做 科有做

o yile nazo kiuzo

我流鼻涕，嗓子疼。

Mi cola il naso e ho un dolore alla gola.

谐音 咪 括啦 衣了 那作 耶 哦 翁 哆咯咧 啊啦 过啦

mi kuola yile nazuo e o ong dololie ala gola

我头晕，想吐。

Ho le vertigini e voglio vomitare.

谐音 哦 咧 呜耶了弟鸡你 耶 握衣哦 喔咪大咧

o lie veledijini e voyio vomidalie

我胃口很不好。

Ho poco appetito.

谐音 哦 钵括 啊呗地哆

o bokuo abedido

我觉得浑身发热。
Mi sento come se stessi bruciando.
谐音 咪 肾哆 括咩 些 斯爹西 不路恰诺
mi shendo komie se sdeisi buluqiangdo

我头痛欲裂。
Ho un mal di testa.
谐音 哦 翁 骂咧 低 爹斯哒
o ong malie di deisda

我牙疼。
Ho mal ai denti.
谐音 哦 翁 骂咧 阿衣 扽低
o malie ayi dendi

不是剧痛，只是有些隐隐作痛。
Non è un dolore acuto, solo una sorta di dolore blando.
谐音 弄 耶 翁 哆咯咧 啊哭哆 所咯 呜呐 所了哒 低 哆咯咧 不浪多
nong e ong dololie akudo solo wuna soleda di dololie bulangduo

急救急诊

我们将对这位病人进行急救。
Daremo cure d'emergenza per il paziente.
谐音 大咧摸 裤咧 爹咩了娟咋 呗了 衣了 吧鸡恩爹
daliemo kulie deimielejuanza bele yile bajiendei

这位病人需要输氧。
Questo paziente ha bisogno di ossigeno.
谐音 哭耶斯哆 吧鸡恩爹 啊 逼做你哦 低 哦西觉诺
kuesdo bajiendei a bizuonio di osijueno

请在这张纸上签字，说明您同意做手术。
Si prega di firmare il foglio per dare il consenso per l'operazione.
谐音 西 不咧嘎 低 夫衣了骂咧 衣了 佛衣哦 呗了 大咧 衣了 空肾所 呗了 咯呗啦鸡哦捏
si buliega di filemalie yile foyio bele dalie yile konsenso bele lobelajione

他在急诊科。
Lui è al pronto soccorso.
谐音 路衣 耶 啊了 低 不龙哆 所括了所
luyi e ale bulondo sokoleso

这位病人仍然处于昏迷状态。
Il paziente è ancora in coma.
谐音 衣了 吧鸡恩爹 耶 肮扩啦 应 括骂
yile bajiendei e angkola ying koma

应该马上对他做气管切开手术。
Dovrebbe avere un tracheotomia subito.
谐音 哆呜咧呗 啊呜耶咧 翁 的辣科耶哦哆咪啊 苏逼哆
dovliebe avele ong delakeodomia subido

病人什么情况？
Qual'è il problema con il paziente?
谐音 跨 咧 衣了 不咯不咧嘛 空 衣了 吧鸡恩爹
kua lie yile bulobuliema kon yile bajiendei

情况有多严重？
Quanto è grave?
谐音 况哆 耶 个辣呜耶
kuangdo e gelave

划价取药

请先到划价处。
Si prega di andare all'area pagamenti iscrizione.
谐音 西 部咧嘎 低 肮大咧 阿拉咧阿 巴嘎闷低 衣斯克丽机哦捏
xi buliega di angdalie alaliea bogamendi yiskelijionie

药房在哪里？
Dov'è la farmacia?
谐音 哆呜耶 啦 发了骂恰
dove la farmaqia

这些药一共多少钱？
Quanto costano questi farmaci in totale?
谐音 况哆 括斯大诺 哭耶斯地 发了骂起 应 哆大咧
kuangdo kuasdanuo kuesdi falemaqi ying dodalie

我是自费的。
Lo paghero io
谐音 洛 巴哥耶落 衣哦
lo bageyeluo yio

这项费用不在您的保险报销范围内。
Questa spesa non è coperta dall'assicurazione.
谐音 哭耶斯哒 斯呗咋 弄 耶 括呗了哒 哒拉西裤啦鸡哦捏
kuesda sbeza nong e kobeleda dalaxikulajione

麻烦帮我配一下这个方子上的药。
La prego di fare questa prescrizione per me.
谐音 啦 不咧郭 低 发咧 哭耶斯哒 不咧斯科里鸡哦捏 呗了 咩
la buliego di falie kuesda bulieskelijione bele mie

每天三次，每次两片。

Tre volte al giorno, due pillole ogni volta.

谐音 的咧 喔了爹 啊了 鸡哦了诺 嘟耶 逼咯咧 哦你 握了哒

delie voledei ale jioleno due bilolie oni voleda

这药应该怎么服用?

Come devo prendere questo farmaco?

谐音 括咩 爹我 不认爹咧 哭耶斯哆 发了骂括

komie deivo bulendeilie kuesdo falemako

这药有什么副作用?

Quali sono gli effetti collaterali di questo farmaco?

谐音 跨里 所诺 衣 耶飞低 括啦爹辣里 低 哭耶哆 发了骂括

kuali sono yi efedi koladeilali di kuesdo falemako

这药我应该空腹服用吗?

Devo prendere il farmaco a stomaco vuoto?

谐音 爹喔 不认爹咧 衣了 发了骂括 阿 斯哆骂括 呜哦哆

deivo burendeilie yile falemako a sdomako vuodo

每次要吃多少粒?

Quante pillole ogni volta?

谐音 况爹 逼咯咧 哦你 喔了大

kuangdei bilolie oni voleda

身体检查

胸透是做什么用的?

Per che cose la radiografia al torace?

谐音 呗了 科耶 括啧 啦 啦低哦哥辣夫衣啊 阿了 哆辣切

bele ke koze la ladiogelafia ale doleqie

验血是用来做什么的?

Per che cose l'analisi del sangue

谐音 呗了 科耶 括啧 拉那里机 爹了 桑古耶

bele ke kuoze lanaliji de diele sangguye

您得先在手术台上躺着。

Prima deve sdraiarsi sul tavolo operatorio.

谐音 不丽嘛 爹呜耶 斯的赖啊了西 苏了 大握咯 哦呗啦哆里哦

bulima deive sdelaialesi sule davolo obeladoio

我给您测一下血压。

Le misuro la pressione sanguigna

谐音 咧 米住啰 啦 不咧西哦捏 桑古衣你阿

lie mizhulo la buliexione sangguyinia

我需要复查一下。

Ho bisogno di rifare l'esame fisico.

谐音 哦 逼做你哦 低 里发咧 咧炸咩 夫衣鸡括

o bizuonio di lifalie liezhamie fijiko

我希望测试有好的结果。

Spero che i risultati dei test siano positivi.

谐音 斯呗咯 科耶 衣 里苏了大低 爹衣 爹斯特 西阿诺 波机低 呜衣

sbelo ke i lisuledadi deiyi teste xianuo bojidivi

我的体检结果有什么问题吗?

C'è qualche problema nei miei risultati del test?

谐音 切 夸了括咋 不咯不咧嘛 捏衣 咪诶衣 里苏了大低 爹了 特斯特

qie kualeke bulobuliema neyi miei lisuledadi deile test

建议你检查前十二小时不要吃东西。

È consigliato di non mangiare 12 ore prima di andare per un controllo.

谐音 耶 空西衣啊哆 低 弄 忙嫁咧 哆地起 哦咧 不丽嘛 低 肮大咧 呗了 翁 空的落落

e kongsiyiado di nong manggialie dodiqi olie bulima di angdalie bele ong kongdelolo

我们可以做个过敏测试。

Possiamo fare un test delle allergie.

谐音 波西啊摸 发咧 翁 特斯特 爹咧 阿咧了机耶

bosiamo falie ong test dielie diejiye

探望病人

病房多么干净呀!

Che pulite sono le stanze

谐音 科耶 不丽爹 索诺 咧 斯荡啧

ke bulidei suonuo lie sdanze

医院对探病的时间有规定吗?

Ci sono delle regole per la visita ai pazienti?

谐音 漆 所诺 爹咧 列郭咧 呗了 啦 呜衣 机达 阿衣 吧鸡恩低

qi sono deilie leguolie la wuyijida ayi bajiendi

探病时间是上午 9 点到晚上 9 点。

Gli orari di visita sono dalle nove alle ventuno.

谐音 衣 哦辣里 低 呜衣斯哒 所诺 哒咧 诺呜耶 啊咧 温度诺

yi olali di vijida sono dalie nove alie venduno

医院的饭我真吃腻了。

Sono davvero stufa del cibo dell'ospedale.

谐音 所诺 哒呜耶咯 斯渡佛 低 气波 爹落斯呗大咧

sono davelo sdufa diele qibo deilosbedalie

你明天还来看我吗？

Verrai a trovarmi domani?

谐音 鸣耶辣衣 啊 的落哇了咪 哆骂你

velayi a delovalemi domani

手术后感觉怎么样？

Come ti senti dopo l'intervento?

谐音 括咩 低 肾低 多波 拎爹了问哆

komie di shendi dobo lindelevendo

伤口还在疼。

La ferita mi fa molto male.

谐音 啦 飞丽哒 咪 发 摸了哆 骂咧

la felida mi fa moledo malie

我希望你早日康复。

Spero che tu riprenda presto.

谐音 斯呗咯 科耶 渡 里不认哒 不咧斯哆

sbelo ke du liburenda buliesdo

看上去你的腿好得差不多了。

Sembra che le gambe siano quasi guarite.

谐音 肾不啦 科耶 咧 刚别 西阿诺 夸鸡 瓜丽爹

shenbula ke lie gambe xianuo kuaji gualiddei

信件寄送

寄到伦敦的航空信邮资是多少？

Qual'è la spesa di spedizione di una lettera via aerea per Londra?

谐音 跨 咧 拉 斯呗咋 低 斯呗机哦捏 低 呜呐 咧爹啦 呜衣阿 阿耶咧阿 呗了 龙的辣

kua lie la sbeza di sbedijionie di wuna liedala via aeliea bele londela

你的地址和邮编是什么？

Qual'è il tuo indirizzo e codice postale?

谐音 跨 咧 衣了 嘟哦 应低丽做 耶 括地切 波斯哒咧

kua lie yile duo yingdilizuo e kodiqie bosdalie

我想买邮票和信封。

Voglio comprare dei francobolli e delle buste.

谐音 握衣哦 空不辣咧 爹衣 夫浪括钵里 耶 爹咧 不死跌

voyio konbulalie deiyi fulangkoboli e dielie busdei

信封上没写地址。

Non c'è alcun indirizzo sulla busta.

谐音 弄 切 啊了控 应低丽做 苏啦 不死哒

nong qie alekon yingdilizo sula busda

他拖延了圣诞邮件的投送。

Ha ritardato la consegna della posta di Natale.

谐音 啊 里大了大哆 咧 空些你啊 爹啦 钵斯哒 低 呐大咧

a lidaledaduo la konsenia deila bosda di nadalie

请注明邮寄地址和邮编。

Si prega di annotare il nostro indirizzo e codice postale.

谐音 西 不咧嘎 低 阿诺大咧 衣了 诺斯的落 应低丽做 耶 括地切 波斯大咧

xi buliega di anuodalie yile nosdelo yingdilizo e kodiqie bosdalie

请写下收件人的地址。

Si prega di scrivere l'indirizzo del destinatario.

谐音 西 不咧嘎 低 斯科丽呜耶咧 应低丽做 爹了 爹斯低呐里哦

xi buliega di skelivelie lindilizo deile deisdinadalio

上海的邮编是多少？

Qual'è il codice postale di Shanghai?

谐音 跨 咧 衣了 括地切 波斯大咧 低 上海

kua lie yile kodiqie bosdalie di shanghai

你能给我一个回邮封吗？

Puoi darmi una busta di ritorno?

谐音 不哦衣 哒了咪 呜呐 不死哒 低 里哆了诺

buoyi dalemi wuna busda di lidoleno

你们提供大宗邮件和国际信函服务项目吗？

Offrite i servizi di posta elettronica di massa e le lettere internazionali?

谐音 哦夫丽爹 衣 些了呜衣鸡 低 波斯大 耶咧的落你卡 低 骂撒 耶 咧 列爹咧 应爹了呐鸡哦那里

ofulidei yi seleviji di bosda eliedelonika di masa e lie liedelie yingdelenajionali

一天内几次开箱收信？

Quante collezioni ci sono in un giorno?

谐音 况跌 括咧鸡哦你 漆 所诺 应 翁 鸡哦了诺

kuangdei koliejioni qi sono ying ong gioleno

寄快件有多快？

Quanto è veloce la posta espressa?

谐音 况哆 耶 呜耶落切 啦 钵斯哒 耶斯不咧撒

kuangdo e veloqie la bosda esbuliesa

请问我该到哪儿邮信？

Dove posso spedire la mia lettera?

谐音 哆呜耶 钵所 斯呗弟咧 啦 咪啊 咧爹啦

dove boso sbedilie la mia liedeila

对不起，信件有点超重了。

Mi dispiace la lettera supera il peso limite.

谐音 咪 低斯逼啊切 啦 咧爹啦 书呗啦 衣了 呗作 丽咪爹

mi disbiaiqe la liedeila subela yile bezuo limidie

包裹寄取

这个包裹寄到澳大利亚要多少邮资？

Qual'è il costo di spedizione per questo pacco per l' Australia?

谐音 跨 咧 衣了 括斯多 低 斯呗低鸡哦捏 呗了 哭耶斯哆 爸括 呗捞斯的辣里啊

kua lie yile kuosduo di sbedijionie bele kuesdo belaosdelalia

我要寄夜间快递。

Ho bisogno di inviare questa lettera espresso durante la notte.

谐音 哦 逼坐你哦 低 应呜衣啊咧 哭耶斯达 咧爹啦 耶斯不咧所 嘟浪爹 啦 诺爹

o bizuonio di yingvialie kuesda liedie la esbulieso dulangdei la nodei

你应为丢失的货物要求索赔。

Dovresti sporgere una domanda per i beni perduti.

谐音 哆呜咧斯地 斯钵了觉咧 呜呐 哆芒大 呗了 衣 呗你 呗了渡地

dovliesdi sbolejuelie wuna domangda bele yi beni beledudi

他称了一下包裹的重量。

Ha pesato il pacchetto.

谐音 啊 呗咋哆 衣了 爸科耶哆

a bezado yile bakedo

我想把这个包裹寄到北京。

Voglio inviare il pacchetto a Pechino.

谐音 握衣哦 应呜衣啊咧 衣了 爸科耶哆 啊 呗科衣诺

voyio yingvialie yile bakedo a bekino

这个快递要加收多少钱?
Qual'è il supplemento su questo pacco espresso?
谐音 跨 咧 衣了 书不咧闷哆 苏 哭耶斯哆 爸括 耶斯不咧所
kua lie yile subuliemendo su kuesdo bako esbulieso

那这个包裹寄空运的费用要多少?
Quanto costa questo pacco per posta aerea?
谐音 况哆 括斯哒 哭耶斯哆 爸括 呗了 钵斯哒 啊耶咧啊
kuangduo kuosda kuesdo bako bele bosda aeliea

里面有些什么?
Quali sono i suoi contenuti di esso?
谐音 跨里 所诺 衣 书哦衣 空爹怒低 低 耶所
kuali sono yi suoyi kongdeinudi di eso

请把名字和地址写清楚。
Scrivi il nome e l'indirizzo chiaramente, per favore.
谐音 斯科丽呜衣 衣了 诺咩 耶 应低丽做 科衣啊啦闷爹 呗了 发喔咧
skelivi yile nomie e lindilizo kialamente bele favolie

恐怕您的包裹超尺寸了。
Temo che il pacco sia oltre le dimensioni stabilite.
谐音 爹摸 可耶 衣了 吧括 西阿 哦了的咧 咧 低闷西哦你 斯大逼丽爹
deimo ke yile bakuo xia oldelie lie dimenxioni sdabilidie

今天我收到了一份包裹通知单，能在这儿取吗?
Ho avuto un avviso di ricevuta del pacchetto oggi. Posso ritirarlo qui?
谐音 哦 啊呜哆 翁 啊呜衣做 低 里切呜哒 爹了 爸科耶哆 哦鸡 波所 里低辣了落 溃
o avudo ong liqiwuda di alivo deile bakedo oji boso lidilarlo kui

4 公共服务

请出示您的通知单和相关身份证件。

Si prega di mostrarmi il preavviso e una sorta di vostra identificazione per favore.

谐音 西 不咧嘎 低 摸死的辣了咪 衣了 不咧啊呜衣做 耶 呜呐 缩了哒 低 喔斯的辣 衣灯低夫衣卡机哦捏 呗了 发喔咧

xi buliega mosdelalemi yile bulieavizo e wuna soleda di vosdela yidendifikajione bele favolie

你得在包裹上注明回邮地址。

Devi inserire un indirizzo di ritorno sul pacco.

谐音 爹呜衣 应些丽咧 翁 应低丽做 低 里哆了诺 书了 爸括

deivi yingselilie ong yingdilizo di lidoleno sule bakuo

汇款取款

你可以在这存钱或取钱。

È possibile depositare o prelevare denaro qui.

谐音 耶 波细逼咧 爹波机大咧 哦 不咧哇咧 爹呐咯 溃

e bosibilie diebojidalie o bulielievalie deinalo kui

它提供邮票业务。

Dispensa francobolli.

谐音 低斯笨撒 夫浪括钵里

disbensa fulangkoboli

汇款两天前就应该到了。

Il bonificio deve essere arrivato due giorni fa.

谐音 衣了 波你夫衣 漆哦 爹呜耶 耶些咧 啊里哇哆 嘟耶 鸡哦了你 发

yile bonifuyiqio deive eselie alivado due jioleni fa

我来查一笔从纽约汇来的5000美元的汇款。
Sono venuta a chiedere informazioni su an bonificio di 5000 dollari da New York.

谐音 所诺 鸣耶怒哒 啊 科衣耶爹咧 应佛了吗鸡哦你 书 翁 波你夫衣漆哦 亲哭耶密啦 哆辣里 哒 纽越科
sono venuda a kiedeilie yingfolemajioni su ong bonifuyiqio di qinkuemila dolali da niu yoke

您不能随时取款。
Non si può ritirare il denaro in qualsiasi momento.

谐音 弄 西波 里低啦咧 衣了 爹呐咯 应 跨了西啊西 摸闷哆
nong xibo lidilalie yile deinalo ying kualesiasi momendo

请问我账上还有多少钱?
può dirmi il mio soldo?

谐音 钵 弟了咪 衣了 咪哦 索了多
bo dilemi yile mio suoleduo

您要取多少钱?
Quanto vuole prelevare?

谐音 况哆 呜哦咧 不咧咧哇咧
kuangdo vuolie bulielievalie

咨询业务

我不知道开什么账户。
Non so quale conto devo aprire.

谐音 弄 所 跨咧 控哆 爹喔 啊不丽咧
nong so kualie kondo deivo abulilie

请给我一些建议好吗？

può darmi qualche consiglio?

谐音 波 大了咪 夸了科耶 空细衣哦

bo dalemi kualeke kongsiyio

请问在哪里开立账户？

Dove posso aprire un conto?

谐音 哆呜耶 钵所 啊不丽咧 翁 空哆

dove boso abulilie ong kondo

我想不起来密码了。

Non riesco a ricordare il codice.

谐音 弄 里耶斯括 啊 丽括了大咧 衣了 括地切

nong liesko a likoledalie yile kodiqie

您可以看看那里的公告屏，或者登录我行的网站查询。

È possibile ottenere informazioni da quella bacheca o dal nostro internet.

谐音 耶 波细逼咧 哦爹捏咧 应佛了骂鸡哦捏 哒 哭耶啦 吧科耶卡 哦 大了 诺斯的落 应特捏特

e bosibilie odeinelie yingfolemajioni da kuela bakeka o dale nosdelo yingtenet

请告诉我开支票账户的手续。

Mi dica la procedura per l'apertura di un conto corrente, per favore.

谐音 米 低卡 啦 不咯切渡啦 呗了 啦呗了渡啦 低 翁 空哆 括认爹 呗了 发我咧

mi dika la buloqiedula bele labeledula di ong kongdo kolendei bile fawolie

开户存款

利率是 0.72%。
Il tasso di interesse è pari a zero punto settantadue per cento.

谐音 衣了 大所 低 应爹咧些 耶 爸里 啊 啧咯 崩哆 些当爹嘟耶 呗了 欠哆
yile daso di yingdeiliese e bali a zelo bondo sedangdadue bele qiando

我想开一个储蓄账户。
Voglio aprire un conto di risparmio.

谐音 握衣哦 啊不丽咧 翁 空哆 低丽斯爸了咪哦
voyio abulilie ong kongdo di lisbalemio

储蓄账户的年利率是多少?
Qual'è il tasso di interesse annuo per il conto di risparmio?

谐音 跨 咧 衣了 大所 低应爹咧些 啊奴哦 呗了 衣了 空哆 低 丽斯爸了咪哦
kua lie yile daso di yingdeiliese anuo bele yile kondo di lisbalemio

我们通常可以为客户开立活期或者定期账户。
Offriamo solitamente conti correnti valiabili o fissi per i clienti.

谐音 哦夫里啊摸 所里大们爹 空地 括认低 哇里阿逼里 哦 夫衣西 呗了 衣 可丽恩低
ofuliamo solidamendei kondi korendi waliabili o fixi bele yi keliendi

开一个储蓄账户的最低存款额是多少?
Qual'è il deposito minimo per l'apertura di un conto di risparmio?

谐音 跨 咧 衣了 钵鸡哆 密你摸 呗了 啦呗啦嘟啦 低 翁 控哆 低丽斯爸了咪哦
kua lie yile deibojido minimo bele labeledula di ong kongdo di lisbalemio

第一次储蓄有最低限额吗？

C'è un minimo per il primo deposito?

谐音 切 翁 密你摸 呗了 衣了 不丽摸 爹钵鸡哆

qie ong minimo bele yile bulimo deibojido

你想存多少钱？

Quanto vuoi mettere?

谐音 况哆 呜哦衣 咩爹咧

kuangdo vuoyi miedeilie

你想开哪种账户？

Che tipo di conto vuoi aprire?

谐音 科耶 弟波 低 控哆 呜哦衣 啊不丽咧

ke dibo di kondo vuoyi abulilie

最低起存额为 50 美元。

50 dollari sono il deposito minimo inizialmente.

谐音 亲况哒 哆啦里 所诺 衣了 爹钵鸡所 密你摸 衣你鸡啊了闷爹

qinkuangda dolali sono yile deibojido minimo yinijialemendei

储蓄账户的年利率是多少？

Qual'è l'interesse annuo (tasso) per il conto di risparmio?

谐音 跨 咧 拎爹咧些 啊奴哦 （大所 ） 呗了 衣了 控哆 低 丽斯爸了咪哦

kua lie lindeiliese anuo daso bele yile kondo di lisbalemio

请填写这些表格，一式两份。

Si prega di compilare questi moduli in duplicato.

谐音 西 不咧嘎 低 空逼辣礼物 哭耶是低 摸渡里 应 嘟不丽卡哆

xi buliega di konbilale kuesdi moduli ying dubulikado

这是您的存折。

Ecco il Suo libretto.

谐音 耶括 衣了 苏哦 里不咧哆

eko yile suo libuliedo

取款业务

请收好点清。

Si prega di verificare le informazioni.

谐音 西 不咧嘎 低 呜耶里夫衣卡咧 咧 应佛了麻鸡我你

xi buliega di velifikalie lie yinfolemajioni

你要把钱都取出来吗?

Vuoi ritirare tutti i soldi dal tuo conto?

谐音 呜哦衣 里低辣咧 渡低 衣 所了低 哒了 嘟哦 空哆

vuoyi lidilalie dudi yi soledi dale duo kondo

我想从我的定期存款中支取 1000 元。

Vorrei ritirare 1000 yuan dal mio conto di deposito.

谐音 我累衣 里低辣咧 密啦 元 哒了 咪哦 空哆 低 爹钵鸡哆

woleiyi lidilalie mila yuan dale mio kongo di deibojido

请问您要什么面值的?

Che denominazione vorresti?

谐音 科耶 爹喏咪呐鸡哦捏 喔咧斯低

ke deinominajione voliesdi

二十元一张的共 400 元，其余的给五元票或十元票均可。

Si prega di darmi 400 yuan in banco note da venti dollari e il resto in bancn note da dieci o da cinque.

谐音 西 不咧嘎 低 大了咪 跨的咯欠哆 元 应 棒括 诺爹 哒 温低 多辣里 耶 衣了 咧斯哆 应 棒括 诺爹 大 低耶漆 哦 大 沁哭耶

xi buliega di dalemi kuadeloqiando yuan yin bangkuo nuodie da vendi dolali e yile liesdo ying bangkuo nuodie da dieqi o da qinkue

现在请输入您的密码。

Inserisci il tuo codice ora.

谐音 应些丽需 衣了 嘟哦 扩低切 哦啦

yingselixu yile duo kodiqie ola

请把取款单给我好吗？
Potreste darmi la ricevuta di prelievo?
谐音 波的咧是爹 大了咪 拉 里切呜哒 低 不咧里耶握
bodeliesdei dalemi la liqiewuda di bulieliyewo

申请贷款

这取决于贷款时间的长短。
Dipende da quanto è lungo il prestito.
谐音 低笨爹 哒况哆 耶 龙锅 衣了 爹钵鸡哆
dibendei da kuangdo ye longuo yile buliesdido

你有没有其他银行按揭贷款？
Hai altri prestiti ipotecari in banca?
谐音 啊衣 啊了的丽 不咧斯低低 衣波爹卡里 应 棒卡
ayi aledeli buliesdidi yibodeikali yin bangka

你们需要多长时间批核我的按揭申请呢？
Quanto tempo è necessario per l'approvazione del mio prestito?
谐音 况哆 扽波 耶 捏切撒丽哦 呗了 啦不咯哇鸡哦捏 爹了 咪哦 不咧斯低哆
kuangdo denbo e neqiesalio bele labulovajione deile mio buliesdido

支票汇款

请问您的姓名和账号是什么？
Posso chiedere il suo nome e il numero di conto?
谐音 钵所 科衣耶爹咧 衣了 书哦 诺咩 耶 衣了 恕咩咯 低 空哆
boso kiedeilie yile suo nomie e yile numielo di kondo

我想兑现支票。

vorrei incassare l'assegno.

谐音 我累衣 应卡撒咧 啦谢你哦

woleiyi yingkasalie lasenio

请将支票批准。

Si prega di approvare l'assegno.

谐音 西 不咧嘎 低 啊不咯哇咧 啦谢你哦

xi buliega di abulovalie lasenio

请将这笔汇款给我。

Mi dia i soldi del bonifico per favore.

谐音 米 滴阿 衣 索了低 爹了 波你夫衣 括 呗了 发我咧

mi dia yi suoledi diele bonifuyiqio bele fawolie

电汇到东京的收费是多少？

Quanto ci vuole per un bonifico digitale per Tokyo?

谐音 况哆 溱 呜哦咧 呗了 翁 波腻夫衣括 第机大咧 呗了 偷扣

kuangdo qi vuolie bele ong bonifiqio dijidalie bele toukiu

电汇费是 25 美元。

La spesa del bonifico digitale è di 24 dollari.

谐音 拉 斯呗咋 爹了 波腻夫衣括 弟机大咧 耶 低 温低跨的咯 哆啦里

la sbeza diele bonifuyikuo dijidalie e di vengdikuadelo dolali

您可采取中国建设银行存折汇款或采用现金直接汇款。

Puoi utilizzare i libretti di deposito del CCB o il denaro per il trasferimento.

谐音 不哦衣 呜低丽咋咧 衣 里不咧低 低 爹钵鸡哆 爹了 嘻嘻逼哦 衣了 爹呐咯 呗了 衣了 的辣斯飞丽哒闷哆

buoyi udilizalie yi libuliedi di deibojido deile ccb o yile deinalo bele yile delasfelimendo

我们收 10 元汇款手续费。
C'è una tassa di servizio di 10 yuan per rimettere i soldi.

谐音 切 呜呐 大萨 低 些了<u>呜衣</u>鸡哦 低 低耶漆 元 呗了 里灭爹咧 衣 所了低
qie wuna dasa di selevijio di dieqi yuan bele limiedeilie yi soledi

请问我能办理境外汇款业务吗？
Mi scusi, posso fare una rimessa straniera?

谐音 咪 斯哭鸡，钵所 发咧 呜啊里灭撒 斯的辣你耶啦
mi skuji boso falie wuna limiesa sdelaniela

汇款多久能到账？
Quanto tempo ci vuole perché il bonifico arrivi?

谐音 况哆 扽波 漆 呜哦咧 呗了<u>可耶</u> 衣了 波腻<u>夫衣</u>括 阿丽<u>乌衣</u>
kuangdo denbo qi vuolie beleke yile bonifuyikuo alivi

如果我要汇款的话，需要什么证件吗？
Cosa devo portare se voglio un bonifico?

谐音 括咋 爹我 波了哒咧 些 握衣哦 翁 波你<u>夫衣</u> 括
koza deivo boledalie se voyio ong bonifuyikuo

兑换外汇

我想把 100 美元兑换成人民币。
Vorrei cambiare 100 dollari in RMB.

谐音 我累 康逼啊咧 欠哆 哆啦里 应 人名币
wolei kanbialie qiando dolali ying renmingbi

您想要换什么？
Cosa desidera cambiare?

谐音 括咋 低鸡爹啦 康逼啊咧
kuoza deijideila kangbialie

您要换哪种货币？

Che tipo di moneta vuole cambiare?

谐音 科耶 低波 低 摸捏哒 呜哦咧 康逼啊咧

ke dibo di moneda vuolie kangbialie

我可以在这里兑换钱吗？

Posso cambiare i soldi qui?

谐音 钵所 康逼啊咧 衣 所了低 溃

boso kangbialie yi soledi kui

我想要用人民币换欧元。

Vorrei scambiare qualche RMB in euro.

谐音 我累衣 斯康逼啊咧 夸了科耶 人命币 应 耶呜咯

woleiyi skangbialie kualeke renmingbi ying eulo

欧元的汇率是多少啊？

Qual'è il tasso di cambio per euro?

谐音 跨 咧 衣了 大所 低 抗逼哦 呗了 耶呜咯

kua lie yile daso di kangbio bele eulo

您要换多少？

Quanto vuole cambiare?

谐音 况哆 呜哦咧 康逼啊咧

kuangdo vuolie kangbialie

请告诉我美元的现汇率。

può dirmi il tasso corrente per i dollari statunitensi.

谐音 不哦 弟了咪 衣了 大所 括认爹 呗了 衣 哆辣里 斯哒嘟你 扽西

buo dilemi yile daso kolendei bele yi dolali sdadunidensi

挂失销户

您带身份证了吗?

Ha portato la carta d'identità ?

谐音 阿 波了大哆 啦 卡了哒 低掉低哒

a boledaduo la kaleda didendida

您要销户吗?

Vuole cancellare il tuo conto?

谐音 呜哦咧 康切辣咧 衣了 嘟哦 控哆

wuolie kangqielalie yile duo kondo

我想挂失我的信用卡。

Vorrei segnalare lo smarrimento della mia carta di credito.

谐音 我累 些你啊辣咧 洛 斯麻丽闷哆 爹啦 咪啊 卡了哒 低 科咧低哆

wolie senialie lo smalimenduo deila mia kaleda di keliedido

请告诉我你的卡号。

La prego di dirmi il numero della carta.

谐音 啦 不咧锅 低 低了咪 衣了 怒咩咯 爹啦 卡了哒

la bulieguo di dilemi yile numielo deila kaleda

我可以冻结我卡里面的钱吗?

Posso congelare il denaro della mia carta?

谐音 钵所 空觉辣咧 衣了 爹呐咯 爹啦 咪啊 卡了哒

boso kongjuelalie yile deinalo diela mia kaleda

新卡要多久才能办好?

Quanto tempo ci vorrà per emettere una nuova carta?

谐音 况哆 掉波 漆 我辣 呗了 耶灭爹咧 呜呐 怒哦哇 卡了哒

kuangdo denbo qi vola bele emiedeilie wuna nuova kaleda

请先填一下这张挂失表格。

Si prega di compilare prima questo modulo di segnalazione.

谐音 西 不咧嘎 空逼辣咧 不丽麻 哭耶斯哆 摸渡咯 低 些你啊啦 鸡哦捏 应 翁 不丽摸 摸闷哆

xi buliega di kongbilalie bulima kuesdo modulo di senialajione

我是来挂失存折的。

Sono qui per segnalare la perdita del mio libretto bancario.

谐音 索诺 溃 呗了 些你啊辣咧 啦 呗了低哒 爹了 咪哦 里不咧哆 帮卡丽哦

sono kui bele senialie la beledida deile mio libuliedo bangkalio

三 办理手机卡

你这有电话卡卖吗?

Hai schede telefoniche?

谐音 啊衣 斯科耶爹 爹咧佛你科耶

ayi skeda deiliefonike

我想补办一张手机卡。

Voglio rinnovare la mia scheda SIM.

谐音 握衣哦 里诺哇咧 啦 咪啊 斯科耶哒 辛

voyio linovalie la mia skeda xin

请问您的手机号码是多少？

Qual'è il numero del tuo cellulare?

谐音 跨 咧 衣了 怒咩咯 爹了 嘟哦 切路辣咧

kua lie yile numielo deile duo qielulalie

如果您补办卡的话，您原来卡的所有信息将会全部被清空。

Se Lei rinnova la carta SIM, tutte le informazioni sulla carta originale andranno persa.

谐音 些 累 里诺哇 啦 卡了哒 辛 嘟爹 咧 应佛了骂鸡哦你 苏啦 卡了哒 哦里鸡那咧 肮的辣诺 呗了撒

se lei linova la kaleda xin dudei lie yingfolemajioni sula kaleda oliginalie angdelanuo belesa

我想办一张电话卡。

Vorrei comprare una scheda SIM.

谐音 我累 空不辣咧 呜呐 斯<u>科耶</u>哒 辛

wolei kongbulalie wuna skeda xin

您想办什么卡？

Che cosa vuoi comprare?

谐音 <u>科耶</u> 括咋 呜哦衣 空不辣咧

ke koza vuoyi konbulalie

请选一下号。

Si prega di scegliere un numero.

谐音 西 不咧嘎 低 血衣耶咧 翁 怒咩咯

si buliega di xueyielie ong numielo

办理业务套餐

我想开通国际长途。

Voglio fare il servizio di chiamate internazionali.

谐音 喔衣哦 发咧 衣了 些了 <u>呜衣</u>鸡哦 低 <u>科衣</u>啊骂爹 应爹了呐鸡哦那里

voyio falie yile selevijio di kiamadei yingdeilenajionali

我想办 15 元的短信包月套餐。

Voglio avere un pacchetto SMS di 15 yuan al mese.

谐音 握衣哦 啊呜耶咧 翁 吧科耶哆 斯闷斯 斯 捆低漆 元 啊了 灭啧

voyio avelie ong bakedo sms di kundiqi yuan ale mieze

我想要变更手机业务。

Voglio cambiare alcuni servizi sul mio cellulare.

谐音 握衣哦 康逼啊咧 啊了裤你 些了呜衣鸡 苏了 咪哦 切路辣咧

Voyio kangbialie alekuni seleviji sule mio qielulalie

我想把 6 元短信套餐变更为 10 元的套餐。

Vorrei annullare il pacchetto SMS di 6 yuan e ottenere guello 10 yuan invece.

谐音 我累 啊怒辣咧 衣了吧科耶哆 斯闷斯 低 谢 元 耶 哦爹捏咧 哭耶落 低耶漆 元 应呜耶切

wolei anulalie yile bakeduo sms di sei yuan e odeinelie kuyelo dieqi yuan yingveqie

业务已经变更，下个月就会生效。

Il tuo piano è stato modificato ed entrerà in vigore il prossimo mese.

谐音 衣了 嘟哦 逼啊诺 耶 斯大哆 摸低夫衣卡哆 耶的 恩的咧辣 应 呜衣过咧 衣了 不咯西摸 灭啧

yile duo biano e sdado modifikado ed endeliela ying viguolie yile bulosimo mieze

宽带咨询

我想在家安拨号上网。

Voglio impostare una linea telefonica fissa con internet.

谐音 握衣哦 应波斯大咧 呜呐 丽捏啊 爹咧佛你卡 夫衣撒 空 应特捏特

voyio inbosdalie wuna linea deiliefonika fisa kon yingtenet

请问您家里有座机吗？

Ha un telefono fisso a casa?

谐音 啊 翁 爹咧佛你哦 夫衣所 啊 卡咋

a ong deiliefono fisso a kaza

一周之内我们会帮您安装电话和网线的。

Imposteremo il telefono e internet per Lei in una settimana.

谐音 应波斯爹咧摸 衣了 爹咧佛诺 耶 应特捏特 呗了 累 应 呜呐 些低骂哪

yingbosdeiliemo yile deiliefono e yingtenet bele lei ying wuna sedimana

一个月多少钱？

Quanto costa per un mese?

谐音 况哆 括斯哒 呗了 翁 灭啧

kuangdo kuosda bele ong mieze

服务台咨询

这个商场有几层？
Quanti piani ha il negozio?
谐音 况低 逼啊你 啊 衣了 捏过鸡哦
kuangdi biani a yile negojio

电器柜台在哪儿？
Dove si trova il banco elettrodomestici?
谐音 哆呜耶 西 的落哇 衣了 棒括 耶咧的咯哆咩斯地漆
dove si delova yile bangkuo eliedelomiesdiqi

收银台在哪儿？
Dove si trova la cassa?
谐音 多呜耶 西 的咯哇 啦 卡撒
dove si delova la kasa

我们一楼有化妆品专柜。
Abbiamo una sezione cosmetica al primo piano.
谐音 啊逼啊摸 呜呐 些机哦捏 括斯咩低卡 了 不丽摸 逼啊摸
abiamo wuna xiejionie kuosmiedika ale bulimo biano

我怎么去地下一层？
Come posso andare al seminterrato?
谐音 括咩 钵所 盎大咧 啊了 些民爹辣哆
komie boso angdalie ale semindeilado

我们这有礼品包装服务。
Abbiamo il servizio di confezioni dei regali qui.
谐音 啊逼啊摸 衣了 些了呜衣鸡哦 低 空飞机哦你 爹衣 里过辣里 溃
abiamo yile selevijio di konfejioni deyi legali kui

您可以搭乘右边的扶梯，或者搭乘左边的电梯。
Può prendere sia la scala mobile a destra o l'ascensore alla vostra sinistra.
谐音 钵 不认爹咧 西啊 啦 斯卡辣 默逼咧 啊 爹斯的辣 哦 啦萱做咧 阿啦 握斯的拉 西腻斯的啦
bo bulendeilie sia la skala mobilie a deisdela o laxuanzuolie ala wosdela xinisdela

选购商品

我在给我爸找一件夹克。
Sto cercando una giacca per il mio papà.
谐音 是哆 切了抗哆 呜呐 夹克 呗了 衣了 咪哦 吧吧
sdo qielekangdo wuna giaka bele yile mio baba

您喜欢哪种衬衫？
Che tipo di camicia le interessa?
谐音 科耶 地波 低 卡咪恰 咧 应爹咧撒
ke dibo di kamiqia lie yingdeiliesa

我想找正式一些的衣服。
Sto cercando qualche abbigliamento formale.
谐音 是哆 切了抗哆 跨了科耶 啊逼衣啊闷哆 佛了骂咧
sdo qielekangdo kualeke abiyiamendo folemalie

哪里可以买到适合小女孩穿的裙子？
Dove posso trovare un vestito adatto ad una bambina?
谐音 哆呜耶 钵所 的落哇咧 翁 呜耶斯地哆 啊大哆 啊的 呜呐 帮毕那
dove boso delovalie ong vesdido adado ad wuna bambina

我想买一件毛衣。

Voglio comprare un maglione.

谐音 握衣哦 空不辣咧 翁 嘛衣哦你捏

voyio konbulalie ong mayione

清仓甩卖

我们正在清货，这是一个很便宜的价格。

Stiamo liquidando, i prezzi sono a buon mercato.

谐音 斯低阿摸 丽溃荡哆 衣 不咧机 索诺 阿 不翁 咩了卡多

sdiamo likuidangduo yi bulieji suonuo a buong mielekaduo

这个在特卖吗?

Questo è in offerta?

谐音 哭耶斯哆 耶 应 哦飞了哒

kuesdo e ying ofeleda

这个 70 美元减价出售。

È in offerta per 70 dollari.

谐音 耶 应 哦飞了哒 呗了 些当哒 哆辣里

e ying ofeleda bele sedangda dolali

所有东西都降价清仓。

Tutte queste cose sono a basso prezzo per svuotare il magazzino.

谐音 嘟爹 哭耶斯爹 括啧 所诺 阿 爸所 不咧作 呗了 斯呜哦大咧 衣了 麻尬机诺

dudei kuesdei koze sono a basuo buliezuo bele swuodalie yile magajinuo

大减价。

Tutti i prezzi sono bassi.

谐音 渡地 衣 不咧鸡 所诺 爸西

dudi yi bulieji sono basi

这正在清仓大甩卖。
Si tratta di una vendita di liquidazione.
谐音 西 的辣哒 低 呜呐 问低哒 低 里亏哒鸡哦捏
si delada di wuna vendida di likuidajione

讨价还价

老实说，便宜这么多，我是挣不到钱的。
Ad essere sinceri, il prezzo è cosi basso che non guadagno molto.
谐音 啊爹 些咧 新切利 衣了 不咧作 耶 括机 爸所 可耶 弄 瓜大你哦 摸了多
adei selie xinqieli yile buliezuo ye cosi basuo ke nong guadanio moleduo

我们不会给你高于常规的折扣的。
Non possiamo fare uno sconto maggiore di quello che diamo normalmente.
谐音 弄 波西啊摸 发咧 呜诺 斯空哆 吗鸡哦咧 低 哭耶咯 科耶 低啊摸 诺了妈了闷爹
nong bosiamo falie wuno skondo majiolie di kuelo ke diamo nolemalemendei

他同意给你打个折。
Ha accettato di dare uno sconto per voi.
谐音 啊 啊切大哆 低 大咧 呜诺 斯空哆 呗了 喔衣
a aqiedado di dalie wuno skondo voi

您能给我打折吗?
Potrebbe farmi uno sconto?
谐音 波的咧呗 发了米 呜诺 斯空哆
bodeliebe falemi wuno skondo

好吧，各让一半怎么样？

Va bene, che ne dici di dividere la differenza?

谐音 哇 呗捏 科耶 捏 弟漆 低 低呜衣爹咧 啦 低飞认咋

va bene ke ne diqi di divideilie la diferenza

你再也买不到比这个更便宜的了。

Non sarà possibile ottenere un acquisto migliore di questo.

谐音 弄 撒啦 波细毕咧 哦爹捏咧 翁 啊溃斯哆 咪衣哦咧 低 哭耶斯哆

nong sala bosibilie odeinelie ong akuisdo miyiolie di kuesdo

恐怕不能减价，本店不讲价。

Temo che i prezzi siano fissi in questo negozio.

谐音 爹摸 科耶 衣 不烈鸡 西阿诺 佛衣西 应 哭耶斯哆 捏过鸡哦

temo ke yi buleji xiano fuyixi ying kuesdo negojio

你们最高要价是多少？

Qual'è il tuo prezzo più alto?

谐音 跨 咧 衣了 嘟哦 不咧做 逼悠 啊了哆

kua lie yile duo buliezo biou aledo

这已经是最低价钱了。

È il prezzo più basso che possiamo offrire.

谐音 耶 衣了 不咧做 逼悠 爸所 科耶 波西啊摸 哦夫丽咧

e yile baliezo biou baso ke bosiamo ofulilie

我就凑个整数，700 美元。

Ti faccio una cifra tonda, 700 dollari.

谐音 低 发漆哦 呜呐 气夫啦 洞哒 谢爹欠哆 哆啦里

di faqio wuna qifula donda sedeiqiando dolali

我最低能接受的是 500 元。
Il più basso che sono disposto ad accettare è di 500 yuan.
谐音 衣了 逼悠 吧所 可耶 索诺 低斯钵斯哆 阿的 阿切大咧 耶 低亲哭耶欠哆 元
yile biou baso ke suono disbosduo aole aqiedalie e di qinkueqiando yuan

用优惠券能打几折？
Quanto sconto posso ottenere con questo coupon?
谐音 况哆 斯空哆 钵所 哦爹捏咧 空 哭耶斯哆 哭棒
kuangdo skondo boso odeinelie kon kuesdo kubang

我再买多一点，你可不可以再便宜一点？
Se compro qualcosa in più, puoi farmi un po' più di sconto?
谐音 些 空不落 夸了括作 应 逼欧 不哦衣 发了米 翁 波 逼欧 低 斯空多
xie konbulo kualekuoza yin biou buoyi falemi ong bo biou di skonduo

开票付款

这是您的找零和收据。
Ecco il resto e la ricevuta.
谐音 耶括 衣了 咧哒哆 耶 啦 里且误打
eko yile liesdo e la liqievuda

一共 68 元。
In totale sono 68 yuan.
谐音 应 多大咧 索诺 此桑多多 元
yin duodalie suonuo sesangduoduo yuan

请让我核对一下账单。
Per favore fatemi controllare il conto.
谐音 呗了 发握咧 发爹咪 空的落辣咧 衣了 空哆
bele favolie fadeimi kondelolalie yile kondo

我可以用信用卡付账吗？

Posso pagare con una carta di credito?

谐音 钵所 吧嘎咧 空 呜呐 卡了哒 低 科咧低哆

boso bagalie kon wuna kaleda di keliedido

我能开支票吗？

Posso fare un assegno?

谐音 钵所 发咧 翁 啊谢你哦

boso falie ong asenio

对不起，我们不接受支票。

Ci dispiace, ma non accettiamo assegni.

谐音 次 低斯逼啊切 吗 弄 阿切低啊摸 啊谢你

qi disbiaqie ma nong aqiediamo aseni

包装送货

如果我现在订一件西服，要多久才能收到货？

Se ordino un abito ora, quanto tempo ci vorrà per la consegna?

谐音 些 哦了低诺 翁 啊逼哆 哦啦 况哆 扽波 漆 我辣 呗了 啦 空谢你啊

se oledino ong abido ola kuangdo denbo qi vola bele la kongsenia

你们送货吗？

Potete consegnarlo?

谐音 波爹爹 空谢你啊了咯

bodeidei konsenialelo

我们免费送货。

Consegneremo gratuitamente.

谐音 空谢捏咧摸 个辣嘟衣哒闷爹

congseneliemo geladuyidamendei

送货费是多少？

Quanto ci vuole per la consegna?

谐音 况哆 漆 呜哦咧 呗了 啦 空谢你啊

kuangdo qi vuolie bele la kongsenia

我想用纸袋装。

Voglio utilizzare i sacchetti di carta.

谐音 喔衣哦 呜低丽咋咧 衣 撒科耶低 低 咔了哒

voyio udilizalie yi sakedi di kaleda

您能把这个单独放在一个袋子里吗？

Potrebbe mettere questo in un sacchetto separato?

谐音 波的咧呗 灭爹咧 哭耶斯哆 应 翁 撒科耶哆 些呗辣哆

bodeliebe miedeilie kuesdo ying ong sakedo sebalado

能把这个包装成礼品吗？

Posso avere la confezione regalo?

谐音 钵所 阿乌耶咧 啦 空飞机哦捏 咧尬啰

boso awuyelie la konfeijionie liegaluo

退货退款

所有售出的商品不得退货，只可凭收据五日内换货。

Non c'è nessun rimborso tutte le vendite finali , lo scambio deve entro cinque giorni con la sola ricevuta.

谐音 弄 切 捏送 拎波了所 渡爹 咧 问低爹 夫衣呐里 咯 斯抗逼哦 爹呜耶 恩的落 沁哭耶 鸡哦了你 空 啦 所啦 里且呜哒

nong qie nesong linboleso dudei lie vendidei finali lo skangbio deive endelo qinkue gioleni kon la sola liqiewuda

售后不退不换。

Nessun rimborso dopo l'acquisto.

谐音 捏松 拎钵了所 哆钵 啦溃鸡哆

nesong linboleso dobo lakuijido

我想退货。

Voglio ottenere un rimborso.

谐音 握一哦 哦爹捏咧 翁 拎钵了所

voyio odeinelie ong linboleso

我就想退货。

Vorrei solo restituire questo articolo.

谐音 我累 所咯 咧斯地嘟意咧 哭耶斯哆 啊了弟括咯

volei solo leisdiduilie kuesdo aledikolo

能看一下您的收据吗?

Posso vedere la ricevuta, per favore?

谐音 钵所 呜耶爹咧 啦 里且误哒 呗了 发我咧

boso vedeilie la liqievuda bele favolie

我想退货。

Voglio restituire questo prodotto.

谐音 握衣哦 咧斯地嘟意咧 哭耶斯哆 不咯多哆

voyio liesdiduilie kuesdo bulododo

你在上面已经写字了，所以不能退了。

Hai già scritto qualcosa su di esso, quindi non puoi restituire.

谐音 啊衣 鸡啊 是科丽哆 夸了括咋 苏 低 耶所 困低 弄 不哦衣 咧斯地嘟意咧

ayi jia skelido kualekoza su di eso kundi nong buoyi liesdiduilie

外包装拆了就不能退了。

Esso non può essere restituito dopo il confezionamento è stato rotto.

谐音 耶所 弄 钵 耶些咧 咧斯地嘟意哆 舵波 衣了 空飞就哦那闷哆 耶 斯大哆 落哆

eso nong bo eselie liesdiduito dobo yile kongfejionamendo e sdado lodo

缩水太厉害了。

È ridotto troppo.

谐音 耶 里舵哆 的落波

e lidodo delobo

我把收据弄丢了。

Ho perso la ricevuta.

谐音 哦 呗了所 啦 里且误哒

o beleso la liqievuda

为什么要退呢?

Perché lo restituisci?

谐音 呗了科耶 咯 咧斯地嘟意需

beleke lo liesdiduixu

选择款式

最新流行的款式是什么?

Qual'è l'ultima moda?

谐音 跨 咧 路了低骂 默哒

kua lie luledima moda

你想要找什么样的款式？

Che stile vuoi?

谐音 科耶 斯弟咧 呜哦衣

ke sdilie vuoyi

这个款式目前很流行。

Lo stile è molto popolare in questo momento.

谐音 咯 斯地咧 耶 摸了哆 波波拉咧 应 枯叶斯哆 摸闷哆

lo sdilie e moledobobolalie ying kuesdo momendo

那个款式去年就淘汰了。

Quello stile è uscito l'anno scorso.

谐音 哭耶咯 斯低咧 耶 呜续哆 啦诺 斯括了所

kuelo sdilie e uxudo lano skoleso

有最新款的吗？

Hai l'ultima moda?

谐音 啊衣 路了低嘛 默哒

ayi luledima moda

我想要买一件 V 领毛衣。

Voglio comprare un maglione a scacchi con scollo di V.

谐音 我衣哦 空不辣咧 翁 咪衣哦捏 啊 撒科衣 空 斯括咯 低 呜衣

voyio konbulalie ong mayione a saki kon skolo di v

这款单排扣的西装怎么样？

Che ne dici di questo abito monopetto?

谐音 科耶 捏 地漆 低 哭耶斯哆 啊毕哆 摸诺呗哆

ke ne diqi di kuesdo abido monobedo

我喜欢喇叭裙，不喜欢斜裙。

Io preferisco la gonna chiarore alla gonna a trapezio.

谐音 衣哦 不咧飞丽斯括 啦 过呐 科衣啊落咧 啊啦 过呐 啊 的辣呗鸡哦

yio buliefelisko la gona kialolie ala gona a delabejio

5 购物消费

横条纹不适合你。
Strisce orizzontali non sono adatte alla tua figura.
谐音 斯的里学 哦里中大里 弄 所诺 啊大爹 啊啦 嘟啊 夫衣故啦
sdelixue olizongdali nong sono adadei ala dua figula

你们有其他款式的吗？
Hai altri stili?
谐音 啊衣 啊了的里 斯地理
ayi aledeli sdili

挑选质地

这是什么料的？
Da che cosa è fatto?
谐音 哒 科耶 括咋 耶 发哆
da ke koza e fado

是貂皮的。
È fatta di visone.
谐音 耶 发哒 低 呜衣做捏
e fada di vizone

这种衣料看上去不错。
Questo materiale sembra buono.
谐音 哭耶斯哆 吗爹里啊咧 肾不啦 不哦诺。
kuesdo madeilialie shenbula buono

你们有没有棉质的衣服？
Hai qualcosa in cotone?
谐音 啊衣 跨了括咋 应 括多捏
ayi kualekoza ying kodone

是丝质的吗？

È fatto di seta?

谐音 耶 发哆 低 谢哒

e fado di seda

挑选颜色

您喜欢什么颜色的呢？

Che colore ti piace?

谐音 科耶 括咯咧 低逼啊切

ke kololie di biaqie

女士，你喜欢这个颜色吗？

Ti piace questo colore, signorina?

谐音 低 逼啊切 哭耶斯哆 括咯咧 西你哦丽娜

di biaqie kuesdo kololie xiniolina

颜色太深了。我想要颜色浅一点的。

È troppo scuro. Vorrei un colore più chiaro.

谐音 耶 的落波 斯裤啰 我累 翁 括咯咧 逼悠 科衣啊落

e delobo skuluo volei ong kololie biou kialo

这个颜色很适合你。

Il colore che ti è adatto bene.

谐音 衣了 括咯咧 呃耶 低 耶 啊大哆 呗捏

yile kololie ke di e adado bene

这个颜色不适合我。

Il colore non mi va bene.

谐音 衣了 括咯咧 弄 咪 哇 呗捏

yile kololie nong mi va bene

我推荐深颜色的。
Ti consiglio il colore scuro.
谐音 地 空细衣哦 衣了 括咯咧 斯裤咯
di kongsiyio yile kololie skulo

我喜欢这件浅灰色的。
Io preferisco quello grigio chiaro.
谐音 衣哦 不咧飞丽斯括 哭耶咯 个丽鸡哦 科衣啊落
yio buliefelisko kuelo gelijio kialo

这个跟西服颜色不配。
Questo non corrisponde al colore d'abito.
谐音 哭耶斯哆 弄 括丽斯崩爹 啊了 括咯咧 大逼哆
kuesdo nong kolisbondei ale kololie dabido

这件白色上衣配黑色裤子怎么样？
Cosa ne pensi del top bianco e pantaloni neri?
谐音 扩咋 捏 笨西 爹了 拓呗 逼盎括 耶 帮哒咯你 聂里
koza ne bensi deile top bianko e bangdaloni neli

挑选尺寸

我想要合身的牛仔裤。
Voglio i jeans che possano andare bene alla mia figura.
谐音 握衣哦 衣 俊斯 科耶 钵撒诺 航大咧 呗捏 啊啦 咪啊 夫衣故啦
voyio yi juns ke bosanuo angdalie bene ala mia figula

这个太大了。
È troppo grande.
谐音 耶 的落波 个浪爹
e delobo gelangdei

我想你的尺寸已经卖光了。
Credo che siamo fuori della tua taglia.
谐音 科咧哆 <u>科耶</u> 西啊莫 夫哦里 爹啦 嘟啊 大衣啊
kliedo ke siamo fuoli deila dua dayia

您穿多大码的?
Che taglia porti?
谐音 <u>科耶</u> 大衣啊 钵了低
ke dayia boledi

我想小码的就可以了。
Credo che il piccolo sia OK.
谐音 科咧哆 <u>科耶</u> 衣了 毕括咯 西阿 **OK**
kliedo ke yile bikolo xia okei

量身订制

请帮我量一量尺寸。
Si prega di prendere le mie misure.
谐音 西 不咧嘎 低 不认爹咧 咧 咪耶 咪住咧
si buliega di bulendeilie lie mie mizulie

我想把这件衬衣改一下。
Vorrei cambiare questa camicetta.
谐音 我累 康逼啊咧 <u>哭耶</u>斯哒 卡咪切哒
wolei kangbialie kuesda kamiqieda

我希望腰围稍微紧一点。
Le voglio un po'stretta intorno alla vita.
谐音 咧 握衣哦 翁 波 斯的咧哒 应哆了诺 啊啦 <u>呜衣</u>哒
lie voyio ong bo sdelieda yingdoleno ala vida

不要做得太紧。
Si prega di non renderlo troppo stretto.
谐音 西 不咧嘎 低 弄 认爹了咯 的落波 丝的咧哆
si buliega di nong lendeilelelo delobo sdeliedo

我想定做一件毛衣。
Voglio avere un maglione su misura.
谐音 握衣哦 啊 呜耶咧 翁 嘛衣哦捏 苏 咪朱啦
voyio avelie ong mayione su mizula

你能用这块布料给我做一套衣服吗？
Mi puoi fare un abito da questa stoffa?
谐音 咪 不哦衣 发咧 翁 啊毕哆 哒 哭耶是哒 斯哆发
mi buoyi falie ong abido da kuesda sdofa

手工费是多少？
Quanto costa per la sartoria?
谐音 况哆 扩斯哒 呗了 啦 撒了哆里啊
kuangdo kosda bele la saledolia

你们做工如何？
Com'è la tua fattura?
谐音 括咩 啦 嘟啊 发渡啦
komie la dua fadula

做一件晚礼服要多久？
Quanto tempo ci vorrà per fare un abito da sera?
谐音 况哆 扽波 漆 我辣 呗了 发咧 翁 啊逼哆 哒 些啦
kuangdo denbo qi vola bele falie ong abido da sela

要求试穿

你穿着真的很好看。
Ti sta molto bene.
谐音 低 斯哒 摸了哆 呗捏
di sda moledo bene

你愿意试试这件吗?

Vuoi provare questo?

谐音 呜哦衣 不咯哇咧 哭耶斯哆

vuoyi bulovalie kuesdo

这是我的号。能试一下吗?

Questa è la mia taglia. Posso provarlo?

谐音 哭耶斯哒 耶 啦 咪啊 大衣啊 钵所 不咯哇了咯

kuesda e la mia dayia boso bulovalelo

试试这条黑色裙子吧?

Perché non provi questo vestito nero?

谐音 崩了科耶 弄 不落呜衣 哭耶斯哆 呜耶斯地哆 捏咯

beleke nong bulovi kuesdo vesdido nelo

好像有点大。可以试一下小号的吗?

Sembra un po'grande. Posso provarne una più piccola?

谐音 肾不啦 翁 波 个浪爹 钵所 不咯哇了捏 呜呐 逼悠 毕括啦

shenbula ong bo gelangdei boso bulovalenie wuna biou bikola

你想试件大一点的吗?

Vuoi provare uno più grande?

谐音 呜哦衣 不咯哇咧 呜诺 逼悠 个浪爹

vuoyi bulovalie wuno biou gelangdei

我觉得腰部可能有点窄。

Penso che sia un po'troppo piccola per me nella vita.

谐音 笨所 科耶 西啊 翁 钵 的落波 逼括啦 呗了 灭 捏啦 呜衣哒

benso ke sia ong bo delobo bikola bele mie nela vida

袖子有点长。

Le maniche sono un po'lunghe.

谐音 咧 骂你科耶 所诺 翁波 龙哥耶

lie manike sono ong bo longgeye

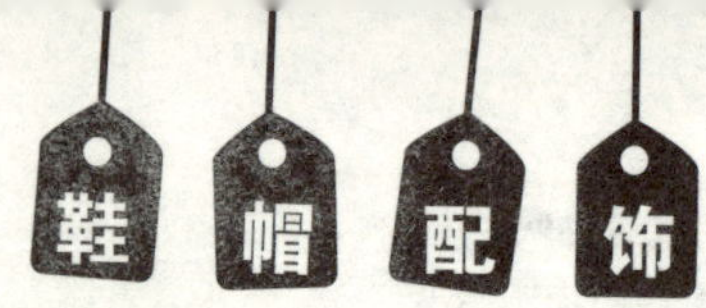

购买鞋子

我想要一双高跟鞋。

Voglio un paio di scarpe a tacco alto.

谐音 握衣哦 翁 爸衣哦 斯卡了呗 啊 大括 啊了哆

voyio ong baio di skalebe a dako aledo

你有这种鞋吗？

Hai le scarpe come queste?

谐音 啊衣 咧 斯卡了呗 括咩 哭耶斯爹

ayi le skalebe komie kuesdei

你有更大点的吗？这个太小了。

Hai le scarpe più grandi di queste? Sono troppo piccole.

谐音 啊衣 咧 斯卡了呗 逼悠 个浪低 低 哭耶斯爹 所诺 的落波 毕括咧

ayi lie skalebe biou gelangdi di kuesdie sono delobo bikolie

这双鞋前面太挤了。

Le scarpe sono troppo strette nella parte anteriore.

谐音 咧 斯卡了呗 所诺 的落呗 斯的咧爹 捏啦 爸咧爹 肮爹里哦咧

lie skalebe sono delobo sdeliedei nela baliedei andeiliolie

你们这有尖头的靴子吗？

Hai qualsiasi stivali con il capo afilato?

谐音 啊衣 跨了西啊西 斯地哇里 空 衣了 卡波 啊夫衣辣哆

ayi kualesiasi sdivali kon yile kabo afilado

我需要一双鞋来配我的短裙。

Ho bisogno di un paio di scarpe per abbinare la gonna.

谐音 哦 逼做你哦 低 翁 爸衣哦 低 斯卡了呗 呗了 啊逼那咧 啦 过呐

o bizonio di ong bayio di skalebe bele abinalie la gona

您穿多大号的鞋？
Che taglia prendi?
谐音 科耶 大衣啊 不认低
ke dayia bulendi

我要 36 码的。
Prendo 36.
谐音 不认哆 的认哒些衣
burendo derendaseyi

这双鞋子是牛皮的。
Questo paio di scarpe è fatto di pelle bovina.
谐音 哭耶斯哆 爸衣哦 低 斯卡了呗 耶 发哆 低 呗咧 波呜衣呐
kuesdo bayio di skalebe e fado di belie bovina

我喜欢这双有拉链的靴子。
Mi piace l'abito con cerniere.
谐音 咪 逼啊切 辣逼哆 空 切了你耶咧
mi biaqie labido kon qielenielie

挑选帽子

那顶蓝色的帽子就是中号的。
Il cappello blu è di media dimensione.
谐音 衣了 卡呗洛 不路 耶 低 灭低啊 低闷西哦捏
yile kabeluo bulu e di miedia dimensione

我想要一顶帽子。
Ho bisogno di un cappello.
谐音 哦 逼做你哦 低 翁 卡呗咯
o bizonio di ong kabelo

这顶蓝帽子和你的白皙皮肤很协调。
Il cappello blu è adatto alla pelle chiara.
谐音 衣了 卡呗咯 不路 耶 啊大哆 啊啦 呗咧 科衣啊啦
yile kabelo bulu e adado ala belie kiala

恐怕这顶帽子小了点。

Penso che il cappello sia un po'troppo piccolo.

谐音 笨所 科耶 衣了 卡呗咯 西阿 翁波 的落波 毕括咯

benso ke yile kabelo xia ong bo delopo bikolo

这顶棒球帽怎么样？

Che ne dite di questo berretto da baseball?

谐音 科耶 捏 弟爹 低 哭耶斯哆 呗咧哆 哒 杯斯波

ke ne didei di kuesdo beliedo da beisbo

如果你的脸比较小，避免有大帽圈的帽子。

Se hai una piccola faccia, eviti cappelli con larghe falde e corone.

谐音 些 啊衣 呜呐 逼括啦 发恰 耶呜衣低 卡呗丽 空 辣了个耶 发了爹 耶 括咯捏

se ayi wuna bikola faqia evidi kabeli kon lalejue faledei e kolone

这顶帽子你戴很好看。

Il cappello sembra molto bello su di te.

谐音 衣了 卡呗咯 肾不啦 摸了哆 呗咯 苏 低 爹

yile kabelo shenbula moledo belo su di dei

三 购买配饰

我要买一副墨镜。

Vorrei un paio di occhiali da sole.

谐音 喔累 翁 吧衣哦 的 哦科衣啊里 哒 所咧

volei ong bayio di okiali da solie

你能给我推荐一些男表吗？

Mi puoi consigliare qualche orologio da uomo?

谐音 咪 不哦衣 空西衣啊咧 跨了科耶 哦咯咯鸡哦 哒 呜哦摸

mi buoyi konsiyialie kualeke ololojio da wuomo

我不喜欢这个镜框。
Non mi piace il telaio.

谐音 弄 咪 逼啊切 衣了 爹辣衣哦
nong mi biaqe yile deilayio

我想买一条领带配这套西装。
Voglio comprare una cravatta da abbinare questo vestito.

谐音 握衣哦 空不辣咧 呜呐 科辣哇哒 哒 啊逼那咧 哭耶斯哆 呜耶斯地哆
voyio konbulalie wuna liqievuda da abinalie kuesdo vesdido

我想看看陈列柜里的那条领带。
Voglio vedere la cravatta nella vetrina.

谐音 我衣哦 呜耶爹咧 啦 科啦哇哒 捏啦 呜耶的丽娜
voyio vedeilie la kelavada nela vedelina

我想看看手套。
Sto cercando un paio di guanti.

谐音 斯哆 切了抗哆 翁 爸衣哦 低 逛低
sdo qielekangdo ong bayio di guangdi

品种证书

附有品质鉴定书吗?
C'è una valutazione?

谐音 切 呜呐 哇路哒鸡哦捏
qie wuna valudajione

你们提供品质鉴定书吗？
Fornite la qualità di autenticità?
谐音 佛了腻爹 啦 夸里大 低 奥瞪低漆大
folenidei la kualida di aodendiqida

那个一定是水晶的。
Questo deve essere un cristallo.
谐音 哭耶斯哆 爹呜耶 耶些咧 翁 科丽斯哆
kuesdo deive eselie ong kelisdalo

我的戒指是铂金钻石的。
Il mio anello è un diamante di platino.
谐音 衣了 咪哦 啊聂咯 耶 翁 低啊芒爹 低 不啦地诺
yile mio anelo e ong diamangdei di buladino

这条项链只是镀金的。
La collana è solo placcata in oro.
谐音 啦 括辣呐 耶 所咯 不啦卡大 应 哦咯
la kolana e solo bulakada ying olo

这个是真品，是吗？
È vero?
谐音 耶 呜耶欧
e velo

这个是蓝宝石做的。
È fatto di zaffiro.
谐音 耶 发哆 低 咋夫衣咯
e fado da zafilo

你怎么知道钻石是真的？
Come fai a sapere se il diamante è autentico?
谐音 括咩 发衣 啊 撒呗咧 些 衣了 低啊芒爹 耶 凹扽低括
komie fayi a sabelie xie yile diamangdei e aodendiko

我更喜欢翡翠。

Io preferisco il verde smeraldo.

谐音 衣哦 不咧飞丽斯括 衣了 呜耶了爹 斯咩辣了哆

yio buliefelisko yile veledei smielaledo

挑选试戴

我能看看这个胸针吗?

Posso guardare questa spilla?

谐音 钵所 瓜了哒咧 哭耶斯哒 斯毕啦

boso gualedalie kuesda sbila

我十分喜欢这种样式。

Mi piace il disegno.

谐音 咪 逼啊切 衣了 低啧你哦

mi biaqie yile dizenio

能给我看看最新款式的珍珠项链吗?

Mi può mostrare la collana di perle di ultima stile?

谐音 咪 钵 莫斯的辣咧 啦 括辣呐 低 呗了咧 低 呜了低骂 斯地咧

mi bo mosdelalie la kolana di belelie di uledima sdilie

时间久了会失掉光泽吗?

Perderà la lucentezza dopo un lungo tempo?

谐音 呗了爹辣 啦 噜欠爹咋 哆波 翁 龙过 扽波

beledeila la luqiandieza dobo ong longgo denbo

我可以试戴一下吗?

Posso provarli?

谐音 波所 不咯哇了里

boso bulovaleli

您能给我推荐一个订婚戒指吗?

Mi può racommandare un anello di fidanzamento?

谐音 咪 波 啦括芒哒咧 翁 啊捏咯 低 夫衣当咋啊闷哆

mi bo lakomangdalie ong anelo di fidangzamendo

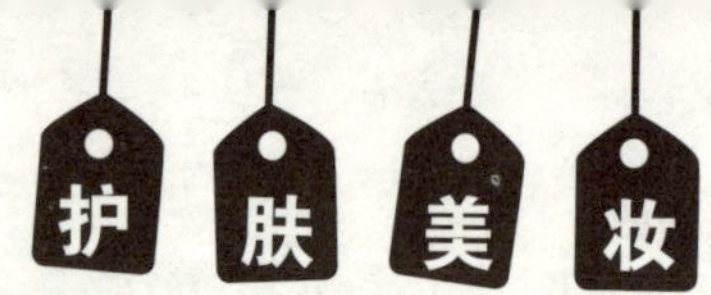

检测肤质

你知道你属于哪一类肌肤吗？

Conosci il tuo tipo di pelle?

谐音 括诺需 衣了 嘟哦 弟波 低 呗咧

konoxu yile duo dibo di belie

它适合肌肤敏感的人。

È adatta alle persone con pelle sensibile.

谐音 耶 啊大大 啊咧 呗了所捏 空 呗咧 肾细逼咧

e adada alie belesone kon belie shensibilie

你的皮肤太干燥了。

La tua pelle è troppo secca.

谐音 啦 嘟啊 呗咧 耶 的落波 谢卡

la dua belie e delobo seka

油性皮肤怎么护理？

Come possiamo trattare la pelle grassa?

谐音 括咩 波西啊摸 的啦大咧 啦 呗咧 个辣撒

komie bosiamo deladalie la belie gelasa

我的皮肤是油性的 / 干性的 / 敏感型的。

La mia pelle è grassa / secca / sensibile.

谐音 啦 咪啊 呗咧 耶 个辣撒 / 谢卡 / 肾细逼咧

la mia belie e gelasa /seka /shensibilie

护肤功效

这个面膜适合干性皮肤。

La maschera è per la pelle secca.

谐音 啦 骂斯科耶啦 耶 呗了 啦 呗咧 谢卡

la maskela e bele la belie seka

胭脂会使我的脸颊红润。

Il rossetto può fare le mie guance rosee.

谐音 衣了 咯谢哆 钵 发咧 咧 咪耶 逛切 咯谢

yile losedo bo falie lie mie guangqie lose

有什么办法消除我的皱纹?

Che cosa può eliminare le mie rughe?

谐音 科耶 括咋 钵 耶里咪那咧 咧 咪耶 路个耶

ke koza bo eliminalie lie mie lugeye

这种粉会提升你的肤色。

Questo tipo di cipria metterà in evidenza il colore della pelle.

谐音 哭耶斯哆 弟波 低 气不丽啊 咩爹辣 应 耶呜衣扽咋 衣了 括落咧 爹啦 呗咧

kuesdo dibo di qibulia miedeila ying evidenza yile kololie deila belie

这瓶洗面奶中含有蜂蜜。

Questo latte detergente contiene miele.

谐音 哭耶斯哆 辣爹 爹爹了娟爹 空地耶捏 咪耶咧

kuesdo ladei deideilejuandei kondiene mielie

晚霜给肌肤补水。

La crema notte farà bene per la pelle.

谐音 啦 科丽嘛 诺爹 发辣 呗捏 呗了 啦 呗咧

la kelema nodei fala bene bele la belie

美妆用品

质量好的唇膏持久性强。

Un rossetto di buona qualità durerà a lungo.

谐音 翁 咯谢哆 低 不哦那 夸里大 嘟咧辣 啊 隆过

ong losedo di buona kualida duliela a longgo

这个唇彩多少钱？
Quanto costa questo lip gloss?
谐音 况哆 括斯哒 哭耶斯哆 里普 个肉丝
kuangdo kosda kuesdo lip gelos

这个是电动的睫毛卷烫器。
È un piegatore elettrico di ciglia.
谐音 耶 翁 逼耶嘎舵咧 耶咧的丽括 低 气衣啊
e ong biegadolie eliedeliko di qiyia

我想买一瓶洗面乳。
Vorrei una bottiglia di latte detergente.
谐音 我累 呜呐 波弟衣啊 低 辣爹 爹爹了娟爹
volei wuna bodiyia di ladei deideilejuandei

现在很流行紫色眼影。
Ombretto viola è il più popolare.
谐音 翁布咧哆 呜衣哦啦 耶 衣了 逼欧 波波辣咧
ombuliedo viola e yile biou bobolalie

我想看一些唇膏和眼影。
Mi piacerebbe guardare qualche rossetto e ombretto.
谐音 咪 逼啊切咧呗 瓜了大咧 跨了科耶 咯谢哆 耶 翁布咧哆
mi biaqieliebe gualedalie kualeke losedo e ombuliedo

你们现在有夏天用的粉底吗？
Avete qualche fondotinta per l'estate?
谐音 啊呜耶爹 跨了科耶 风多顶大 呗了 咧斯大爹
avedei kualeke fenduodinda bele liesdadei

这两款睫毛膏有什么不同？
Qual'è la differenza tra questi due mascara?
谐音 跨咧 啦 低飞认咋 的辣 哭耶斯地 嘟耶 骂斯科耶啦
kua lie la difelenza deila kuesdi due maskala

我想要颜色淡一点的唇膏。

Io preferisco un rossetto di tonalità chiara.

谐音 衣哦 不咧飞丽斯括 翁 咯谢哆 低 哆呐里大 科衣啊啦

yio buliefelisko ong losedo di donalida kiala

请求使用

试一下这种指甲油怎么样？

Che ne dici di provare questo smalto per unghie?

谐音 科耶 捏 弟气 低 不咯哇咧 哭耶斯哆 啊骂了哆 呗了 翁鸡耶

ke ne diqi di bulovalie kuesdo smaledo bele ongjie

我可以试妆吗？

Posso provarlo?

谐音 钵所 不咯哇了咯

boso bulovalelo

镜子在这边。

Lo specchio è qui.

谐音 咯 斯呗科衣哦 耶 溃

lo sbekio ye kui

这个有没有试用装？

Hai un campione di questo?

谐音 啊衣 翁 康逼哦捏 低 哭耶斯哆

ayi ong kanbione di kuesdo

这款乳液怎么用？

Come si usa questa lozione?

谐音 括咩 西 呜咋 哭耶斯哒 咯鸡哦捏

komie si usa kuesda lojione

我可以试闻一下这款香水吗？

Posso odorare questa bottiglia di profumo?

谐音 钵所 哦哆辣咧 哭耶斯哒 波弟衣啊 低 不咯付摸

boso odolalie kuesda bodiyia di bulofumo

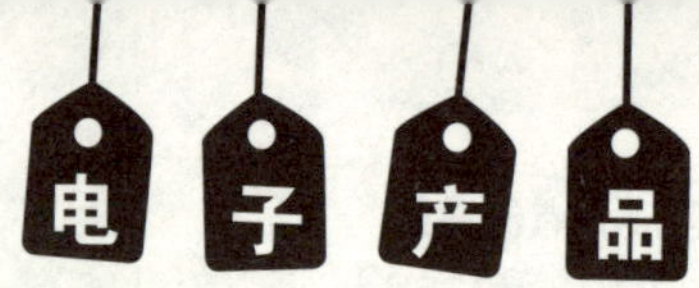

产品性能

电池能用多久？

Quanto tempo si può usare la batteria?

谐音 框哆 扽波 西 钵 呜咋咧 啦 呗爹丽啊

kuangdo denbo si bo wuzalie la badeilia

硬盘的容量有多大？

Qual'è la capacità del disco rigido?

谐音 跨 咧 啦 卡吧漆大 爹了 弟斯括 丽鸡哆

kua lie la kabaqida deile disko lijido

这个记忆卡的容量是多少？

Qual'è la capacità della scheda di memoria?

谐音 跨 咧 啦 卡吧漆哒 爹啦 斯科耶哒 低 咩默里啊

kua lie la kabaqida deila skeda di miemolia

像素是多少？

Qual'è la valutazione del pixel?

谐音 跨 咧 啦 哇路大鸡哦捏 爹了 匹克扫

kua lie la valudajione deile pikesao

充电一次能用多长时间？

Quanto tempo una batteria completamente carica può durare?

谐音 况哆 扽波 呜呐 吧爹丽啊 空不咧哒闷爹 卡丽卡 波 嘟辣咧

kuangdo denbo wuna badeilia konbuliedamendei kalika bo dulalie

这个 SIM 卡能存储 200 个电话号码。

Questa scheda SIM può salvare 200 numeri di telefono.

谐音 哭耶斯哒 斯科耶哒 斯爱闷 波 撒了哇咧 嘟耶欠哆 怒咩里 低 爹咧佛诺

kuesda skeda sim bo salevalie dueqiando numieli di deiliefono

产品功能

这一款有什么功能?

Quali funzioni ha questo modello?

谐音 跨里 风机哦你 啊 哭耶斯哆 摸爹落

kuali fonjioni a kuesdo modeilo

有自动对焦功能吗?

C'è la funzione di messa a fuoco automatica?

谐音 切 啦 风机哦捏 低 灭撒 啊 敷哦括凹哆骂低括

qie la fonjione di miesa a fuoko aodomadika

有蓝牙功能吗?

C'è la funzione di Bluetooth?

谐音 切 啦 风机哦捏 低 补录兔斯

qie la fongjione di bulutus

这是一款多功能数码相机。

Questa è una fotocamera digitale multifunzione.

谐音 哭耶斯哒 耶 呜呐 佛哆卡咩辣 低鸡大咧 慕了低风机哦捏

kuesda e wuna fodokamiela digidalie muledifonjione

这款如果采用节能模式，颜色会自动变成黑白色。

Può passare a bianco e nero in modalità di risparmio energetico.

谐音 钵 吧撒咧 啊 逼盎括 耶 聂咯 应 摸哒里大 低 里斯吧了咪哦耶聂了鸡括

bo basalie a biangko e nelo ying modalida di lisbalemio energetico

这个 MP3 有什么特殊功能?

Quale funzione speciale questo MP3 ha?

谐音 跨咧 风机哦捏 斯呗恰咧 哭耶斯哆 **MP3** 啊

kualie fonjione sbeqialie kuesdo mpslǜ a

我想要一款可以听音乐、看电影、上网的手机。

Voglio un telefono cellulare che può ascoltare musica, guardare film e navigare in Internet.

谐音 握衣哦 翁 爹咧佛诺 切路辣咧 科耶 钵 啊斯括了大咧 木鸡卡 瓜了哒咧 夫衣了么 耶 捏呜衣嘎咧 应 应特捏特

voyio ong deiliefono qielulalie ke bo askoledalie mujika gualedalie fileme e navigalie ying yingtenet

同类比较

这两款手机在功能上有什么不同？

Quali sono le differenze di questi due cellulari?

谐音 跨里 所诺 咧 低飞人啧 低 哭耶斯地 嘟耶 切路辣里

kuali sono lie diferenze di kuesdi due qielulali

哪一种最耐用？

Che tipo è il più resistente?

谐音 科耶 弟波 耶 衣了 逼悠 咧西斯扽爹

ke dibo e yile biou lesisdendei

这个更容易操作。

Questo è più facile da utilizzare.

谐音 科耶斯哆 耶 逼悠 发漆咧 哒 呜低丽咋咧

kuesdo e ile biou faqile da udilizalie

这个是安卓系统的，另一款是 IOS 系统的。

Questo è con il sistema Android, l'altro è con IOS.

谐音 科耶斯哆 耶 空 衣了 斯斯爹骂 安卓 辣了的落 耶 空 艾欧斯

kuesdo e kon ile sisdeima anzuo laledelo e kon ios

你觉得哪个牌子的更好？

Quale marca pensi sia meglio?

谐音 跨咧 骂了卡 笨西 西阿 灭衣哦

kualie maleka bensi xia mieyio

保修服务

保修期是多久？

Quanto dura la garanzia?

谐音 况哆 渡啦 啦 嘎浪鸡啊

kuangdo dula la galangjia

这个相机在担保期内。

La fotocamera è in garanzia.

谐音 啦 佛哆卡咩辣 耶 应 嘎浪鸡啊

la fodokamiela e ying galangjia

保修期为 2 年。

La garanzia è valida per 2 anni.

谐音 啦 嘎浪鸡啊 耶 哇里大 呗了 嘟耶 啊你

la galangjia e valida bele due ani

这台机器仍在保修期内。

La macchina è ancora in garanzia.

谐音 啦 骂科衣呐 耶 肮扩啦 应 嘎浪鸡啊

la makina e angkola ying galangzia

保修单什么时候过期？

Quando scade la garanzia?

谐音 况哆 斯卡爹 啦 嘎浪鸡啊

kuangdo skadei la galangjia

保修期内免费。

È gratuito durante la garanzia.

谐音 耶 个啦嘟衣哆 嘟浪爹 啦 嘎浪鸡啊

e geladuyido dulangdei la galangzia

你什么时候买的？

Quando l'hai comprato?

谐音 况哆 赖 空不辣哆

kuangdo lai konbulado

这是发票和保修单。
Ecco la fattura e la ricevuta di garanzia.
谐音 耶括 啦 发渡啦 耶 啦 里且呜大 低 嘎浪鸡啊
eko la fadula e la liqievuda di galangjia

全国都有我们的维修店。
I nostri negozi del servizio sono in tutto il paese.
谐音 衣 诺斯的丽 捏过鸡 爹了 些了呜衣鸡哦 所诺 应 渡哆 衣了吧耶啧
yi nosdeli negoji deile selevijio sono ying dudo yile baeze

挑选家具

我想买一台空调。
Voglio comprare un condizionatore d'aria.
谐音 握衣哦 空不辣咧 翁 空地鸡哦那多咧 大里啊
voyio konbulalie ong kongdijionadolie dalia

这款洗衣机是全自动的还是半自动的?
Questa lavatrice è automatica o semi-automatica?
谐音 哭耶斯哒 啦哇的丽且 耶 凹哆骂低咔 哦 些咪凹哆骂低卡
kuesda lavadeliqie e aodomadika o semi aodomadika

海尔品牌的产品怎么样?
Come sono i prodotti di Haier?
谐音 括咩 所诺 衣 不咯多低 低 海尔
komie sono yi bulododi di haier

这床垫很结实。

Questo materasso è molto resistente.

谐音 哭耶斯哆 骂爹辣所 耶 摸了哆 咧西斯扽爹

kuesdo madeilaso e moledo liexisdendie

我要买一套客厅家具。

Devo comprare un serio di mobile di soggiorno.

谐音 爹喔 空不辣咧 翁 谢里哦 低 默逼咧 低 所鸡哦了诺

deivo knbulalie ong selio di mobilie di sojioleno

宜家的家具贵吗?

I mobili IKEA sono molto costosi?

谐音 衣 默逼里 爱科耶啊 所诺 摸了哆 括斯舵西

yi mobili aikea sono moledo kosdosi

它的书架太狭小了，而且形状也太奇怪了。

Gli scaffali sono stretti e di una forma strana.

谐音 衣 斯卡发狸 所诺 斯的咧低 耶 低 呜呐 佛了骂 斯的辣呐

yi skafali sono sdeliedi e di wuna folema sdelana

送货上门

我们对此区域提供免费送货服务。

Offriamo servizio gratuito di consegna all’interno di questa regione.

谐音 哦夫丽啊摸 些了呜衣鸡哦 个啦嘟衣哆 低 空些你啊 啊拎爹了诺 低 哭耶斯哒 咧鸡哦捏

ofuliamo selevijio geladuyido di kongsenia alindeileno di kuesda liejione

我们只针对大宗购物送货。

Facciamo le consegne solo per grandi acquisti.

谐音 发漆啊摸 咧 空些捏 所咯 呗了 个浪低 啊溃斯地

faqiamo lie kongsene solo bele gelangdi akuisdi

配件送货上门。

Gli accessori sono consegnati a casa sua.

谐音 衣 啊切索里 所诺 空些你啊低 啊 卡咋 书啊

yi aqiesoli sono konsenadi a kaza sua

免费送货上门。

La consegna è gratuita.

谐音 啦 空些你啊 耶 个啦嘟衣哒

la konsenia e geladuyida

保证 48 小时内送货到家。

Entro le 48 ore la consegna a domicilio è garantita.

谐音 恩的落 咧夸浪哆哆 哦咧 啦 空些你啊 啊 哆咪气里哦 耶 嘎浪地哒

endelo lie qualangdodo olie la konsenia a domiqilio e galandida

我们可以把它送到您府上。

Siamo in grado di consegnarlo a casa sua.

谐音 西啊摸 应 个辣哆 低 空些你啊了咯 啊 卡咋 书啊

siamo ying gelado di kongsenialelo a kaza sua

请填一下这张送货单好吗？

Può compilare questo ordine di consegna?

谐音 波 空不丽啊咧 哭耶斯哆 哦了低捏 低 空谢你啊

bo konbilalie kuesdo oledine di konsenia

你们能在后天送到吗？

Potete consegnarlo dopo domani?

谐音 波跌爹 空些你啊了咯 舵波 哆骂你

bodeidei konsenialelo dobo domani

请把这张桌子送到我办公室好吗？

Può consegnare la scrivania nel mio ufficio?

谐音 波 低 空些你啊咧 啦 斯科丽哇你啊 捏了 咪哦 呜夫衣漆哦

bo kongsenalie la sklivania nele mio ufiqio

商品位置

冷冻食品部门在哪里?

Dove si trova la sezione di alimenti surgelati?

谐音 哆呜耶 西 的落哇 啦 些鸡哦捏 低 啊里闷低 苏了觉辣低

dove si delova la sejione di alimendi sujueladi

你知道哪儿能买到做中国饭菜的配料吗?

Dove posso comprare gli ingredienti per fare il cibo cinese?

谐音 哆呜耶 钵所 空不辣咧 衣 应个咧低恩低 呗了 发咧 衣了 气波 漆捏啧

dove boso konbulalie yi yinggeliediendi bele fale yile qibo qineze

沿着过道走下去，在你左手处。

Prosegui lungo la galleria, laggiù alla tua sinistra.

谐音 不咯谢贵 隆过 啦 嘎咧里啊 啦就 啊啦 嘟啊 西你斯的辣

bulosegui longgo la galielia lajiu alla dua xinisdela

乳制品在哪儿?

Dove sono latticini?

谐音 哆呜耶 所诺 拉低气你

dove sono ladiqini

就在你身后的货架上。

Sono sullo scaffale proprio dietro di te.

谐音 所诺 苏咯 斯卡发咧 不咯不丽哦 低耶的落 低 爹

sono sulo skafalie bulobulio diedeo di dei

购物篮 / 车

还有多的购物车吗?

Ci sono altri carrelli della spesa?

谐音 漆 所诺 啊了的丽 卡咧里 爹啦 斯呗咋

qi sono aledeli kalieli deila sbeza

推个推车。

Prendo uno di questi carrelli.

谐音 不认哆 呜诺 低 哭耶斯地 卡列里

bulendo wuno di kuesdi kalieli

我需要一个购物篮。

Ho bisogno di un carrello.

谐音 哦 逼做你哦 低 翁 卡咧咯

o bizuonio di ong kalielo

购物车在入口处。

Il carrello della spesa è all'ingresso.

谐音 衣了卡咧咯 爹啦 斯呗咋 耶 啊拎哥咧所

yile kalielo deila sbeza e alingelieso

标价存货

一磅香蕉多少钱？

Quanto costa un chilo di banane?

谐音 况哆 括斯哒 翁 科衣咯 低 吧呐聂

kuangdo kosda ong kilo di banane

包装袋上有价钱。

Il prezzo è sulla confezione.

谐音 衣了 不咧做 耶 苏啦 空飞机哦捏

yile buliezo e sula konfejione

鸡蛋按打卖。

Le uova sono vendute a dozzine.

谐音 咧 呜哦哇 所诺 问嘟爹 啊 哆机捏

lie uova sono vendudei a dojine

这种商品还有存货吗？

Avete più di questo articolo in magazzino?

谐音 啊呜耶爹 逼悠 低 哭耶斯哆 啊了弟括咯 应 麻尬机诺

avedei biou di kuesdo aledikolo ying magajinuo

已经脱销了。

È disponibile ora.

谐音 耶 低斯波腻逼咧 哦啦

e disbonibilie ola

这上面没有标价。

Non c'è il prezzo su questo articolo.

谐音 弄 切 衣了 不咧做 苏 哭耶斯哆 啊了弟括咯

nong qie yile buliezo su kuesdo aledikolo

你能把价格表给我看一下吗？

Mi può mostrare il prezzo?

谐音 咪 钵 莫斯的辣咧 耶了 不咧做

mi bo mosdelalie ile buliezuo

食物称重

请来两三公斤。

Due o tre chili, per favore.

谐音 嘟耶 哦 的咧 科衣里 呗了 发喔咧

due o delie kili bele favolie

你能称一下这个吗？

Puoi pesare questo?

谐音 不哦衣 呗咋咧 哭耶斯哆

buoyi pezalie kuesdo

这肉有多重？

Quanto pesa questa carne?

谐音 况哆 呗咋 哭耶斯哒 卡了捏

kuangdo besa kuesda kalene

一公斤 2 元。

Ogni chilogrammo costa 2 yuan.

谐音 哦你 科衣咯哥辣摸 括斯哒 嘟耶 元

oni kilogelamo kosda due yuan

称两公斤西红柿。
Due chilogrammi di pomodori, per favore.
谐音 嘟耶 科衣咯哥辣咪 低 波摸哆里 呗啦 发我咧
due kilogelami di bomodoli bele favolie

秤准吗？
la bilancia è accurata?
谐音 啦 逼浪恰 耶 啊哭辣哒
la bilangqia e akulada

售后服务

你们提供哪种售后服务？
Che tipo di servizio post-vendita offrite?
谐音 科耶 低波 低 些了呜衣鸡哦 剖斯特问低哒 哦夫丽爹
ke dibo di selevijio poste vendida ofulidei

你们的售后服务是免费的吗？
È gratuito il servizio post-vendita?
谐音 耶 个啦嘟衣哆 衣了 些了呜衣鸡哦 剖斯特问低哒
e geladuyido yile selevijio poste vendida

我们提供全面的售后服务。
Forniamo un servizio completo post-vendita.
谐音 佛了你啊摸 翁 些了呜衣鸡哦 空不咧哆 剖斯特问低哒
foleniamo ong selevijio konbuliedo poste vendida

过了保修期的产品返修要收多少钱？
Quanto costa se il prodotto è fuori il periodo di garanzia?
谐音 况哆 扩四哒 些 衣了 不咯哆哆 耶 夫哦里 衣了 呗丽哦哆 低 嘎浪鸡啊
kuangdo kosda se yile bulododo e fuoli yile beliodo di galangjia

做做头发

我想染头发。

Voglio tingere i miei capelli.

谐音 我衣哦 订觉咧 衣 咪耶衣 卡呗丽

voyio dinjuelie yi miei kabeli

请给我一个颜色表看看。

Mostrami un grafico di colori, per favore.

谐音 摸死的辣咪 翁 个辣夫衣括 低 括咯丽 呗了 发喔咧

mosdelami ong gelafiko di kololi bele favolie

我想染成棕色。

Vorrei che i miei capelli siano tinti di marrone.

谐音 我累 科耶 衣 咪耶衣 卡呗丽 西阿诺 订低 低 吗咯捏

volei ke yi miei kabeli xianuo dindi di malone

染后需要注意些什么？

Ci sono dei suggerimcnti per i miei capelli dopo la tintura?

谐音 漆 所诺 爹衣 苏觉里闷低 呗了 一 咪耶衣 卡呗丽 哆钵 啦 订渡啦

qi sono deiyi sujuelimendi bele yi miei kabeli dobo la dindula

你想剪什么发型？

Che stile vuoi?

谐音 科耶 斯弟咧 呜哦衣

ke sdilie vuoyi

我想换个新发型。

Mi piacerebbe provare un nuovo stile.

谐音 咪 逼啊切咧呗 不咯哇咧 翁 怒哦喔 斯弟咧

mi biaqieliebe bulovalie ong nuovo sdilie

你的吹风机太热了，能调一下吗？
L'asciugacapelli è troppo caldo, puoi regolarlo?
谐音 啦些嘎卡呗丽 耶 的落波 卡了哆 不哦衣 咧锅啦了咯
laxiugakabeli e delobo kaledo buoyi liegolalelo

请按这张照片上的发型做。
Mi faccia lo stile in questa immagine.
谐音 咪 发恰 咯 斯地咧 应 哭耶斯哒 应骂鸡捏
mi faqia lo sdilie ying kuesda inmajine

我想先剪一下再烫一下。
Voglio un taglio di capelli e una permanente.
谐音 握衣哦 翁 大衣哦 低 卡呗丽 耶 呜呐 呗了骂嫩爹
voyio ong dayio di kabeli e wuna belemanendei

做做美容

我想做面部护理。
Vorrei fare una cura del viso.
谐音 喔累 发咧 呜呐 哭辣 爹了 呜衣做
volei falie wuna kula deile vizo

请帮我修一下眉毛。
La prego di tagliare le sopracciglia.
谐音 啦 不咧锅 低 哒衣啊咧 咧 所不啦气衣啊
la buliego di dayialie lie sobulaqiyia

包括面膜和按摩吗？
Include una maschera facciale e un massaggio?
谐音 应科路爹 呜呐 吗斯科耶啦 发恰咧 耶 翁 嘛撒鸡哦
yingkeludei wuna maskela faqialie e ong masajio

我想做水疗。
Mi piacerebbe ottenere un trattamento termale.
谐音 咪 逼啊切咧呗 哦爹捏咧 翁 的辣哒闷哆 爹了骂咧
mi biaqieliebe odeinelie ong deladamendo deilemalie

能帮我安排一位经验丰富的化妆师吗？

Puoi organizzare un artista con esperienza per fare il trucco?

谐音 不哦衣 哦了嘎你咋咧 翁 啊了弟斯哒 空 耶斯呗丽恩咋 呗了发咧 衣了 的路括

buoyi oleganizalie ong aldisda kon esbelienza bele falie yile deluko

美甲护甲

你要修指甲吗？

Vuoi una manicure?

谐音 呜哦衣 呜呐 吗你裤咧

Vuoyi wuna manikulie

我想修修指甲。

Mi piacerebbe avere le unghie curate.

谐音 咪 逼啊切咧呗 啊呜耶咧 咧 翁鸡耶 哭辣爹

mi biaqieliebe avelie lie ongjie kuladei

全套服务会使你的指甲看起来更漂亮而且还有折扣。

Il servizio migliora l'aspetto delle unghie e inoltre c'è anche uno sconto.

谐音 衣了 些了乌衣机哦 米衣哦拉 拉斯呗多 爹咧 翁机耶 耶 衣诺了的列 切 盎可耶 乌诺 斯空多

yile xielewuyijio miyiola lasbeduo dielie ongjie ye yinuoledelie qie angke wuno skonduo

我想在脚趾甲上涂指甲油。

Voglio tingere le mie unghie dei piedi.

谐音 握衣哦 定觉咧 咧 咪耶 翁鸡耶 爹耶 逼耶低

voyio dinjuelie lie mie ongjie deiyi biedi

爱意萌生

她真是可爱。

Lei è così carina.

谐音 类 耶 括鸡 卡丽捏

lei e koji kalina

我想我爱上他了。

Penso di essere innamorata di lui.

谐音 笨所 低 耶些咧 应那摸辣哒 低 路衣

benso di eselie yingnamolado di luyi

我对你一见钟情。

Mi sono innamorato di te a prima vista.

谐音 咪 所诺 应那摸辣哆 低 爹 啊 不丽嘛 呜衣斯大

mi sono yingnamolado di dei a bulima visda

你一直想着她吗？

Pensi a lei tutto il tempo?

谐音 本西 啊 类 嘟哆 衣了 扽波

bensi a lei dudo yile denbo

我很喜欢你。

Mi piace molto.

谐音 米 逼阿切 摸了哆

mi biaqie moleduo

深情表白

做我的女朋友好吗？

Vuoi essere la mia ragazza?

谐音 呜哦衣 耶些咧 啦 咪啊 啦嘎咋

vuoyi eselie la mia lagaza

请给我一个爱你的机会。
Per favore mi dia la possibilità di amarti.
谐音 呗了 发喔咧 咪 低啊 啦 波西逼里大 低 啊骂了低
bele favolie mi dia labosibilida di a maledi

我爱你！
Ti amo!
谐音 低 啊摸
di amo

我爱你都爱疯了。
Ti amo da impazzire.
谐音 低 啊摸 哒 应吧鸡咧
diamo da yingbajilie

你是我的爱人。
Sei mio amore.
谐音 些 咪哦 啦默咧
seyi mio amolie

约会交往

可以邀请你去看电影吗？
Posso Invitarti fuori a guardare un film?
谐音 钵所 应呜衣啊了低 夫哦里 啊 瓜了大咧 翁 夫衣了咩
boso yingvialedi fuoli a gualedalie ong filemie

出去吃个饭好吗？
Ti piacerebbe andare a cena?
谐音 地 逼啊切咧呗 肮大咧 啊 切呐
di biaqieliebe angdalie a qiena

我能和你约会吗？
Posso avere un appuntamento con te?
谐音 钵所 啊呜耶咧 翁 啊崩哒闷哆 空 爹
boso avelie ong abondamendo kon dei

我很高兴和你约会。
Mi piacerebbe uscire con te.
谐音 咪 逼啊切咧呗 呜续咧 空 爹
mi biaqieliebe wuxulie kon dei

我可以牵你的手吗?
Posso tenerti la mano?
谐音 钵所 爹捏了低 啦 骂诺
boso dienieledi la mano

甜言蜜语

没有你我活不下去。
Non posso vivere senza di te.
谐音 弄 钵所 呜衣呜耶咧 肾咋 低 爹
non boso vivelie shenza di dei

我的心里只有你。
Nel mio cuore ci sei solo tu.
谐音 捏了 咪哦 扩咧 漆 些衣 搜咯 渡
nele mio kolie qi seyi solo du

你是第一个让我如此心动的人。
Tu sei la prima persona che fa battere il mio cuore in questo modo.
谐音 嘟 些衣 啦 不丽啊 崩了所呐 科耶 发 吧爹咧 衣了 咪哦 扩咧 应 哭耶斯哆 默哆
du seyi la bulima belesona ke fa badeilie yile mio kolie ying kuesdo modo

你在我眼里是最美的。
Ai miei occhi, tu sei la più bella creatura.
谐音 啊衣 咪耶衣 哦科衣 渡 些衣 啦 逼悠 呗啦 科咧啊渡啦
ayi mieyi oki du seyi la biou bela kelieadula

我会一直陪在你身边。

Voglio stare per sempre al tuo fianco.

谐音 握衣哦 斯大咧 呗了 肾捕猎 啊了 嘟哦 夫衣肮扩

voyio sdalie bele shen bule ale duo fiangko

你的笑容让我着迷。

Il tuo sorriso mi rapisce.

谐音 衣了 嘟哦 所丽做 咪 啦毕学

yile duo solizo mi labixue

你偷走了我的心。

Tu mi hai rubato il cuore.

谐音 渡 咪 啊衣 路爸哆 衣了 括咧

du mi ayi lubado yile kolie

跟你在一起的时候好开心。

Quando sto con te, sono troppo felice.

谐音 况哆 是哆 空 爹 所诺 的落波 飞丽且

kuangdo sdo kon dei sono delobo feliqie

让我们一起慢慢变老。

Voglio pian piano invecchiare con te.

谐音 握衣哦 逼盎 逼啊诺 应呜耶科衣啊咧 空 爹

voyio biang biano yingvekialie kon dei

我爱上你了。

Mi sono innamorato di te.

谐音 咪 所诺 应那摸辣哆 低 爹

mi sono yingnamolado di dei

我爱你直到地老天荒。

Ti amo fino alla fine dei tempi.

谐音 低 啊摸 夫衣诺 啊啦 夫衣捏 爹衣 扽逼

di amo fino ala fine deiyi denbi

因为有你，我的生命充满了希望。

A causa di te, la mia vita è piena di speranza.

谐音 啊 靠咋 低 爹 啦 咪啊 呜衣哒 耶逼耶呐 低 斯呗浪咋

a kaoza di te la mia vida e biena di sbelangza

6 感情世界

你使我的生命更完整。

Tu mi completi.

谐音 渡 咪 空不咧低

du mi konbuliedi

如果你需要我，我会在这等候。我一直会在你左右。

Se hai bisogno di me, io sono qui per te. Io sono dalla tua parte.

谐音 些 啊衣 逼做你哦 低 灭 衣哦 所诺 溃 呗了 爹 衣哦 所诺 哒 啦 嘟啊 爸了爹

se ayi bizonio di mie yio sono kui bele dei yio sono dala dua baldei

争吵分手

你还在生我的气吗？

Sei ancora arrabbiato con me?

谐音 些衣 肮扩啦 啊啦逼啊哆 空 灭

seyi angkola alabiado kon mie

我们不如分手算了。

Possiamo anche lasciarci.

谐音 波西啊摸 肮科耶 拉虚阿了气

bosiamo angke laxualeci

和你分手是我最大的痛苦。

La rottura è difficile da fare.

谐音 啦 咯渡啦 耶 低夫衣气咧 哒 发咧

la lodula e difiqilie da falie

他偷偷和别人约会。

Ha un appuntamento segreto con un'altra.

谐音 啊 翁 阿崩哒闷哆 些个咧哆 空 翁阿了的辣

a ong abondamenduo segeliedo kon ongaledela

我想和你分手。

Io voglio rompere con te.

谐音 衣哦 握衣哦 隆呗咧 空爹

yio voyio ronbelie kon dei

和你在一起没意思。

Non mi piace stare con te.

谐音 弄 咪 逼啊切 斯大咧 空 爹

nong mi biaqie sdalie kon dei

我们在一起已经没有意思了。

Non abbiamo più alcun divertimento.

谐音 弄 啊逼啊骂 逼悠 啊了空 低呜耶了低闷哆

nong abiamo biou alekon diveledimendo

我发誓我再也不这样做了。

Faccio una solenne promessa di non farlo di nuovo.

谐音 发漆哦 呜呐 所咧捏 不咯灭撒 低 弄 发了咯 低 怒哦喔

faqio wuna soliene bulomiesa di nong falelo di nuovo

亲爱的，不要那样对我。求你再给我一次机会吧！

Non farlo a me, amore. Dammi una possibilità, per carità!

谐音 弄 发了咯 啊 灭 啊默咧 大米 呜呐 波西逼里大 呗了 卡丽大

nong falelo a mie amolie dami wuna bosibilida belo kalida

浪漫求婚

无论以后发生什么，我都会像现在这样爱你。

Qualunque cosa arriva, ti amo, proprio come faccio ora.

谐音 夸龙哭耶 括咋 啊丽哇 低 啊摸 不咯不里欧 括咩 发漆哦 哦啦

kualonkue koza aliva di amo bulobolio komie faqio ola

你愿意做我老婆吗？

Vuoi essere mia moglie?

谐音 呜哦衣 耶些咧 咪啊 默衣耶

wuoyi eselie mia moyie

你就是我的世界。

Tu sei il mondo per me.

谐音 渡 些衣 衣了 梦多 呗了 咩

du seyi yile mondo bele mie

我不能没有你。

Non posso vivere senza di te.

谐音 弄 钵所 呜衣呜耶咧 肾咋 低 爹

nong boso vivelie shenza di dei

嫁给我好吗？

Vuoi sposarmi adesso?

谐音 呜哦衣 斯波炸了咪 啊爹所

vuoyi sbozalemi adeiso

我想请你嫁给我。

Ti sto chiedendo di sposarmi.

谐音 低 斯哆 科衣耶扽哆 低 斯波炸了咪

di sdo kiedendo di sbozalemi

我们结婚吧。

Sposiamoci.

谐音 斯波鸡啊摸漆

sbojiamoqi

我想和你分享我以后的生活。

Voglio condividere il resto della mia vita con te.

谐音 握衣哦 空地呜衣爹咧 衣了 咧斯哆 爹啦 咪啊 呜衣哒 空 爹

voyio kondivideilie yile liesdo deila mia vida kon dei

你是世界上唯一让我想娶 / 嫁的人。
Tu sei l'unico al mondo che voglio sposare.
谐音 渡 谢衣 路你括 啊了 梦多 科耶 握衣哦 斯波炸咧
du seyi luniko ale mondo ke voyio sbozalie

接受求婚

我愿意。
Mi piacerebbe.
谐音 咪 逼啊切咧呗
mi biaqieliebe

我的答案是我愿意。
La mia risposta è si.
谐音 啦 咪啊 里斯博斯哒 耶 细
la mia lisbosda e xi

我愿意。
Sì.
谐音 细
xi

我一直期待着这一刻的到来。
Ho aspettato questo momento.
谐音 哦 啊斯呗大哆 哭耶斯哆 摸闷哆
o asbedado kuesdo momendo

我愿今生今世和你在一起。
Voglio condividere il resto della mia vita con te.
谐音 握衣哦 空地呜衣爹咧 衣了 咧斯哆 爹啦 咪 啊 呜衣哒 空 爹
voyio kondivideilie yile liesdo deila mia vida kon dei

我愿意与你一起变老。
Voglio invecchiare insieme a te.
谐音 握衣哦 应呜耶科衣啊咧 啊 爹
voyio yingvekialie yingsieme a dei

我愿意和你结婚。
Ti sposerò.
谐音 低 斯波啧咯
di sbozelo

拒绝求婚

对不起，我还没准备好。
Mi dispiace, non sono pronta.
谐音 咪 低斯逼啊切 弄 所诺不 龙大
mi disbiaqie nong sono bulonda

我还没准备好结婚。
Non sono ancora pronta per una vita coniugale.
谐音 弄 所诺 肮扩啦 不龙大 呗了 呜呐 呜衣哒 括妞嘎咧
nong sono angkola bulonda bele wuna vida koniugalie

我配不上你。
Io non sono abbastanza buona per te.
谐音 衣哦 弄 所诺 啊爸斯当咋 不哦那 呗了 爹
yio nong sono abasdangza buona bele dei

我们不般配。
Non siamo fatti l'una per l'altro.
谐音 弄 西啊摸 发低 路那 呗了 辣了的路
nong siamo fadi luna bele laledelo

我还不想结婚。

Io non voglio ancora essere sposata.

谐音 衣哦 弄 握衣哦 肮扩啦 耶些咧 斯波咋哒

yio nong voyio angkola eselie sbozada

我不想受到束缚。

Non voglio essere limitata.

谐音 弄 握衣哦 耶些咧 里咪大哒

nong voyio eselie limidada

婚礼现场

谁是伴娘啊?

Chi è damigella d'onore?

谐音 科衣 耶 哒咪觉辣 哆诺咧

ki e damijuela donolie

婚礼上不知是谁把简交给新郎呢?

Chi sta per dare Jane allo sposo?

谐音 科衣 斯哒 大咧 简 啊咯 斯波炸哆

ki s da bele dalie jian alo sposo

礼物登记处在哪儿?

Dov'è la registrazione di regalo?

谐音 哆呜耶 啦 咧鸡斯的辣鸡哦捏 低 咧嘎咯

dove la liejisdelajione di liegalo

婚礼上的新郎穿着漂亮的黑色无尾礼服。

Lo sposo indossava un bel smoking nero al matrimonio.

谐音 咯 斯钵做 应哆撒哇 翁 呗了 斯牟科应 捏咯 啊了 嘛的丽默腻哦

lo sbozo yingdosa ong bele smoking nelo ale madelimonio

谁能接到新娘抛出的花束谁就会是下一个结婚的人。

La persona che prende il fiore della sposa sarà il prossimo a sposarsi.

谐音 啦 呗了所呐 科耶 不冷爹 衣了 夫衣哦咧 爹啦 斯钵咋 撒啦 衣了 不咯西摸 啊 斯波炸了西

la belesona ke bulendei yile fiolie deila sboza sala yile bulosimo a sbozalesi

恭祝新郎新娘恩爱幸福，白头偕老。

Auguri per la sposa e lo sposo, amore e felicità sempre.

谐音 凹故里 呗了 啦 斯钵咋 耶 咯 斯钵做 啊默咧 耶 飞丽漆大 肾不咧

aogu i bele la sboza e lo sbozo amolei e feliqida shenbulie

幸福婚姻

你婚后生活怎么样？

Com'è la tua vita di coppia?

谐音 括咩 啦 嘟啊 呜衣哒 低 括逼啊

komie la dua vida di kobia

和你结婚后我一直很幸福。

Sono sempre molto felice da quando ti ho sposato.

谐音 所诺 肾不咧 摸了哆 飞丽且 哒 况哆 低 哦 斯波炸哆

sono shenbulie moledo feliqie da kuangdo di o sbozado

我觉得我是世界上最幸福的男人。

Credo di essere l'uomo più felice del mondo.

谐音 科咧哆 低 耶些咧 路哦摸 逼悠 飞丽且 爹了 梦多

kliedo di eselie luomo biou feliqie deile mondo

和你结婚我一点都不后悔。

Prendo nessun rimpianto di sposarti.

谐音 不认哆 捏送 拎逼盎哆 低 斯波炸了低

bulendo nesong linbiangdo di sbozaledi

为你们长久幸福的婚姻干杯。
Salute per il vostro matrimonio lungo e felice.
谐音 撒路爹 呃了 衣了 握斯的落 嘛的丽默腻哦 龙过 耶 飞丽且
saludei pele yile vosdelo madelimonio longo e feliqie

他们 60 年的婚姻是一个长期的蜜月。
I loro 60 anni di matrimonio è stata una lunga luna di miele.
谐音 衣 落落 些桑哒啊你 低 嘛的丽默腻哦 耶 斯大大 呜呐 龙嘎路呐 低 咪耶咧
yi lolo sesangda ani di madelimonio e sdada wuna longa luna di mielie

不幸婚姻

我们俩合不来了。
Noi non andiamo d'accordo.
谐音 诺衣 弄 肮低啊摸 哒括了哆
noyi nong angdiamo dakoledo

我和我妻子分居了。
Sono separata da mio marito.
谐音 索诺 些吧辣哒 哒 咪哦 麻丽多
sono sebalada da mio marito

越来越糟。
Sta andando in peggio.
谐音 斯哒 肮当哆 应 呗鸡哦
sda angdangdo ying bejio

我们常吵架。
Litighiamo sempre.
谐音 里低鸡啊摸 肾不咧
lidijiamo shenbulie

我老婆有外遇。
Mia moglie ha un altro.
谐音 咪啊 摸衣耶 啊 翁 啊了的落
mia moyie a ong aledelo

我们离婚吧。
Divorziamoci.
谐音 低喔了鸡啊摸漆
divolejiamoqi

我真后悔跟你结婚。
Mi pento di averti sposato.
谐音 咪 笨哆 低 啊呜耶了低 斯波炸哆
mi bendo di aveledi sbozado

结婚纪念

周年纪念快乐!
Buon anniversario!
谐音 不翁 啊你呜耶了撒丽哦
buong anivelesalio

明天是我们结婚 40 周年的纪念日。
Domani è il nostro 40° anniversario di matrimonio.
谐音 哆骂你 耶 衣了 诺斯的落 跨浪爹鸡摸 啊你呜耶了撒丽哦 低嘛的丽默你哦
domani e yile nosdelo kualangdeijimo anivelesalio di madelimonio

谢谢你与我共度人生。
Grazie per essere presente nella mia vita.
谐音 个辣鸡耶 呗了 耶些咧 不咧震爹 捏啦 咪啊 呜衣哒
gelajie bele eselie buliezendei nela mia vida

血浓于水

血浓于水。

Il sangue non è acqua.

谐音 衣了 桑古耶 弄 耶 啊跨

yile sanggue nong e akua

我们是一家人。

Siamo una famiglia.

谐音 西啊摸 呜呐 发密衣啊

siamo wuna famiyia

你简直是你父亲的翻版。

Sei tutto tuo padre.

谐音 些衣 嘟哆 嘟哦 爸的咧

seyi dudo duo badelie

你像你父亲。

Tu somigli a tuo padre.

谐音 渡 所密衣啊 啊 嘟哦 爸的咧

du somiyi a duo badelie

真挚友谊

那两个人友谊很深。

Questi due hanno una stretta amicizia.

谐音 哭耶斯低 嘟耶 啊诺 呜呐 斯的咧哒 啊咪气鸡啊

keuesdi ano wuna sdelieda amiqijia

他们好得不得了，已经滴血结拜了。

Sono così buoni amici che diventano fratelli di sangue.

谐音 所怒 括鸡 不哦你 啊咪气 科耶 低问大诺 夫辣爹里 低 丧古耶

Sono koji buoni amiqi ke divendano fuladeili di sanggue

患难见真情。

Un amico nel bisogno é un amico vero.

谐音 翁 啊密括 捏了 逼做你哦 耶 翁 啊咪扩 呜耶咯

ong amiko nele bizonio e ong amiko velo

我们从童年开始就一直是好朋友。

Siamo buoni amici dall'infanzia.

谐音 西啊摸 不哦你 哒拎放鸡啊

siamop buoni amiqi dalinfangjia

他是一位真正的朋友。

Lui è un amico vero.

谐音 噜一 耶 翁 啊咪扩 呜耶咯

lui e ong amiko velo

旅游咨询

有到意大利的旅游团吗?

Ci sono i gruppi di turisti per l'Italia?

谐音 漆 所诺 衣 哥路逼 低 嘟丽斯低 呗了 里大里啊

qi sono yi gelubi di dulisdi bele lidalia

请问旅游咨询中心在哪儿?

Dove si trova il centro di informazioni turistiche?

谐音 哆呜耶 西 的咯哇 衣了 欠的咯 低 应佛了嘛鸡哦你 嘟丽斯低科耶

dove si delova yile qiandelo di ying folemajioni dulisdike

你能介绍一下英国有什么名胜古迹吗?

La prego di introdurre alcuni luoghi di interesse in Inghilterra?

谐音 啦 不咧过 低 应的咯嘟咧 啊了裤你 路哦鸡 低 应的了色 应应鸡了爹啦

la buliego di yingdelodulie alekuni luoji di yingdelese ying yingjiledeila

你能帮我安排一个 10 天的旅游行程吗?

Puoi organizzare una visita di 10 giorni per me?

谐音 不哦衣 哦了嘎你咋了 呜呐 呜衣机哒 低 低耶漆 鸡哦了你呗了么

buoi oleganizale wuna vijida di dieqi jioleni bele me

能帮我安排一个旅行团吗?

Puoi organizzare un gruppo di turisti per me?

谐音 不哦衣 哦了嘎你咋了 翁 个路波 低 渡里是低 呗了 咩

buoyi oleganizale ong gelubo di dulisdi bele mie

跟团的话要多少钱？
Quant'è per il gruppo di turisti?
谐音 况爹 呗了 衣了 个路波 低 渡里斯低
kuangdei bele yile gelubo di dulisdi

你推荐哪个旅游项目？
Che gruppo mi consigli?
谐音 科耶 个路波 咪 空细衣
ke gelubo mi konsiyi

团费包括机票和住宿费吗？
È inclusa la spesa di biglietti aerei e alloggi?
谐音 耶 应科路咋 啦是呗咋 低逼衣耶低 啊耶累 耶 啊咯鸡哦
e yingkeluza la sbeza di biyiedi aelei e aloji

我能看一下旅游合同吗？
Posso vedere il contratto di viaggio?
谐音 钵所 呜耶爹咧 衣了 空的辣多 低 呜衣啊鸡哦
boso vedeile yile kondeladuo di viajio

出行计划

我想制订个旅行计划。
Voglio fare un itinerario di viaggi.
谐音 握衣哦 发咧 翁 衣低捏啦里哦 低 呜衣啊鸡
voyio falie ong yidinelalio di viaji

我希望这次放假能出国玩。
Spero di andare all'estero durante la vacanza.
谐音 斯呗咯 低 肮大咧 啊咧斯爹咯 嘟浪爹 啦 哇抗咋
sbelo di angdalie aliesdeilo dulangdei la vakangza

你这次假期打算去哪儿玩呢？

Dove pensi di andare questa vacanza?

谐音 哆呜耶 笨西 低 航大咧 奎耶是哒 哇抗咋

dove bensi di angdalie kuesda vakangza

他正准备去英国。

Sta per l'Inghilterra.

谐音 斯哒 呗了 拎鸡了爹啦

sda bele linjiledeila

你放多久的假？

Quanto tempo è la tua vacanza?

谐音 况哆 扽波 耶 啦 嘟啊 哇抗咋

kuangdo denbo e la dua vakangza

你这次旅行的预算有多少？

Quant'è il tuo bilancio di viaggio?

谐音 况爹 衣了 嘟哦 逼浪漆哦 低 呜衣啊鸡哦

kuangdei yile duo bilangqio di viajio

我想试试自己一个人旅行。

Voglio avere un viaggio indipendente.

谐音 握衣哦 啊呜耶咧 翁 呜衣啊鸡哦 应低奔扽爹

voyio avelie ong viajio yingdibendendei

我想去哪儿玩玩。

Mi piacerebbe andare da qualche parte.

谐音 咪 逼啊切咧呗 航大咧 哒 夸了科耶 爸了爹

mi biaqieliebe angdalie da kualeke baledei

办理护照

去哪儿能申请护照？

Dove posso richiedere il passaporto?

谐音 哆呜耶 钵所 里科衣耶爹咧 衣了 吧撒钵了哆

dove boso likiedeilie yile basaboledo

你有护照吗？
Hai un passaporto?
谐音 啊衣 翁 吧撒钵了哆
ayi ong basaboledo

办理护照一般需要多长时间？
Quanto tempo ci vuole per fare il passaporto?
谐音 况哆 扽波 漆 呜哦咧 呗了 发咧 衣了 吧撒钵了哆
kuangdo denbo qi vuolie bele falie yile basaboledo

请填写这张申请表。
La prego di compilare questo modulo.
谐音 啦 不咧锅 低 空逼啦咧 哭耶是哆 摸渡咯
la buliego di konbilalie kuesdo modulo

一般不超过十四个工作日。
Di solito il tempo di lavoro sarà inferiore a 14 giorni lavorativi.
谐音 低 所里哆 衣了 扽波 低 啦握咯 撒啦 应飞丽哦咧 啊 夸舵了低漆 鸡哦了你 拉握拉地呜衣
di solido yiledenbo di lavolajione sala yingfeliolei a kuadolediqi jioleni lavoradivi

你需要提供个人身份证和两张证件照。
Devi fornire la tua carta d'identità e due foto del certificato.
谐音 爹呜衣 佛了腻咧 啦 嘟啊 卡了哒 低扽低大 耶 嘟耶 佛哆 爹了 切了低夫衣卡多
deivi folenilie la dua kaleda didendida e due fodo deile qieledifikado

请问如何办理护照加急？
Come posso fare se ho bisogno di un passaporto urgente?
谐音 括咩 钵所 发咧 些 哦 逼做你哦 低 翁 吧撒钵了哆 呜了娟爹
komie boso falie se o bizonio di ong basaboledo ulejuandei

办护照麻烦吗？
È complicato richiedere il passaporto?
谐音 耶 空不丽卡哆 里科衣耶爹咧 衣了 吧撒钵了哆
e konbulikado likiedeilie yile basaboledo

护照的有效期是多久？
Quanto è lungo il periodo di validità di un passaporto?
谐音 况哆 耶 隆过 衣了 呗丽哦哆 低 哇里低大 低 翁 吧撒钵了哆
kuangdo e longo yile beliodo di validida di ong basaboledo

我们这儿能拍证件照。
Abbiamo un servizio di fototessera qui.
谐音 啊逼啊摸 翁些了呜衣鸡哦 佛多爹些拉 溃
abiamo ong selevijio di foduodiexiela kui

申请签证

您想申请哪一类的签证？
Quale tipo di visto hai intenzione di richiedere?
谐音 跨咧 弟波 低 呜衣斯哆 啊衣 应扽鸡哦捏 低 里科耶耶爹咧
kualie dibo di visdo ayi yingdenjione di likiedeilie

我想申请旅行签证。
Voglio fare domanda per un visto di viaggio.
谐音 握衣哦 发咧 哆芒哒 呗了 翁 呜衣斯哆 低 呜衣啊鸡哦
voyio falie domangda bele ong visdo di viajio

我有旅游签证。
Ho il visto turistico.
谐音 哦 衣了 呜衣斯哆 嘟丽斯地括
o yile visdo dulisdiko

我什么时候能拿到签证？
Quando posso ottenere il mio visto?
谐音 况哆 钵所 哦爹聂咧 衣了 咪哦 呜衣斯哆
kuangdo boso odeinielie yile mio visdo

你打算在那停留多久？
Quanto starai là?
谐音 况哆 斯哒辣衣 辣
kuang do sdalayi la

你的申请资料是否正确属实？
È la tua applicazione corretta e veritiera?
谐音 耶 啦 嘟啊 啊不丽卡机哦捏 括咧哒 耶 呜衣里低耶啦
e la dua abulikajione kolieda e velidiela

我想申请商务签证。
Mi piacerebbe fare domanda per un visto d'affari.
谐音 咪 逼啊切咧呗 发咧 哆芒哒 呗了 翁 呜衣斯哆 哒发狸
mi biaqieliebe falie domangda bele ong visdo dafali

你知道怎么申请去英国的签证吗？
Sai come fare domanda per un visto per l'Inghilterra?
谐音 撒衣 括咩 发咧 哆芒哒 呗了 翁 呜衣斯哆 呗了 拎鸡了爹啦
sayi komie falie domangda bele ong visdo bele linjiledeila

你为什么想去英国？
Perché vuoi andare in Inghilterra?
谐音 呗了科耶 呜哦衣 肮大咧 应 应鸡了爹啦
beleke vuoyi angdalie ying yingjiledeila

你需要电话预约签证面试。
È necessario fissare un appuntamento per telefono e aspettare per l'intervista.
谐音 耶 捏切撒丽哦 夫衣撒咧 翁 啊崩哒闷哆 呗了 爹咧佛诺 耶 啊斯呗大咧 呗了 拎爹了呜衣斯哒
e neqiesalio fisalie ong abondamendo bele deiliefono e asbedalie bele lindeilevisda

请告诉我你的护照号。

Posso avere il tuo numero di passaporto.

谐音 波所 啊呜耶咧 衣了 嘟哦 怒咩咯 低 吧撒钵了哆

boso avelie yile duo numielo di basaboledo

你知道怎么延期吗?

Sai come estendere il mio visto?

谐音 撒衣 括咩 耶斯扽爹咧 衣了 咪哦 呜衣斯哆

sayi komie esdendielie yile mio visdo

这是普通的旅游签证。

Si tratta di un visto regolare.

谐音 西 的辣哒 低 翁 呜衣斯哆 咧锅辣咧

si delada di ong visdo liegolalie

我可以申请留学签证吗?

Posso richiedere un visto per studenti?

谐音 波所 里科衣耶爹咧 翁 呜衣斯哆 呗了 斯嘟扽低

boso likiedeilie ong visdo bele sdudendi

机票事宜

有没有明天去北京的航班?

C'è un volo per Pechino domani?

谐音 切 翁 握咯 呗了 呗科衣诺 哆芒你

qie ong volo bele bekino domani

请问您能帮我预订两张 10 点的机票吗?

La prego di prenotare due posti sul volo delle 10:00?

谐音 啦 不咧锅 低 不咧诺大咧 嘟耶 钵斯地 苏了 握咯 爹咧 低耶漆

la buliego di bulienodalie due bosdi sule volo dielie dieqi

我想把我的航班改到晚上。

Mi piacerebbe cambiare il mio volo per la sera.

谐音 咪 逼啊切咧呗 康逼啊咧 衣了 咪哦 握咯 呗了 啦 谢啦

mi biaqieliebe kangbialie yile mio volo bele la sela

我可以把航班改到明天吗？

Posso cambiare il mio volo per domani?

谐音 钵所 康逼啊咧 衣了 咪哦 握咯 呗了 哆骂你

boso kangbialie yile mio volo bele domani

我什么时候能过来取机票？

Quando posso venire a ottenere il biglietto?

谐音 况哆 钵所 呜耶腻咧 啊 哦爹捏咧 衣了 逼衣耶哆

kuangdo boso venilie a odeinelie yile biyiedo

您要头等舱还是经济舱？

Vuoi la prima classe o la classe economica?

谐音 呜哦衣 啦 不丽嘛 科辣些 哦 啦 科辣些 耶括诺咪卡

vuoyi la bulima kelase o la kelase ekonomika

我查查看还有没有空位。

Vado a controllare per vedere se c'è qualche spazio lasciato.

谐音 哇哆 啊 空的落辣咧 呗了 呜衣爹咧 些 切 跨了科耶 斯吧鸡哦 啦需啊哆

vado a kondelolalie bele vedeilie se qie kualeke sbajio laxuado

你们有回程时直飞的班机吗？

Hai voli diretti per tornare?

谐音 啊衣 握里 低咧低 呗了 哆了呐咧

ayi voli di diliedi bele dolenalie

飞机票价是多少?

Qual'è il prezzo per il biglietto aereo?

谐音 跨 咧 衣了 不咧做 呗了 衣了 逼衣耶哆 啊耶咧哦

kua lie yile buliezo bele yile biyiedo aelieo

往返票要多少钱?

Quanto costa il biglietto per il viaggio di ritorno e andata?

谐音 况哆 括斯哒 衣了 逼衣耶哆 呗了 衣了 呜衣啊鸡哦 低 里哆了诺 耶 肮大哒

kuangdo kosda yile biyiedo bele yile viajio di lidoleno e angdada

我要退这张票。

Vorrei un rimborso per questo biglietto.

谐音 我累 翁 拎波了所 呗了 哭耶斯哆 逼衣耶哆

volei ong linboleso bele kueso biyiedo

我上星期预订了机票，现在我想要确认一下。

Ho fatto una prenotazione una settimana fa e voglio verificarlo ora.

谐音 哦 发哆 呜呐 不咧诺哒鸡哦捏 呜呐 些低骂呐 发 耶 握衣哦 呜耶里夫衣卡了咯 哦啦

o fado wuna bulienodajione wuna sedimana fa e voyio velifikalelo ola

学生有折扣吗?

Posso ottenere uno sconto per gli studenti?

谐音 钵所 哦爹捏咧 呜诺 斯空哆 呗了 衣 斯嘟扽低

boso odeinelie wuno skondo bele yi sdudendi

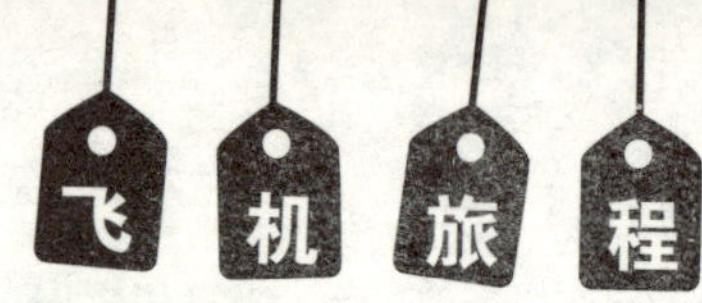

办理登机

请问什么时候开始办理登机手续?

Quando sarà il check-in?

谐音 况哆 撒啦 衣了 切克因

kuangdo sala yile quekein

您有什么东西要托运吗?

Avete qualcosa da spedire?

谐音 啊呜耶爹 跨了括咋 哒 斯呗弟咧

avedei kualekoza da sbedilie

我有两件行李要托运。

Ho due bagagli da spedire.

谐音 哦 嘟耶 吧嘎衣 哒 斯呗弟咧

o due bagayi da sbedilie

我想托运这个行李箱。

Voglio spedire questa valigia.

谐音 握衣哦 斯呗低咧 哭耶斯哒 哇丽鸡啊

voyio sbedilie kuesda valijia

多少公斤行李是免费的?

Quanti chili di bagagli sono gratis?

谐音 况低 科衣里 低 吧嘎里 所诺 哥拉低斯

kuangdi kili di bagayi sono geladis

每人 30 公斤。

30 chili ogni persona.

谐音 的认哒 科衣里 哦你 呗了所呐

delenda kili oni belesona

我有一个包，可以随身携带吗？

Ho una borsa, posso portarla con me?

谐音 哦 呜呐 钵了撒 钵所 波了哒了啦 空 灭

o wuna bolesa boso boledalela kon mie

没有液体的话，可以。

Se senza liquidi, sì.

谐音 些肾咋 丽溃低 细

set shenza likuidi si

飞机起飞前三十分钟开始登机。

L'imbarco inizia 30 minuti prima della partenza.

谐音 拎爸了括 应腻鸡啊 的认哒 咪怒低 不丽嘛 爹啦 吧了拕咋

linbaleko inijia delenda minudi bulima deila baledenza

请尽快换好登机牌。

La prego di ottenere la carta d'imbarco il più presto possibile.

谐音 啦 不咧锅 低 哦爹捏咧 啦 卡了哒 订吧了括 衣了 逼悠 不咧斯哆 波细毕咧

la buliego di odeinelie la kaleda dinbaleko yile biou buliesdo bosibilie

从 H 到 G 柜台都可以办理。

È possibile ottenere la carta d'imbarco presso qualsiasi sportello da H a G.

谐音 耶 波细逼咧 哦爹捏咧 啦 卡了哒 订吧了括 不咧所 夸了西啊西 斯波了跌咯 哒 诶 啊 鸡

e bosibilie odeinelie lakaleda dinbaleko bulieso kualesiasi sboledieo da h a ji

安全检查

安检口在哪里？

Dov'è il controllo di sicurezza?

谐音 哆呜耶 衣了 空的落咯 低 西哭咧咋

dove yile kondelolo di sikulieza

请从安检门走过去。

La prego di passare attraverso il controllo di sicurezza.

谐音 啦 不咧锅 低 吧撒咧 啊的啦呜耶了所 衣了 空的落落 低 西裤咧炸

la buliego di basalie adelaveleso yile kondeluoluo di xikulieza

我是安检员，请出示您的证件。

Io sono un agente di sicurezza, mostrami il tuo documento, per favore.

谐音 衣哦 所诺 翁 啊娟爹 低 西 哭咧咋 默斯的辣了咪 衣了 嘟哦 哆哭闷哆 呗了 发喔咧

yio sono wuna juandei di sikulieza mosdelalemi yile duo dokumendo bele favolie

请您赶快过安检，现在已经开始登机了。

La prego di affrettarsi a passare il controllo di sicurezza, ora è a bordo.

谐音 啦 不咧锅 低 啊夫咧大了西 啊 吧撒咧 衣了 空的落咯 低 西 哭咧咋 哦啦 耶 啊 钵了哆

la buliego di afuledaliedalesi a basalie yile kondelolo di sikulieza ola e aboledo

你的行李里有液体物品吗？

C'è qualcosa di liquido nel bagaglio?

谐音 切 跨了括咋 低 里溃哆 捏了 吧噶衣哦

qie kualekoza di likuido nele bagayio

请把您的行李放在安检设备上。

Metti il tuo bagaglio sullo scanner a raggi X.

谐音 灭低 衣了 嘟哦 吧噶衣哦 苏咯 斯干呢尔 啊 辣鸡 诶科斯

miedi yile duo bagayio sulo skene a laji x

请将您的随身物品放在这个篮子里。

La prego di mettere tutte le cose in questo cestino.

谐音 啦 不咧锅 低 灭爹咧 渡爹 咧 扩喷 应 哭耶斯哆 切斯递诺

la buliego di miedeilie dudei lie koze ying kuesdo qiesdino

请举起双手并转一圈。

Metta le mani su e giri intorno.

谐音 灭哒 咧 吗你 苏 耶 鸡里 应哆了诺

mieda lie mani su e jili ying doleno

请脱下鞋并解下腰带。

La prego di togliersi le scarpe e la cintura.

谐音 啦 不咧锅 低 哆衣耶了西 咧 斯卡了呗 耶 啦 亲渡啦

la buliego di doyielesi lie skalebe e la qindula

请出示您的登机牌。

La prego di mostrare la carta d'imbarco.

谐音 啦 不咧锅 低 摸斯的辣咧 啦 卡了哒 叮钵了卡

la buliego di mosdelalie la kaleda dinbaleko

机场候机

飞机会准时起飞吗?

L'aereo decolla in tempo?

谐音 辣耶咧哦 爹括啦 应 扽波

laelieo deikola ying denbo

由于技术问题，航班晚点了。

Il volo è in ritardo a causa delle ragioni meccaniche.

谐音 衣了 握咯 耶 应 里大了哆 啊 靠咋 爹咧 啦鸡哦你 咩卡你科耶

yile volo e ying lidaledo a kaoza deilie lajioni miekanike

因为下起了倾盆大雨，航班延误了。

Il volo è in ritardo a causa della pioggia grande.

谐音 衣了 握咯 耶 应 里大了哆 啊 靠咋 爹啦 逼哦鸡啊 个浪爹

yile volo e yinglidaledo a kaoza deila biojia gelangdei

祝您旅途愉快。

Buon viaggio.

谐音 不翁 呜衣啊鸡哦

buon viajio

旅客请前往 25 号门登机。

I passeggeri devono procedere alla porta 25.

谐音 衣 吧些觉里 跌我诺 不咯切跌咧 啊啦 钵了哒 问低沁哭耶

yi besejueli deivono buloqiedeilie ala boleda wendiqinkue

飞往悉尼的 123 次航班正在五号登机口登机。

Volo 123 a Sydney è ora d'imbarco all'uscita 5.

谐音 握咯 呜诺嘟耶的咧 啊 西的你 耶 哦啦 叮爸了括 啊噜续哒 沁哭耶

volo wunoduedelie a sideni e ola dinbaleko aluxuda qinkue

在飞机上

欢迎您乘坐本次航班。

Benvenuti a bordo di questo aereo.

谐音 奔呜耶怒低 啊 钵了哆 低 哭耶斯哆 啊耶咧哦

benvenudi aboledo di kuesdo aelieo

请问我的位子在哪儿?
Mi scusi, dov'è il mio posto?
谐音 咪 斯哭鸡 哆呜耶 衣了 咪哦 钵斯哆
mi skuji dove yile mio bosdo

我能跟你换个座位吗?
Posso cambiare il mio posto con te?
谐音 钵所 康逼啊咧 衣了 咪哦 钵斯哆 空 爹
boso kangbialie yile mio bosdo kon dei

抱歉，你好像坐在我的座位上了。
Scusami. Penso che tu sia seduto al mio posto.
谐音 斯裤咋咪 笨所 科耶 渡 西阿 些渡哆 阿了 咪哦 钵斯哆
skuzami benso ke du xia sedudo ale mio bosdo

卫生间现在可以使用吗?
È il bagno a disposizione adesso?
谐音 耶 衣了 爸你哦 啊 低斯波鸡鸡哦捏 啊跌所
e yile banio a disbojijione adeiso

您需要枕头吗?
Vuole un cuscino?
谐音 呜哦咧 翁 哭续诺
vuolie ong kuxuno

请确保带好您所有的物品。
La prego di essere sicuro di prendere tutti i suoi oggetti.
谐音 啦 不咧锅 低 耶些咧 西裤咯 低 不认爹咧 渡地 衣 苏哦衣 哦觉地
la buliego di eselie sikulo di bulendeilie dudi yi suoyi ojuedi

请把它放在您的座位下面。
La prego di metterla sotto il sedile.
谐音 啦 不咧锅 低 灭爹了啦 所哆 衣了 些弟咧
la buliego di miedeilela sodo yile sedilie

我想要苹果汁。

Voglio il succo di mela.

谐音 握衣哦 衣了 速括 低 灭啦

voyio yile suko di miela

我可以把座位向后调一点吗？

Posso reclinare la mia poltrona?

谐音 波所 咧科林呐咧 啦 咪啊 波了的落呐

boso liekelinalie la mia boledelona

能给我一个呕吐袋吗？

Mi può dare una borsa?

谐音 咪 钵 大咧 呜呐 钵了撒

mi bo dalie wuna bolesa

鸡肉和牛肉您想要哪个？

Cosa ti piace, pollo o manzo?

谐音 括咋 低 逼啊切 钵咯 哦 骂做

koza di biaqie bolo o mangzo

请系上安全带，收起小桌板，调直座椅靠背。

La prego di allacciare le cinture di sicurezza, bloccare il tavolino in posizione e mettere il sedile in posizione verticale.

谐音 啦 不咧锅 低 啊啦恰咧 咧 亲渡咧 低 西哭咧咋 不咯卡咧 衣了 大握丽诺 应 波鸡鸡哦呢 耶 灭爹咧 衣了 些弟咧 应 波鸡鸡哦捏 呜耶了低咔咧

la buliego di alaqialie lie qindulie di sikulieza bulokalie yile davolino ying bojijione e miedeilie yile sedilie ying bojijione veledikalie

请系好您的安全带，直到机长将安全带指示灯熄灭为止。
La prego di tenere la cintura di sicurezza allacciata fino a quando il capitano spegne il segno della cintura di sicurezza.

谐音 啦 不咧锅 低 爹捏咧 啦 亲渡啦 低 西哭咧咋 啊啦恰哒 夫衣诺 啊 况哆 衣了 卡逼大诺 斯呗你耶 衣了 谢你哦 爹啦 亲渡啦 低 西哭咧咋

la buliego di deinelie la qindula di xikulieza alaqiada fino a kuangdo yile kabidano sbenie yile senio deila qindula di sikulieza

换乘航班

我们有多长时间去转机?
Quanto tempo abbiamo per fare la coincidenza?

谐音 况哆 扽波 啊逼啊摸 呗了 发咧 啦 括应漆扽咋

kuangdo denbo abiamo bele falie la koyingqidenza

您要在香港转机。
Deve cambiare a Hong Kong.

谐音 爹呜耶 康逼啊咧 啊 红康

deive kangbialie a hong kong

麻烦问一下，转机应该去哪儿办理?
Mi scusi, mi puoi dire dove fare la coincidenza?

谐音 咪 斯哭鸡 咪 不哦衣 弟咧 哆呜耶 发咧 啦 括应漆扽咋

mi skuji mi buoyi dilie dove falie la koyingqidenza

到换乘时间了。
È il tempo per la coincidenza.

谐音 耶 衣了 扽波 呗了 啦 括应漆扽咋

e yile denbo bele la koyingqidenza

请问转乘候机室在哪儿?
Sai dov'è la sala di coincidenza?
谐音 撒衣 哆呜耶 啦 撒啦 低 括应漆拕咋
sayi dove la sala di koyingqidenza

我要转乘 10 点去纽约的航班。
Devo fare una coincidenza a New York alle 10:00.
谐音 爹喔 发咧 呜呐 括应漆拕咋 啊 纽约 啊咧 低耶漆
deivo falie wuna koyingqidenza a niuyoke alie dieqi

领取行李

这趟航班的行李都在这儿了吗?
Sono qui tutti i bagagli del volo?
谐音 所诺 溃 渡地 衣 吧嘎衣 爹了 握咯
sono kui dudi yi bagayi deile volo

你能告诉我在哪儿取行李吗?
Potrebbe dirmi dove si ritirano le valigie?
谐音 波的咧呗 弟了咪 哆呜耶 西 里低辣诺 咧 哇里鸡耶
bodeliebe dilemi dove si lidilano lie valijie

哪儿有行李推车?
Dove posso trovare un carreo?
谐音 哆呜耶 钵所 的落哇咧 翁 卡咧哦
dove boso delovalie ong kalieo

这是我的行李提取单。
Ecco la mia etichetta per il ritiro dei bagagli.
谐音 耶括 啦 咪啊 耶低科耶哒 呗了 衣了 里低落 爹衣 吧嘎衣
eko la mia edikeda bele yile lidilo deiyi bagayi

能帮我把行李拿下来吗?
Puoi darmi una mano per prendere il bagaglio?

谐音 不哦衣 大了咪 呜呐 骂诺 呗了 不认爹咧 衣了 吧嘎衣哦
buoyi dalemi wuna mano bele bulendeilie yile bagayio

我没找着我的行李。
Non riesco a trovare il mio bagaglio.

谐音 弄 里耶斯括 啊 的咯哇咧 衣了 咪哦 吧嘎衣哦
nong liesko a delovalie yile mio bagayio

还有一些没出来。
Ci sono ancora alcuni non usciti.

谐音 漆 所诺 肮扩啦 啊了哭你 弄 呜续低
qi sono angkola alekuni nong uxudi

你的行李是什么样的?
Com'è il tuo bagaglio?

谐音 括咩 衣了 嘟哦 吧嘎衣哦
komie yile duo bagayio

办理入境

现在我可以过海关了吗?
Posso passare la dogana ora?

谐音 钵所 吧撒咧 啦 哆嘎呐 哦啦
boso basalie la dogana ola

请问您此行的目的是什么?
Qual'è lo scopo della Sua visita?

谐音 跨 咧 咯 斯扩了波 爹啦 苏啊 呜衣鸡大
kua lie loskobo deila sua vijida

我可以查看您的护照吗?

Posso vedere il Suo passaporto, per favore?

谐音 钵所 呜耶爹咧 衣了 苏哦 吧撒钵了哆 呗了 发我咧

boso vedeilie yile suo basaboledo bele favolie

外国人是在这里排队吗?

Questa linea è per gli stranieri?

谐音 哭耶斯哒 丽捏啊 耶 呗了 衣 斯的啦你耶里

kuesda linea e bele yi sdelanieli

可以看一下你回国的机票吗?

Posso dare un'occhiata al tuo biglietto di ritorno?

谐音 钵所 大咧 翁 哦科衣啊大 啊了 嘟哦 逼衣耶哆 低 里哆了诺

boso dalie ongokiada ale duo biyiedo di lidoleno

你打算在这里停留多久?

Quanto tempo stai qui?

谐音 况哆 扽波 斯带 溃

kuangdo denbo sdai kui

好了，你的手续办好了。

OK, va bene.

谐音 偶可诶，哇 呗捏

ouk va bene

海关申报

请出示护照和海关申报书。

La prego di mostrare il passaporto e la carta di dichiarazione.

谐音 啦 不咧锅 低 摸斯的辣咧 衣了 吧撒钵了哆 耶 啦 卡了哒 低低科衣啊啦鸡哦捏

la buliego di mosdelalie yile basaboledo e la kaleda didikialajione

您有什么东西要申报吗?

Ha qualcosa da dichiarare?

谐音 啊 跨了扩咋 哒 低科衣啊辣咧

a kualekoza da dikialalie

烟和酒要交税吗?

Dobbiamo pagare la tassa su liquori e sigarette?

谐音 哆逼啊摸 吧嘎咧 啦 哒撒 苏 里扩里 耶 西嘎咧爹

dobiamo bagalie la dasa su likoli e sigaliedei

我可以现在重新填一份海关申报单吗?

Posso compilare un nuovo modulo di dichiarazione doganale ora?

谐音 钵所 空逼辣咧 翁 怒哦喔 摸嘟咯 低 低科衣啊啦鸡哦捏 哆嘎呐咧 哦啦

boso konbilalie ong nuovo modulo di dikialajione doganalie ola

请收好你的护照和收据。

Per favore ritiri il passaporto e la ricevuta.

谐音 呗了 发我咧 里低里 衣了 吧撒波了哆 耶 啦 里且误哒

bele fawolie lidili yile basaboledo e la liqievuda

这只是我给朋友带的纪念品。

Questi sono solo souvenir per i miei amici.

谐音 哭耶斯地 所诺 所咯 苏屋额尼尔 呗了 衣 咪耶衣 啊密漆

kuesdi sono solo suvnie bele yi mieyi amiqi

请打开一下那个行李箱。

Apra quella valigia.

谐音 啊不啦 哭耶啦 哇里鸡啊

abula kuela valijia

有需要缴税的物品吗？

C'è qualche elemento in dogana?

谐音 切 跨了科耶 耶咧闷哆 应 哆噶呐

qie kualeke eliemendo ying dogana

我们必须要没收这条烟。

Dobbiamo confiscare questa stecca di sigarette.

谐音 哆逼啊 空夫衣斯卡咧 哭耶斯哒 斯跌卡 低 西嘎咧爹

dobiamo konfiskalie kuesda sdeika di sigaliedei

乘出租车

能在十字路口那儿停一下吗？

Potresti fare una sosta presso l'incrocio?

谐音 波的咧斯低 发咧 呜呐 缩斯哒 不咧所 拎科咯漆哦

bodelieisdi falie wuna sosda bulieso linkeloqio

假如一路绿灯的话，我们能赶到的。

Dovremmo arrivare se le luci sono verdi.

谐音 哆呜咧摸 啊里哇咧 些 咧 路漆 所诺 呜耶了低

dovliemo alivalie se lie luqi sono veledi

去杭州火车站。

Stazione ferroviaria di Hangzhou, per favore.

谐音 斯哒鸡哦捏 飞咯呜衣啊丽啊 低 杭州 呗了 发我咧

sdajione felovialia di hong kong bele favolie

十分钟以后，我要一辆出租车。
Vorrei un taxi dopo dieci minuti.
谐音 握累 翁 特科西 多波 低耶漆 咪怒低
volei ong tekexi dobo dieqi minudi

您要到哪里去？
Dove va?
谐音 多呜耶 哇
dove va

您好，我需要一辆出租车。
Buongiorno, ho bisogno di un taxi.
谐音 不翁鸡哦了诺 哦 逼做你哦 低 翁 特科西
buonjioleno o bizonio di ong tekexi

你可以快点吗？我赶飞机。
Può andare più veloce? Ho fretta, devo prendere l'aereo.
谐音 钵 肮大咧 逼悠 呜耶咯切 哦 夫咧哒 爹喔 不认爹咧 啦耶咧哦
bo angdalie biou veloqie o fulieda deivo bulendeilie laelieo

我想预订一辆明天的出租车。
Vorrei prenotare un taxi per domani.
谐音 我累 不咧诺大咧 翁 特科西 呗了 哆骂你
volei bulienodalie ong tekexi bele domani

请送我到机场。
Per favore, mi porti all'aeroporto.
谐音 呗了 发喔咧 咪 钵了低 啊啦耶咯钵了哆
bele favolie mi boledi alaeloboledo

最近的出租车停靠点在哪里？
Dov'è la fermata più vicina del taxi?
谐音 哆呜耶 啦 飞了骂哒 逼悠 呜衣气呐 爹了 特科西
dove la felemada biou viqina deile tekexi

7 出国旅游

请在这里停车。
Fermi qui, per favore.
谐音 飞了咪 溃 呗了 发握咧
felemi kui bele favolie

我要付您多少钱？
Quanto Le devo pagare?
谐音 况哆 咧 爹喔 吧嘎咧
kuando lie deivo bagalie

不用找了！
Tenga il resto!
谐音 扽嘎 衣了 咧斯哆
denga yile liesdo

收据，谢谢！
La ricevuta, grazie!
谐音 啦 里且呜大 个啦鸡耶
la liqievuda gelazie

出租车站台就在左边转角处。
La stazione di taxi è proprio all'angolo della sinistra.
谐音 啦 斯哒鸡哦捏 低 特科西 耶 不咯不丽哦 啊浪锅咯 爹啦 西腻死的辣
la sdajione di tekexi e bulobulio alanggolo deila xinisdela

请带我去这个地方。
Mi porti a questo indirizzo, per favore.
谐音 咪 钵了低 啊 哭耶斯哆 应低丽做 呗了 发握咧
mi boledi a kuesdo yingdilizo bele favolie

麻烦你帮我把行李放到后备箱。
Potresti aiutarmi a mettere questa valigia nel bagagliaio.
谐音 波的咧斯地 爱悠大了咪 啊 灭爹咧 哭耶斯哒 哇里鸡啊 捏了 吧嘎衣哦
bodeliesdi aiyoudalemi a miedeilie kuesda valijia nele bagayio

多少钱?

Quanto costa?

谐音 况哆 扩斯哒

kuangdo kosda

出租车!

Taxi!

谐音 太可斯诶

tekexi

乘公交车

还有几站到终点站?

Quante fermate ci sono alla stazione terminale?

谐音 况爹 飞了骂爹 漆 苏诺 啊啦 斯哒鸡哦捏 爹了咪那咧

kuangdei felemadei qi sono ala sdazione deileminalie

最近的公交站在哪里?

Scusi, dov'è la più vicina stazione dell'autobus?

谐音 斯哭鸡 哆呜耶 啦 逼悠 呜衣气呐 斯哒鸡哦捏 爹老哆不死

skuji dove la biou viqina sdajione deilaodobus

我在哪里可以买到车票?

Dove posso comprare il biglietto?

谐音 哆呜耶 钵所 空不辣咧 衣了 逼衣耶哆

dove boso konbulalie yile biyiedo

您可以在报亭买，就在这附近。

Può comprare il biglietto in edicola, è qui vicino.

谐音 钵 空不辣咧 衣了 逼衣耶哆 应 耶弟括啦 耶 溃 呜衣气诺

bo kongbulalie yile biyiedo ying edikola e kui viqino

我要在罗马路下车。
Voglio scendere a Via Romana.
谐音 握衣哦 炫爹咧 啊 呜衣啊 咯骂呐
voyio xuandeilie a via lomana

我需要换乘吗？
Devo cambiare l'autobus?
谐音 爹喔 康逼啊咧 老哆不死
deivo kangbiale laodobus

很遗憾，您坐过站了。
Mi dispiace, ha già passato la fermata.
谐音 咪 低斯逼啊切 啊 鸡啊 吧撒哆 啦 飞了骂哒
mi disbiaqie a jia basado la felemada

去国立医院我要在哪里下车？
Dove devo scendere per l'Ospedale Nazionale?
谐音 哆呜耶 爹喔 炫爹咧 呗了 咯斯呗大咧 呐鸡哦那咧
dove deivo xuandeilie bele losbedalie najionalie

我要去圣彼得广场，要在哪一站下车？
Vorrei andare in Piazza San Pietro. A quale fermata devo scendere?
谐音 握累 肮大咧 应 逼啊咋 桑 逼耶的落 啊 跨咧 飞了骂哒 爹喔 炫爹咧
volei angdalie ying biaza sang bie delo a kualie felemada deivo xuandeilie

麻烦请问一下，去市政府坐几路车？
Scusi, per andare al comune, che autobus devo prendere?
谐音 斯哭鸡 呗了 肮大咧 啊了 括慕捏 科耶 凹哆不死 爹喔 不认爹咧
skuji bele angdalie ale komune ke aodobus deivo bulendeilie

我要在哪里换乘比较方便？
Dove posso cambiare l'autobus?
谐音 哆呜耶 钵所 康逼啊咧 涝哆不斯
dove boso kangbialie laodobus

打扰，3 路公交车是在这里坐吗？
Scusi, qui si prende l'autobus No.3?
谐音 斯哭鸡 溃 西 部认爹 涝哆不死 怒咩咯 的咧
skuji kui si bulendei laodobus numielo delie

您知道公交车什么时候来吗？
Sa quando passa l'autobus?
谐音 撒 况哆 吧撒 涝哆不死
sa kuangdo basa laodobus

3 路直接到。
Il numero 3, va diretta lì.
谐音 衣了 怒咩咯 的咧 哇 低咧哒 丽
yile numielo delie va dilieda li

乘公共汽车是否很慢？
È lento andare in autobus?
谐音 耶 认哆 肮大咧 应 凹哆不死
e lendo angdalie ying aodobus

请问这个位子有人坐吗？
Scusami. È occupato questo posto?
谐音 斯裤咋咪 耶 哦哭爸哆 哭耶斯哆 钵斯哆
skuzami e okubado kuesdo bosdo

你下一站该下车了。
Devi scendere alla fermata successiva.
谐音 爹呜衣 炫爹咧 啊啦 飞了骂哒 苏切西哇
deivi xuandeilie ala felemada suqiesiva

7 出国旅游

乘坐地铁

最近的地铁站在哪里？

Dove si trova la stazione della metropolitana più vicina?

谐音 哆呜耶 西 的落哇 啦 斯哒鸡哦捏 爹啦 咩的落波丽大呐 逼悠呜衣气呐

dove si delova la sdajione deila miedelobolidana biou viqina

这附近有地铁站吗？

C’è qualche metro vicino?

谐音 切 跨了科耶 咩的落 呜衣气诺

qie kualeke miedelo viqino

我找不到地铁口。

Non riesco a trovare l’ingresso della metropolitana.

谐音 弄 里耶斯括 啊 的落哇咧 拎哥咧所 爹啦 咩的落波丽大呐

nong liesko a delovalie lingelieso deila miedelobolidana

车票多少钱？

Quanto costa il biglietto?

谐音 况哆 括斯哒 衣了 逼衣耶哆

kuangdo kosda yile biyiedo

你可以去那边的自动售票机买票。

Puoi utilizzare il distributore automatico del biglietto laggiù.

谐音 不哦衣 呜低丽咋咧 衣了 低斯的丽不哆咧 凹哆吗低括 爹了 逼衣耶哆 啦就

buoyi udilizalie yile disdelibudolie aodomadiko deile biyiedo lajiu

我怎么换车？

Come faccio a cambiare?

谐音 括咩 发气哦 啊 康逼啊咧

komie faqio a kangbialie

别挤，慢点。先下后上。
Non abbiate fretta, piano, per favore. Lasciate che la gente scendere prima.

谐音 弄 啊逼啊爹 夫咧哒 西 空钵了大诺 哒 所里 呗了 发握咧 啦 需啊爹 科耶 啦 娟爹 炫爹咧 不丽嘛
nong abiadei fulieda si konboledano da soli bele favolie laxuadei ke la juandei xuandeilie bulima

你坐反了。
Sei in direzione opposta.

谐音 些衣 应 低咧鸡哦捏 哦钵斯哒
seyi ying diliejione obosda

去图书馆应该走哪个出口？
Quale uscita è per la biblioteca?

谐音 跨咧 呜续哒 耶 呗了 啦 逼不丽哦爹卡
kualie uxuda e bele la bibiliodeika

搭乘火车

车票三日内有效。
I biglietti sono validi entro 3 giorni.

谐音 衣 逼衣叶低 所诺 哇丽低 恩的落 的咧 鸡哦了你
yi biyiedi sono validi endelo delie jioleni

火车站在哪里？
Dov'è la stazione?

谐音 哆呜耶 啦 斯哒鸡哦捏
dove la sdajione

售票处在哪里？
Dov'è la biglietteria?

谐音 哆呜耶 啦 逼衣耶爹里啊
dove la biyiedeilia

有下午去罗马的火车吗？

C'è un treno per Roma al pomeriggio?

谐音 切 翁 的咧怒 呗了 咯骂 啊了 波咩丽鸡哦

qie ong delieno bele loma ale bomielijio

一张去罗马的二等车票。

Un biglietto di seconda classe per Roma.

谐音 翁 逼衣耶哆 低 些空大 科辣些 呗了 咯骂

ong biyiedo di sekongda kelase bele loma

欧洲之星去罗马的二等车票多少钱一张？

Quanto costa un biglietto di seconda classe, in Eurostar per Roma?

谐音 况哆 扩斯哒 翁 逼衣耶哆 低 谢空大 科辣些 应 耶呜落斯哒 呗了 罗马

kuangdo kosda ong biyiedo di sekongda kelase ying eulosda bele loma

有没有马上发车去罗马的火车？

C'è un treno immediato per Roma?

谐音 切 翁 的咧诺 应咩地啊哆 呗了 罗马

qie ong delieno yinmiediado bele loma

一等车厢？

Prima classe?

谐音 不丽嘛 科辣些

bulima kelase

火车从哪个站台出发？

Da che binario parte il treno?

谐音 哒 科耶 逼那里哦 吧了爹 衣了 的咧诺

da ke binalio baledie yile delieno

什么时候到罗马?

Quando arriva a Roma?

谐音 况哆 啊里哇 啊 罗马

kuangdo aliva a loma

这个位子有人吗?

È occupato questo posto?

谐音 耶 哦哭爸哆 哭耶斯哆 钵斯哆

e okubado kuesdo bosdo

一张直快车车票多少钱?

Quanto costa un biglietto di treno espresso?

谐音 况哆 扩斯哒 翁 逼衣耶哆 低 的咧弄 耶斯不咧所

kuangdo kosda ong biyiedo di delieno esbulieso

不好意思，火车是从这个站台发车吗?

Scusi, il treno parte da questo binario?

谐音 斯哭鸡 衣了 的咧诺 爸了爹 哒 哭耶斯哆 逼那里哦

skuji yile delieno baledei da kuesdo binalio

火车晚点了吗?

Il treno è in ritardo?

谐音 衣了 的咧诺 耶 应 里大了哆

yile delieno e ying lidaledo

租车自驾

这里能租车吗?

Posso noleggiare una macchina qui?

谐音 钵所 诺咧鸡啊咧 呜呐 骂科衣呐 溃

boso noliejialie wuna makina kui

你要什么样的车？
Che tipo di auto vuoi?
谐音 科耶 低波 低 凹哆 呜哦衣
ke dibo di aodo vuoyi

我去哪里还车？
Dove devo restituire l'auto?
谐音 哆呜耶 爹喔 咧斯地嘟衣咧 涝哆
dove deivo liesdiduyilie laodo

要租多久？
Per quanto tempo?
谐音 呗了 况哆 扽波
bele kuangdo denbo

你有驾照吗？
Hai la patente?
谐音 啊衣 啦 吧扽爹
ayi la badendie

预约入住

客房预订，能为您效劳吗？
Prenotazione, posso aiutarLa?
谐音 不咧诺大鸡哦捏 钵所 爱悠大了啦
bulienodajione boso aiyoudalela

还有空房间吗?

Ci sono ancora camere libere?

谐音 气 所诺 肮扩啦 卡咩咧 丽呗咧

qi sono angkola kamielie libelie

我想预订一间2月5日到10日的标准间。

Vorrei prenotare una camera standard, dal 5 al 10 febbraio.

谐音 握累 不咧诺大咧 呜呐 卡咩辣 斯电的的 哒了 沁哭耶 啊了 低耶漆 飞不辣衣哦

volei bulienodalie wuna kamiela sdande dale qinkue ale dieqi febulayio

我想预订一个双人间。

Vorrei prenotare una camera doppia.

谐音 喔累 不咧诺大咧 呜呐 卡咩辣 哆逼啊

volei bulienodalie wuna kamiela dobia

两个单人间。

Due singole.

谐音 渡耶 兴国咧

due xingolie

一个夫妻房带一张小床。

Una camera matrimoniale con un lettino.

谐音 呜呐 卡咩啦 骂的丽默腻啊咧 空 翁 咧低诺

wuna kamiela madelimonialie kon on liedino

抱歉，都订满了。

Scusi, è tutto occupato.

谐音 斯哭鸡 耶 渡哆 哦哭吧哆

skuji e dudo okubado

带浴室的单人间一天多少钱？
Quanto costa una camera singola con bagno?
谐音 况哆 括斯哒 呜呐 卡咩啦 兴国啦 空 吧你哦
kuangdo kosda wuna kamiela xingola kon banio

房费里含早餐吗？
La colazione è inclusa nel prezzo?
谐音 啦 括啦鸡哦捏 耶 应科路咋 捏 不咧做
la kolajione e yingkeluza nele buliezo

好的，我订这个房间。
OK, prendo la camera.
谐音 偶可诶，不认哆 啦 卡咩辣
ok bulendo la kamiela

房间怎么样？是在安静的一边吗？
Com'è la camera? Èdalla parte silenziosa?
谐音 括咩 啦 卡咩辣 耶 哒啦 爸了爹 西认鸡哦撒
komie la kamie a e dala baledei silenjioza

前台登记

先生，你有预订吗？
Signore, ha una prenotazione?
谐音 西你哦咧 啊 呜呐 不咧诺大鸡哦捏
xiniolie a wuna bulienodajione

是的，我是李先生，电话预订的。
Sì, ho prenotato una camera per telefono per il signor Li.
谐音 细 哦 不咧诺大哆 呜呐 卡咩辣 呗了 爹咧佛诺 呗了 衣了 西诺咧 李
si o bulienodado wuna kamiela bele dieliefono bele yile xiniolie li

请出示护照。

Il passaporto, per favore.

谐音 衣了 吧撒钵了哆 呗了 发我咧

yile basaboledo bele favolie

押金我刷信用卡。

Per la cauzione, pago con la carta di credito.

谐音 呗了 啦 靠鸡哦捏 吧锅 空 啦 卡了哒 低 科咧低哆

bele lakaojione bago kon la kaleda di keliedido

这是您的钥匙。

Questa è la chiave per Lei

谐音 哭耶斯哒 耶 啦 科衣啊呜耶 呗了 类

kuesda e la kiave bele lei

在几层?

A quale piano?

谐音 啊 跨咧 逼啊诺

a kualie biano

电梯在哪里?

Dov'è l'ascensorc?

谐音 哆呜耶 啦萱做咧

dove laxuanzolie

这是早餐券。

Ecco il bigliettino per la colazione.

谐音 耶括 衣了 逼衣耶弟诺 呗了 啦 括啦鸡哦捏

eko yile biyiedino bele la kolajione

早餐在三楼。

La colazione è al terzo piano.

谐音 啦 括啦鸡哦捏 耶 啊了 爹了佐 逼啊诺

la kolajione ye ale deilezo biano

房间在三层，出电梯左拐。
La camera è al terzo piano, a sinistra dell'ascensore.
谐音 啦 卡咩辣 耶 啊了 爹了佐 逼啊诺 啊 西腻斯的辣 爹啦萱做咧
la kamiela e ale deilezo biano a xinisdela deilaxuanzolie

行李员会把您的行李送到房间。
Il cameriere Le porterà le Sue valigie nella camera.
谐音 衣了 卡咩里耶咧 咧 波了爹辣 咧 苏耶 哇丽鸡耶 捏啦 卡咩辣
yile kamielielie lie boledeila lie sue valijie nela kamiela

押金 100 欧元，您是刷卡还是付现金？
La cauzione è di 100 euro, paga con carta di credito o in contanti?
谐音 啦 靠鸡哦捏 耶 低 欠哆 耶呜咯 爸嘎 空 卡了哒 低 科咧低哆 哦 应 空当低
lakaojione e di qiando eulo baga kon kaleda di keliedido o ying kondangdi

请在这里签字，收据收好。
Firmi qua, e tenga la ricevuta.
谐音 夫衣了咪 跨 耶 扽嘎 啦 里且误哒
filemi kua e denga la liqievuda

酒店服务

先生，您需要唤醒服务吗？
Ha bisogno di una sveglia, signore?
谐音 啊 逼做你哦 低 呜呐 斯呜耶衣啊 西诺咧
a bizonio di wuna sveyia xiniolie

你们有叫早服务吗？
Avete il servizio di sveglia?
谐音 啊呜耶爹 衣了 些了呜衣鸡哦 低 斯呜耶衣啊
avedei yile selevijio di sveyia

请七点半叫早。

Mi svegli alle sette e mezzo, per favore.

谐音 咪 斯呜耶衣 啊咧 些爹 耶 灭做 呗了 发握咧

mi sveyi alie sedei e miezo bele favolie

房门打不开。

La porta non si apre.

谐音 啦 波了哒 弄 西 啊不咧

la boleda non si abulie

电磁房卡不起作用，打不开门。

La mia chiave magnetica non funziona.

谐音 啦 咪啊 科衣啊呜耶 骂捏地卡 弄 风机哦那

la mia kiave manedika nong fenjiona

24 小时供应热水吗?

Avete l'acqua calda per 24 ore?

谐音 啊呜耶爹 辣夸 卡了哒 呗了 问低夸的落 哦咧

avedei lakua kaleda bele wendikuadelo olie

我房间里的电视坏了，只有声音，没有画面。

La TV della mia camera è rotta, c'è solo la voce, senza immagini.

谐音 啦 低呜 爹啦 咪啊 卡咩辣 耶 咯哒 切 所咯 啦 握切 肾咋 应骂鸡你

la tv deila mia kamiela e loda qie solo la voqie shenza yinmagini

我的西装需要熨一下。

Ho bisogno di stirare il mio abito.

谐音 哦 逼做你哦 低 斯地辣咧 衣了 咪哦 啊逼哆

o bizonio di sdilalie yile mio abido

空调坏了，可以派个人来看看吗？
L'aria condizionata non funziona, può mandare qualcuno a vedere?
谐音 辣里啊 空地鸡哦那哒 弄 风机哦那 钵 芒大咧 跨了裤诺 啊 呜耶爹咧
lalia kondijionada non fengjiona bo mangdalie kualekuno a vedeilie

你们有开水吗？
Avete acqua bollente?
谐音 啊呜耶爹 啊跨 波认爹
avedei akua bolendei

卫生纸没了。
È finita la carta igenica.
谐音 耶 夫衣腻哒 啦 卡了哒 衣觉腻卡
e finida la kaleda yigenika

没有热水。
Non c'è acqua calda.
谐音 弄 切 啊跨 卡了哒
nong qie akua kaleda

可以帮我把行李拿到房间去吗？
Mi può portare le valigie nella mia camera?
谐音 咪 钵 波了大咧 咧 哇里鸡耶 捏啦 咪啊 卡咩辣
mi bo boledalie lie valijie nela mia kamiela

当然，女士，您的房间号是多少？
Volentieri, Signora e il Suo numero di camera?
谐音 喔认低耶里 西诺拉 耶 衣了 苏哦 怒咩咯 低 卡咩辣
volendieli xiniola e yile suo numielo di kamiela

抱歉，我还需要一个枕头。

Scusi, avrei bisogno ancora di un cuscino.

谐音 斯裤鸡 啊呜累 逼做你哦 航扩啦 低 翁 哭续诺

skuji avlei bizonio angkola di ong kuxuno

结账退房

请问您的房间号码是多少？

Posso avere il numero della camera per favore?

谐音 钵所 啊呜耶咧 衣了 怒咩咯 爹啦 卡咩辣 呗了 发握咧

boso avelie yile numielo deila kamiela bele favolie

我要退房。

Vorrei lascire la camera.

谐音 握累 啦需啊咧 啦 卡咩啦

volei laxualie la kamiela

我要退房。

Faccio il check out.

谐音 发漆哦 衣了 却科 奥特

faqio yile queke aot

我今晚走，请准备好我的账单。

Parto stasera, mi prepari il conto.

谐音 吧了哆 斯哒些啦 咪 不咧爸里 衣了 空哆

baledo sdasela mi buliebali yile kondo

您消费房间里的饮料了吗？

Ha preso le bevande nella camera?

谐音 啊 不咧做 咧 呗汪爹 捏啦 卡咩啦

a buliezo lie bevandei nela kamiela

请出示押金收据。

La ricevuta della cauzione, per favore.

谐音 啦 里且误哒 爹啦 靠鸡哦捏 呗了 发喔咧

la liqievuda deila kaojione bele favolie

您的信用卡。

La Sua carta di credito per favore.

谐音 啦 苏啊 卡了哒 低 科咧低哆 呗了 发喔咧

la sua kaleda di keliedido bele favolie

可以出示一下具体账单吗？

Mi mostra il conto?

谐音 咪 默斯的啦 衣了 空哆

mi mosdela yile kondo

可以帮我叫一辆出租车吗？

Può chiamarmi un taxi?

谐音 钵 科衣啊骂了咪 翁 特科西

bo kiamalemi ong tekexi

抱歉，我把衬衣落在房间里了，可以帮我拿下来吗？

Scusi, ho dimenticato una camicia nella camera, mi può portare giù?

谐音 斯裤机 哦 低们低咔哆 呜呐 卡咪气啊 捏啦 卡咩辣 咪 钵 波了大咧 就

skuji o dimendikado wuna kamiqia nela kamiela mi bo boledalie jiu

我可以把行李放在这里吗？晚上 7 点之前来取。

Posso lasciare qui la mia valigia. La ritiro entro le 19.

谐音 钵所 啦需啊咧 溃 啦 咪啊 哇里鸡啊 啦 里弟咯 恩的落 咧 低恰诺呜耶

boso laxualie kui la mia valijia la lidilo endelo lie diqianove

抱歉，我没消费吧台的任何东西。
Scusi, ma non ho preso niente dal bar.
谐音 斯裤鸡 骂 弄 哦 捕猎做 你恩爹 哒了 爸
skuji ma nong ho bulezo niendei dale ba

请稍等，这是账单。
Un momento. Questo è il conto.
谐音 翁 摸闷哆 哭耶斯哆 耶 衣了 空哆
ong momendo o kuesdo e yile kondo

抱怨投诉

服务很不好。
Il servizio è terribile.
谐音 衣了 些了呜衣鸡哦 耶 爹丽毕咧
yi le selevijio e deilibilie

这房间里的灯光太暗了。
La luce in questa stanza è troppo debole.
谐音 啦 路切 应 哭耶斯哒 斯当咋 耶 的落波 跌波咧
la luqie ying kuesda sdanza e delobo deibolie

能给我换个房间吗？这儿太吵了。
Puoi cambiare la camera per me? È troppo rumoroso.
谐音 不哦衣 康逼啊咧 啦 卡咩辣 呗了 咩 耶 的落波 路摸咯做
buoyi kangbialie lakamiela bele mie e delobo lumolozo

您对我们的服务有什么意见吗？
Ha qualche critica sul nostro servizio?
谐音 啊 跨了科耶 科丽低咔 苏了 诺斯的落 些了呜衣鸡哦
a kualeke kelidika sule nosdelo selevijio

客房服务太慢了。
Il servizio della camere è troppo lento.
谐音 衣了 些了呜衣鸡哦 爹啦 卡咩啦 耶 的落波 认哆
yile selevijio deila kamiela e delobo lendo

我房里的吹风机不能用了。
L'asciugacapelli in camera mia non funziona.
谐音 啦休嘎卡呗丽 应 卡咩辣 咪啊 弄 风机哦那
la xiugakabeli ying kamiela mia nong fengjiona

很抱歉给您造成这些困扰。
Mi scusi per tutti i problemi.
谐音 咪 斯裤鸡 呗了 渡地 衣 不咯不咧咪
Mi skuji bele dudi yi bulobuliemi

你们今天清扫房间了吗？太脏了。
Avete pulito la stanza oggi? È troppo sporca.
谐音 啊呜耶爹 不丽哆 啦 斯当咋 哦鸡 耶 的落波 斯钵了卡
awuyedie bulido la sdangza oji e delobo sboleka

给我找经理来！
Mi trovi il manager!
谐音 咪 的落呜衣 满呢觉
mi delovi la manijue

我房间里的电视机坏了。
La TV in camera mia non funziona.
谐音 啦 低呜 应 卡咩辣 咪啊 弄 风机哦那
la tv ying kamiela mia nong fengjiona

我希望你们能提高一下工作效率。
Spero che sia possibile migliorare la produttività lavorativa.
谐音 斯呗咯 科耶 西阿 波细逼咧 咪衣哦啦咧 啦 不咯渡低呜衣大啦喔辣地哇
sbelo ke xia bosibilie miyiolalie la bulodudivida lavoladiva

关注天气

北京的天气怎么样?

Che tempo fa a Pechino?

谐音 科耶 扽波 发 啊 呗科衣诺

ke denbo fa a bekino

下午可能会转晴。

Sarà probabilmente chiarire questo pomeriggio.

谐音 撒啦 不咯吧逼了闷爹 科衣啊丽咧 哭耶斯哆 波咩丽鸡哦

sala bulobabilemendei kialilie kuesdo bomielijio

这里现在是雨季吗?

È la stagione deile piogge qui?

谐音 耶 啦 斯哒鸡哦捏 爹咧 逼哦觉 溃

e la sdajione deilie biojue kui

伦敦经常下雨吗?

Piove sempre a Londra?

谐音 逼哦呜耶 肾不咧 啊 龙的啦

biove shenbulie a londela

我听说伦敦总是烟雾弥漫。

Ho sentito che Londra è sempre nebbiosa.

谐音 哦 肾低哆 科耶 龙的啦 耶 肾不咧 捏逼哦咋

o shendido ke londela e shenbulie nebiza

天气预报怎么说?

Che cosa hanno detto le previsioni del tempo?

谐音 科耶 括咋 啊诺 爹哆 咧 不咧呜衣鸡哦你 爹了 扽波

ke koza ano deido lie bulievijioni deile denbo

著名景点

北京最有名的是什么？
Per cosa è famosa Pechino?
谐音 呗了 括乍 耶 发默炸 呗可衣 诺
bele kuoza e famoza bekinuo

快看！埃菲尔铁塔！
Guarda! È la Torre Eiffel!
谐音 挂了哒 耶 啦 多咧 爱飞儿
gualeda e la dolie aifeier

不到长城非好汉。
Chi non raggiunge la Grande Muraglia non è un vero uomo.
谐音 科衣 弄 啦鸡翁觉 啦 个浪爹 木辣衣啊 弄 耶 翁 呜耶咯 呜哦摸
ki nong lajionjue le la gelangdei mulayia nong e ong velo uomo

罗马斗兽场什么时候开放参观？
Quando il Colosseo è aperto?
谐音 况哆 衣了 括咯谢哦 耶 啊呗了哆
kuangdo yile koloseo e abeledo

威尼斯是水上之城啊！
Venezia è una città costruita sulle acque!
谐音 呜耶捏鸡啊 耶 呜呐 漆大 括斯的路衣哒 苏咧 啊哭耶
venejia e wuna qida kosdeluyida sulie akue

那是金字塔。
Questa è la piramide.
谐音 哭耶斯哒 耶 啦 逼辣咪爹
kuesda e la bilamidei

一定要去故宫。
Non possiamo perdere la Città Proibita.
谐音 弄 波西啊摸 呗了爹咧 啦 漆大 不咯衣毕哒
nong bosiamo beledeilie la qida buloyibida

购买门票

门票多少钱？
Quanto costa il biglietto d'ingresso?
谐音 况哆 括斯哒 衣了 逼衣耶哆 订个咧所
kuangdo kosda yile biyiedo dingelieso

一张成人票。
Uno per adulti.
谐音 呜诺 呗了 啊渡了低
wuno bele aduledi

有团体优惠吗？
Avete un sconto di gruppo?
谐音 啊呜耶爹 呜诺 斯空哆 低 个路波
avedei ong skongdo di gelubo

有免费开放日吗？
C'è qualche giorno di apertura gratuito?
谐音 切 跨了科耶 鸡哦了诺 低 啊呗了渡啦 哥辣嘟衣哆
qie kualeke jioleno di abeledula geladuyido

学生票 10 元。
10 yuan per uno studente.
谐音 低耶漆 元 呗了 呜诺 斯渡扽爹
dieqi yuan bele wuno sdudendei

麻烦出示一下学生证。
La carte dello studente, per favore.
谐音 啦 卡了爹 爹落 斯渡扽爹 呗了 发喔咧
la kaledei deilo sdudendei bele favolie

三 拍照留念

你能帮我拍照吗？

Puoi scattare una foto per me?

谐音 不哦衣 斯卡大咧 呜呐 佛哆 呗了 灭

buoyi skadalie wuna fodo bele mie

我最喜欢的是外出拍照。

Quello che mi piace di più è scattare foto all'aperto.

谐音 哭耶咯 科耶 咪 逼啊切 低 逼悠 耶 斯卡大咧 佛哆 啊啦呗了哆

kuelo ke mi biaqie di biou e skadalie fodo alabeledo

那群人为拍照而摆好姿势。

Il gruppo è stato ben posto per la fotografia.

谐音 衣了 个路波 耶 斯大哆 奔 波斯哆 呗了 啦 佛哆个啦夫衣啊

yile gelubo e sdado ben bosdo bele la fodogelafia

我们一起照张相吧。

Prendiamo una foto insieme.

谐音 不认低啊摸 呜呐 佛哆 应西耶咩

bulendiamo wuna fodo yingsiemie

我可以和他合张影吗？

Posso fare una foto con lui?

谐音 钵所 发咧 呜呐 佛哆 空 路衣

boso falie wuna fodo kon luyi

请把瀑布当作背景。

Prenda la cascata come sfondo.

谐音 不认哒 啦 卡斯卡大 括咩 斯风哆

bulenda la kaskada komie sfondo

笑一笑，说“茄子”！
Sorridete e dite “Cheese”!

谐音 所里爹爹 耶 弟爹 切丝
solideidei e didei qize

我不会用你的相机。
Non so come usare la macchina fotografica.

谐音 弄 所 括咩 呜炸咧 啦 骂科衣呐 佛哆个辣夫衣卡
nong so komie wuzalie lamakina fodogelafika

按快门就好。
Basta premere il pulsante di scatto.

谐音 爸斯哒 不咧灭咧 衣了 不了桑爹 低斯卡哆
basda buliemielie yile bulesangdei di skado

在游乐场

我们有全天票和半天票。
Abbiamo il biglietto di mezza giornata e il biglietto di un giorno.

谐音 啊逼啊摸 衣了 逼衣耶哆 低 灭咋 鸡哦了呐大 耶 衣了 逼衣耶哆 低 翁 鸡哦了诺
abiamo yile biyiedo di mieza jiolenada e yile biyiedo di ong jioleno

鬼屋今天开放吗？
la casa infestata è aperta oggi?

谐音 啦 卡咋 应飞斯大哒 耶 啊呗了哒 哦鸡
la kaza yingfesdada ye abeleda oji

卖纪念品的商店在哪儿？
Dov'è il negozio di souvenir?

谐音 哆呜耶 衣了 捏过鸡哦 低 苏呜耶尼尔
dove yile negojio di suvenier

入口在哪里？

Dov'è l'ingresso?

谐音 哆呜耶 拎哥咧所

dove lingelieso

游乐园什么时候关门？

Quando chiude il parco?

谐音 况哆 科衣欧爹 衣了 爸了括

kuangdo kioudei yile baleko

请排好队。

Si prega di tenere in linea.

谐音 西 不咧嘎 低 爹捏咧 应 丽捏啊

si buliega di deinelie ying linea

你怕玩海盗船吗？

Hai paura della nave pirata?

谐音 啊衣 吧呜啦 爹啦 那呜耶 逼辣哒

ayi baula deila nave bilada

我们去坐摩天轮吧。

Andiamo alla ruota panoramica.

谐音 肮低啊摸 啊啦 路哦哒 吧诺辣咪卡

angdiamo ala luoda banolamika

逛博物馆

此处禁止拍照。

Le foto sono vietate qui.

谐音 咧 佛哆 所诺 呜衣耶大爹 溃

lie fodo sono viedadei kui

博物馆周一闭馆。

Il museo non si apre il lunedì.

谐音 衣了 慕啧哦 弄 西 啊不咧 衣了 噜捏弟

yile muzeo nong si abulie yile lunedi

这是谁的作品？
Di chi è questo lavoro?

谐音 低 科衣 耶 哭耶斯哆 啦握咯
di ki e kuesdo lavolo

这是原作还是仿制品？
Si tratta di un originale o un duplicato?

谐音 西 的辣哒 低 翁 哦里鸡那咧 哦 翁 嘟不丽卡哆
si delada di ong olijinalie o ong dubulikado

你们这有导览讲解器吗？
Hai la guida auricolari?

谐音 啊衣 啦 古衣哒 凹里括辣里
ayi la guyida aolikolali

这个展出可以免费参观吗？
Si tratta di una mostra gratuita?

谐音 西 的辣哒 低 呜呐 默斯的辣 个啦嘟衣哒
si delada di wuna mosdela geladuyida

我去参加了博物馆。
Ho preso una visita al museo.

谐音 哦 不咧做 呜呐 呜衣鸡大 啊了 慕啧哦
o buliezo wuna vijida ale muzeo

大淘特产

你可以给我推荐一些特产吗？
Mi può consigliare alcuni prodotti locali speciali?

谐音 咪 钵 空西衣啊咧 啊了裤你 不咯多低 咯卡丽 斯呗恰里
mi bo kongsiyialie alekuni bulododi lokali sbeqiali

哪里可以买到地方特产？

Dove posso acquistare alcune specialità locali?

谐音 哆呜耶 钵所 啊亏斯大咧 啊了裤捏 斯呗恰里大 咯卡丽

dove boso akuisdalie alekune sbeqialida lokali

啤酒是德国的特产。

La birra è la specialità della Germania.

谐音 啦 毕啦 耶 啦 斯呗恰里大 爹啦 觉了嘛腻啊

la bila e la sbeqialida deila juelemania

北京的特产是什么？

Qual'è la specialità di Pechino?

谐音 跨 咧 啦 斯呗恰里大 低 呗科衣诺

kua lie la sbeqialida di bekino

在哪里可以买到？

Dove posso comprarli?

谐音 哆呜耶 钵所 空不啦了里

dove boso konbulaleli

附近的专卖店就有售。

È in vendita nel negozio di specialità nelle vicinanze.

谐音 耶 问低哒 捏了 捏过鸡哦 低 斯呗恰里大 捏咧 呜衣气囊啧

e ying vendida nele negojio di sbeqialida nelie viqinangze

北京烤鸭是北京的特产。

Anatra laccata alla pechinese è una specialità di Pechino.

谐音 啊呐的辣 啦卡大 啊啦 呗科衣捏啧 耶 呜呐 斯呗恰里哒 低 呗科衣诺

anadela lakada ala bekineze e wuna sbeqialida di bekino

免税商品

请问免税店在哪儿?

Scusami. Dove si trova il negozio esente da dazio?

谐音 斯裤咋咪 哆呜耶 西 的落哇 衣了 捏过鸡哦 耶震爹 哒 大鸡哦

skuzami dove si delovale yile negojio ezendei da dajio

这是免税的吗?

Questo è esente da dazio?

谐音 哭耶斯哆 耶 耶震爹 哒 大鸡哦

kuesdo e ezendei da dajio

这是免税的吗?

È tax-free?

谐音 耶 泰克斯福瑞

e tekesfuli

在免税商店，您的总消费不能超过 300 欧元。

In questo negozio duty-free, la tua spesa totale non può essere oltre 300 euro.

谐音 应 哭耶斯哆 捏过鸡哦 丢提夫丽 啦 嘟啊 斯呗咋 哆大咧 弄钵 耶些咧 哦了的咧 的咧欠哆 耶呜咯

ying kuesdo negojio diutifuli la dua sbeza dodale nong bo eselie oledelie delie qiando ewulo

任何人都可以在免税商店购物吗?

Chiunque può acquistare merci nei negozi duty-free?

谐音 科衣翁哭耶 钵 啊溃斯大咧 灭了气 捏衣 捏过鸡 丢提夫丽

kiongkue bo akuisdalie mieleqi neyi negoji diutifuli

我能在免税商店买化妆品吗？

Posso acquistare i cosmetici nei negozi duty-free?

谐音 钵所 啊溃斯大咧 衣 括斯灭低漆 捏衣 捏过鸡 丢提夫丽

boso akuisdalie yi kosmiediqi neyi negoji diutifuli

你必须向店员出示你的护照和签证。

È necessario mostrare il passaporto e il visto per il commesso.

谐音 耶 捏切 撒丽哦 摸斯的辣咧 衣了 吧撒钵了哆 耶 衣了 呜衣斯哆 呗了 衣了 括灭所

e neqiesalio mosdelalie yile basaboledo e yile vosdo bele ile komieso

问路迷路

我现在这是在哪儿？

Dove sono?

谐音 哆呜耶 所诺

dove sono

我迷路了。

Mi sono perso.

谐音 咪 所诺 呗了所

mi sono beleso

你能带我去那儿吗？

Puoi prendermi lì?

谐音 不哦衣 不认爹了米 丽

buoyi bulendeilemi li

我找不着回宾馆的路了。
Non riesco a trovare la mia strada di ritorno in albergo.

谐音 弄 里耶斯括 啊 的落哇咧 啦 咪啊 斯的辣哒 低 丽哆了诺 应啊了呗了过
mong liesko a delovalie la mia sdelada di lidoleno ying alebelego

对不起，我也是刚来这儿的。
Scusi, sono nuovo qui.

谐音 斯裤鸡 所诺 怒哦喔 溃
skuji sono nuovo kui

你能帮我画一张简易地图吗?
Puoi disegnare una mappa semplice?

谐音 不哦衣 低啧你啊咧 呜呐 骂吧 肾不丽且
buoyi dizenialie wuna maba shenbuliqie

那我现在该怎么走?
Come devo fare ora?

谐音 括咩 爹喔 发咧 哦啦
komie deivo falie ola

物品遗失

失物招领处在哪儿?
Dove si trova l'ufficio di oggetti smarriti?

谐音 哆呜耶 西 的辣哒 路夫衣气哦 低 哦觉地 斯骂丽低
dove si delova lufiqio di ojuedi smalidi

我的钱包不见了。
Non riesco a trovare la mia borsa.

谐音 弄 里耶斯括 啊 的落哇咧 啦 咪啊 钵了撒
nong liesko a delovalie la mia bolesa

如果你们找到了，请打这个电话联系我。

Se lo trovate, si prega di contattarmi con questo numero.

谐音 些 咯 的落哇爹 西 不咧嘎 低 空大哒了咪 空 哭耶斯哆 怒咩咯

se lo delovadei si buliega di kondadalemi kon kuesdo numielo

你包里都有什么？

Che c'è nella tua borsa?

谐音 科耶 切 捏啦 嘟啊 钵了撒

ke qie nela dua bolesa

所有的东西都在里面：护照、钱包、相机。

Tutto: il mio passaporto, la mia borsa e la macchina fotografica.

谐音 渡哆 衣了 咪哦 吧撒钵了哆 啦 咪啊 钵了撒 耶 啦 骂科衣呐 佛哆个辣夫衣卡

dudo yile mio basaboledo la mia bolesa e la makina fodogelafika

我不记得放哪儿了。

Non ricordo dove l'ho lasciato.

谐音 弄 里括了哆 哆呜耶 咯 啦需啊哆

nong likoledo dove lo laxuado

有人捡到一部苹果手机吗？

Qualcuno ha raccolto un iPhone?

谐音 跨了裤诺 啊 啦 括了哆 翁 哀佛恩

kualekuno a lakoledo ong aifong

我把包落在出租车上了。

Ho lasciato la mia borsa sul taxi.

谐音 哦 啦需啊哆 啦 咪啊 钵了撒 苏了 特科西

o laxuado la mia bolesa sule tekexi

遭窃报案

我的钱包被偷了。

Il mio portafoglio è stato rubato.

谐音 衣了 咪哦 波了哒佛衣哦 耶 斯大哆 噜爸哆

yile mio boledafoyio e sdado lubado

小偷！抓住他！

Ladro! Prendilo!

谐音 辣的落 不认低落

ladelo bulendilo

这附近有警局吗？

C'è un ufficio di polizia nelle vicinanze?

谐音 切 翁 呜夫衣气哦 低 波丽鸡啊 捏咧 呜衣漆囊啧

qie ong ufiqio di bolijia nelie viqinangze

遭窃应该在哪里报案？

Dove devo segnalare un furto?

谐音 哆呜耶 爹喔 些你啊辣咧 翁 付了哆

dove deivo senialalie ong fuledo

你可以向那个巡警寻求帮助。

Puoi chiedere aiuto al poliziotto.

谐音 不哦衣 科衣耶爹咧 爱悠哆 啊了 波丽鸡哦哆

buoyi kiedeilie aiyoudo ale bolijiodo

麻烦填一下这张失窃报案单。

Si prega di compilare questo modulo di furto.

谐音 西 不咧嘎 低 空逼辣咧 哭耶斯哆 摸渡咯 低 付了哆

si buliega di konbilalie kuesdo modulo di fuledo

你什么时候发现它不见的？

Quando hai capito che era perso?

谐音 况哆 啊衣 卡逼哆 科耶 耶啦 呗了所

kuangdo ayi kabido ke ela beleso

都哪些东西被偷了？

Che cosa hai perso?

谐音 科耶 扩咋 啊衣 呗了所

ke koza ayi bele so

你看到小偷了吗？

Vedi il ladro?

谐音 呜耶低 衣了 辣的落

vedi yile ladelo

我们会尽力帮你找回你的包的。

Proveremo il nostro meglio per trovare la tua borsa.

谐音 不咯呜耶咧摸 衣了 诺斯的落 灭衣哦 呗了 的落哇咧 啦 嘟啊 钵了撒

buloveliemo yile nosdelo mieyio bele delovalie la dua bolesa

意外生病

我先给你做紧急处理。

Farò qualche trattamento di emergenza per te.

谐音 发咯 跨了科耶 的辣哒闷哆 低 耶咩了娟咋 呗了 爹

falo kualeke deladamendo di emielejuanza bele dei

我食物中毒了。

Ho un'intossicazione alimentare.

谐音 哦 翁应哆西卡机哦捏 啊里们大咧

o ongyingdoxikajione alimendalie

我拉肚子。

Ho la diarrea.

谐音 哦 啦 低啊咧啊

o la dialiea

我不小心被蛇咬了。

Sono stato morso da un serpente per caso.

谐音 索诺 斯大哆 默了所 哒 翁 些了笨爹 呗了 卡做

suonuo sdaduo moleso da ong selebendei bele kazo

我崴到脚了。

Mi sono slogato la caviglia.

谐音 咪 所诺 斯咯嘎哆 啦 卡呜衣衣啊

mi sono slogado la kaviyia

我很快就会好了吗?

Sarò OK presto?

谐音 撒落 偶可诶 不咧斯哆

salo ok buliesdo

寄存服务

我可以把行李存在这里吗?

Posso conservare il mio bagaglio qui?

谐音 钵所 空些了哇咧 衣了 咪哦 吧嘎衣哦 溃

boso konselevalie yile mio bagayio kui

我们这里有寄存服务。

Abbiamo un servizio di deposito qui.

谐音 啊逼啊摸 翁 些了呜衣鸡哦 低 爹钵鸡哆 溃

abiamo ong selevijio di deibojido kui

进去需要先存包。
Si deve depositare la borsa prima di entrare dentro.
谐音 西 爹呜耶 爹钵鸡大咧 啦 钵了撒 不丽嘛 低 恩的辣咧 扽的落
si deive deibojidalie la bolesa bulima di endelalie dendelo

贵重物品请随身带好。
Faresti meglio a mantenere le cose di valore con te.
谐音 发咧斯地 灭衣哦 啊 芒爹捏咧 咧 括啧 低 哇咯咧 空 爹
faliesdi mieyio a mandeinelie lie koze di valolie kon dei

你可以为我保存多长时间？
Quanto tempo puoi tenerlo per me?
谐音 况哆 扽波 不哦衣 爹捏了咯 呗了 灭
kuangdo denbo buoyi deinelelo bele mie

我想要租一个保险箱。
Mi piacerebbe noleggiare un armadietto.
谐音 咪 逼啊切 咧呗 诺咧嫁咧 翁 啊了吗低耶哆
mi biaqieliebe noliegialie ong alemadiedo

您什么时候过来取？
Quando lo raccoglie?
谐音 况哆 咯 啦括衣耶
kuangdo lo lakoyie

我是过来取东西的。
Sono qui per raccogliere le mie cose.
谐音 所诺 溃 呗了 啦括衣耶 咧 咪耶 括咋
sono kui bele lakoyiele lie mie koze

你可以凭收据来取。
Puoi raccogliere con questa ricevuta.
谐音 不哦衣 啦括衣耶 空 去耶斯哒 里且误哒
buoyi lakoyiele kon kuesda liqievuda

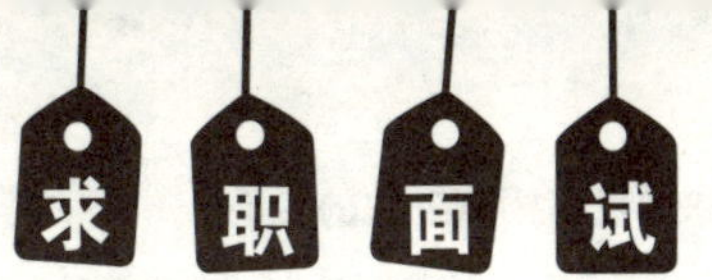

你想要的是一份全职的工作还是兼职的工作？
Vuoi un lavoro a tempo pieno o part-time?

谐音 呜哦衣 翁 啦握咯 啊 扽波 逼耶诺 哦 帕特谈木
vuoyi ong lavolo a denbo bieno o patetai

我想要的是一份兼职的工作。
Voglio un lavoro part-time.

谐音 握衣哦 翁 啦握咯 帕特谈木
voyio ong lavolo patetai

我想知道雇佣条件。
Voglio sapere le condizioni di lavoro.

谐音 握衣哦 撒呗咧 咧 空地鸡哦你 低 啦握咯
voyio sabelie lie kondijioni di lavolo

晋升的机会怎么样？
Com'è la possibilità di avanzamento?

谐音 括咩 啦 波西逼里大 低 啊汪咋闷哆
komie la bosibilida di avangzamendo

请问这个工作还招人吗？
È questo lavoro ancora disponibile?

谐音 耶 哭耶斯哆 啦握咯 肮扩啦 低斯波腻逼咧
e kuesdo lavolo angkola disbonibilie

请把你的资料用电子邮件发给我们。
Ti preghiamo di inviare le informazioni a noi.

谐音 低 不咧鸡啊摸 低 应呜衣啊咧 咧 应佛了嘛鸡哦你 啊 诺衣
di buliejiamo di yingvialie lie yingfolemajioni a noyi

谢谢你对我们招聘工作的关心。

Grazie per la tua preoccupazione per il nostro reclutamento.

谐音 个辣鸡耶 呗啦 啦 嘟啊 不咧哦哭爸鸡哦捏 呗了 衣了 诺斯的落 咧科噜哒闷哆

gelazie bele la dua bulieokubajione bele yile nosdelo liekeludamendo

我们公司有很多空缺岗位。

La nostra azienda ha molti posti vacanti.

谐音 啦 诺斯的辣 啊鸡恩哒 啊 默了低 钵斯地 哇抗低

la nosdela ajienda a moledi bosdi vakangdi

我应该怎样应聘这项工作?

Come posso fare domanda per il lavoro?

谐音 括咩 钵所 发咧 哆芒哒 呗了 衣了 啦握咯

komie boso falie domangda bele yile lavolo

个人技能

你会操作日常办公设备吗?

Puoi utilizzare le apparecchiature per ufficio comune?

谐音 不哦衣 呜低丽咋咧 咧 啊爸咧科衣啊渡咧 呗了 呜夫衣气哦 括慕捏

buoyi udilizalie lie abaliekiadulie belie wufiqio komune

我能熟练使用打印机和传真机。

Sono bravo a operare una macchina da scrivere e un fax.

谐音 搜诺 不辣我 啊 哦呗辣咧 呜呐 骂科衣呐 哒 斯科丽呜耶咧 耶 翁 夫爱克斯

sono bulavo a obelalie wuna makina da skelivelie e ong fax

我有驾照。
Ho ricevuto la patente di guida.

谐音 哦 里且误哆 啦 吧扽爹 低 贵哒
o liqievudo la badendei di guida

我的打字速度是每分钟 100 个字。
Posso digitare 100 parole al minuto.

谐音 钵所 低鸡大咧 欠哆 吧咯咧 啊了 咪怒哆
boso dijidalie qiando balolie ale minudo

我们要测试一下你的英语水平。
Dobbiamo mettere alla prova la tua abilità d'inglese.

谐音 哆逼啊摸 灭爹咧 啊啦 不咯哇 啦 嘟啊 啊逼里哒 叮个咧啧
dobiamo miedeilie ala bulova la dua abilida dingelieze

你认为自己英语口语如何?
Come pensi del tuo inglese orale?

谐音 括咩 奔西 爹了 嘟哦 应个咧啧 哦啦咧
kome ben si deile duo yinggelieze olalie

你还会讲其他外语吗?
Quale altra lingua straniera puoi parlare?

谐音 跨咧 啊了的辣 拎瓜 斯的辣你耶啦 不哦衣 吧了辣咧
kualie aledela lingua sdelaniela buoyi balelalie

我能用英语熟练地会话和写作。
Posso parlare e scrivere correntemente in inglese.

谐音 钵所 吧了辣咧 耶 斯科丽呜耶咧 括认爹闷爹 应 应个咧啧
boso balelalie e skelivelie korendeimendei ying yinggelieze

我获得了会计师资格证书。
Ho ricevuto la qualificazione certificato di un contabile.

谐音 哦 里且呜哆 啦 跨里夫丽卡机哦捏 切了低夫衣卡哆 低 翁 空大逼咧
o liqievudo la kualifikajione qieledifikado di ong kondabilie

8 职场达人

性格爱好

我欣赏诚实且易相处的人。

Ammiro una persona che è onesto e simpatico.

谐音 啊密咯 呜呐 呗了所呐 科耶 耶 哦捏死哆 耶 新爸地括

amilo wuna belesona ke e onesdo e xinbadiko

你如何评价自己?

Come valuti te stesso?

谐音 括咩 哇路低 爹 斯爹所

komie valudi dei sdeiso

我工作刻苦，性情执着。

Sono una persona laboriosa e persistente.

谐音 所诺 呜呐 呗了 缩呐 啦波丽哦咋 耶 呗了西斯扽爹

sono wuna belesona labolioza e belesisdendei

你有什么爱好吗?

Hai dei passatempi?

谐音 啊衣 爹衣 吧撒扽逼

ayi deiyi basadenbi

我乐于与人共事。

Mi piace lavorare con gli altri.

谐音 咪 逼啊切 啦握辣咧 空 衣 啊了的丽

mi biaqie lavolalie kon yi aledeli

你认为自己是个什么样的人?

Che tipo di persona sei?

谐音 科耶 弟波 低 呗了 所呐 些衣

ke dibo di belesona seyi

我精力很充沛，做事很有热情。

Sono sempre energico ed entusiasta.

谐音 所诺 肾不咧 耶聂了鸡括 耶的 恩嘟鸡啊斯哒

sono shenbulie enelejiko ede endujiasda

你个性上最大的特点是什么?

Qual'è il tuo carattere più forte?

谐音 跨咧 衣了 嘟哦 卡辣爹咧 逼悠 佛了爹

kua lie yile duo kaladeilie biou foledei

你的朋友或同事怎么形容你?

Come potrebbero i tuoi amici o colleghi descriverti?

谐音 括咩 波的咧呗咯 衣 嘟哦衣 啊密漆 哦 括咧鸡 爹斯科里呜耶了低

komie bodeliebelo yi duoyi amiqi o kolieji deiskeliveledi

我很喜欢打篮球。

Mi piace giocare a pallacanestro.

谐音 咪 逼啊切 鸡哦卡咧 啊 吧啦卡捏死的落

mi biaqie jiokalie a balakanesdelo

教育背景

让我们谈论一下你的学历。

Parliamo del tuo fondo educativo.

谐音 吧了里啊摸 爹了 嘟哦 风哆 耶嘟卡弟喔

baleliamo deile duo fondo edukadivo

你是什么学位?

Qual'è il grado hai ricevuto?

谐音 跨 咧 衣了 个辣哆 啊衣 里且误哆

kua lie yile gelado ayi liqievudo

我主修经济。
Mi sono laureato in economia.
谐音 咪 所诺 涝咧啊哆 应 耶括诺咪啊
mi sono laolieado ying ekonomia

经济学是这个大学最有名的专业之一。
La facoltà di economia è una delle più famose facoltà di quest'università.
谐音 啦 发括了哒 低 耶括诺咪啊 耶 呜呐 爹咧 逼悠 发默啧 发括了哒 低 哭耶是嘟你呜耶了西哒
la fakoleda di ekonomia e wuna deilie biou famoze fakoleda di kuesdunivelesida

这个专业的入学考试很难。
L'esame d'ingresso per questa facoltà è molto difficile.
谐音 咧炸咩 叮个咧所 呗了 哭耶斯哒 发括了哒 耶 摸了哆 低夫衣气咧
liezamie dingelieso bele kuesda fakoleda e moledo difiqilie

我喜欢数学。
Mi piace la matematica.
谐音 咪 逼啊切 啦 骂爹骂低咔
mi biaqie la madeimadika

建筑学。
La facoltà di architettura.
谐音 啦 发括了哒 低 阿勒科衣爹渡啦
la fakoleda di alekideidula

大学成绩怎么样？
Come sono stati i tuoi voti nell'università?
谐音 括咩 所诺 斯大地 衣 嘟哦衣 握低 捏噜你呜耶了西哒
komie sono sdadi yi duoyi vodi nelunivelesida

你大学时获得过什么荣誉和奖励吗?

Hai ricevuto alcuni onori e premi nell'università?

谐音 啊衣 里且误哆 啊了裤你 哦诺丽 耶 不咧咪 捏噜你呜耶了西哒

ayi liqievudo alekuni onoli e buliemi nielunivelesida

每年我都获得校级奖学金。

Mi è stato assegnato una borsa di studio ogni anno.

谐音 密耶 斯哒舵 啊些你啊哆 呜呐 钵了撒 低 斯渡低哦 哦你 啊诺

mi e sdado aseniado wuna bolesa di sdudio oni ano

我相信我能把所学的知识运用到这份工作中。

Sono sicuro che posso applicare quello che ho imparato al lavoro.

谐音 所诺 西裤咯 科耶 钵所 啊不丽卡咧 哭耶咯 科耶 哦 应吧辣哆 啊了 啦握咯

sono sikulo ke boso abulikalie kuelo ke o yingbalado ale lavolo

工作经验

我有与此相关的工作经验。

Ho l'esperienza rilevante per il lavoro.

谐音 哦 咧斯呗丽恩咋 里咧汪爹 呗了 衣了 啦握咯

o liesbelienza lilievandei bele yile lavolo

你有相关工作经验吗?

Hai qualche esperienza?

谐音 啊衣 跨了科耶 耶斯呗丽恩咋

ayi kualeke esbelienza

我已经做这个工作三年了。

Ho fatto questo lavoro per tre anni.

谐音 哦 发哆 哭耶斯哆 啦握咯 呗了 的咧 啊你

o fado kuesdo lavolo bele delie ani

你能说一下工作经历吗？
Mi puoi dire la tua esperienza di lavoro?

谐音 咪 不哦衣 弟咧 啦 嘟啊 耶斯呗丽恩咋 低 啦握咯
mi buoyi dilie la dua esbelienza di lavolo

你有销售方面的工作经验吗？
Hai qualche esperienza di lavoro nelle vendite?

谐音 啊衣 跨了科耶 耶斯呗丽恩咋 低 啦握咯 捏咧 问低爹
ayi kualeke esbelienza di lavolo nelie vendidei

你从过去的工作中学到了什么？
Che cosa hai imparato dai lavori che avevi avuto?

谐音 科耶 括咋 啊衣 应吧辣哆 哒衣 啦握里 科耶 啊呜耶呜衣 啊误哆
ke koza ayi yingbalado dayi lavoli ke avevi avudo

请简要概括一下你的上一份工作。
Mi dia un riassunto del tuo ultimo lavoro.

谐音 咪 弟啊 翁 里啊送哆 爹了 嘟哦 呜了低摸 啦握咯
mi dia ong liasongdo deile duo wuledimo lavolo

工作目标

你的事业目标是什么？
Qual'è il tuo obiettivo di carriera?

谐音 跨 咧 衣了 嘟哦 哦逼耶弟我 低 卡丽叶啦
kua lie yile duo obiedivo di kaliela

你的理想工作是什么样的？
Come descrivi il tuo lavoro ideale?

谐音 括咩 爹斯科丽呜衣 衣了 嘟哦 啦握咯 衣爹啊咧
komie deiskelivi yile duo lavolo yideialie

我希望成为一支有活力和高生产率的销售队伍的主管。
Spero di poter essere un leader di un team energetico e produttivo di vendita.
谐音 斯呗咯 低 波爹咧 耶些咧 翁 里的 低 翁 婷 耶捏了鸡括 耶不咯渡地喔 低 问低哒
sbelo di bodeilie eselie ong lide di ong tim enelejiko e bulodudivo di vendida

你的未来职业发展是什么?
Qual'è il tuo piano di carriera futura?
谐音 跨 咧 衣了 嘟哦 逼啊诺 低 卡丽叶啦 敷渡啦
kua lie yile duo biano di kaliela fudula

你近期的目标是什么?
Qual'è il tuo obiettivo recente?
谐音 跨 咧 衣了 嘟哦 哦毕耶地喔 咧欠爹
kua lie yile duo obiedivo lieqiandei

我希望能展示我在这个行业的能力。
Spero di potere dimostrare la mia abilità in questo campo.
谐音 斯呗咯 低 波爹咧 低摸斯的辣咧 啦 咪啊 啊逼里哒 应 哭耶斯哆 抗波
sbelo di bodeilie dimosdelalie la mia abilida ying kuesdo kangbo

我还没有认真考虑过。
Non ci ho pensato.
谐音 弄 漆 哦 奔撒哆
nong qi o bensado

5 年内你希望做到什么位置?
Che posto vuoi essere entro 5 anni?
谐音 科耶 钵斯哆 呜哦衣 耶些咧 恩的落 沁哭耶 啊你
ke bosdo vuoyi eselie endelo qinkue ani

你计划如何去实现？

Come pensi di realizzarlo?

谐音 括咩 笨西 低 咧啊里炸了咯

komie bensi di liealizalelo

应聘原因

你考虑的主要因素是什么？

Qual'è la tua considerazione principale?

谐音 跨 咧 啦 嘟啊 空西爹啦鸡哦捏 不拎漆爸咧

kua lie la dua konsideilajione bulinqibalie

你为什么觉得自己能胜任？

Perché pensi che tu sia qualificato?

谐音 呗了科耶 笨西 科耶 渡 西阿 夸里夫衣卡哆

beleke ben si ke du xia kualifikado

我希望能在这样一家优秀的公司尽献所能。

Voglio contribuire il mio sforzo per una tale società.

谐音 握衣哦 空的丽不衣咧 衣了 咪哦 斯佛了走 呗了 呜呐 大咧 缩切大

voyio kondelibuyilie yile mio sfolezo bele wuna dalie soqieda

你为何选定到此地来谋职？

Perché hai scelto di venire qui per un lavoro?

谐音 呗了科耶 啊衣 血了哆 低 呜耶腻咧 溃 呗了 翁 啦握咯

beleke ayi xueledo di venilie kui bele ong lavolo

因为这的工作环境很好。

Perché l'ambiente di lavoro è eccellente.

谐音 呗了科耶 浪逼恩爹 低 啦握咯 耶 耶切认爹

beleke lanbiendei di lavolo e eqierendei

我的专业和工作经验使我能胜任这个职位。

La mia professionalità e esperienza di lavoro mi fanno qualificato per questa posizione.

谐音 啦 咪啊 不咯飞西哦那里大 耶 耶斯呗丽恩咋 低 啦握咯 咪 发诺 夸里夫衣卡哆 呗了 哭耶斯哒 波鸡鸡哦捏

la mia bulefesionalida e esbelienza di lavolo mi fano kualifikado bele kuesda bojijione

你为什么辞去上一份工作?

Perché lasci il tuo ultimo lavoro?

谐音 呗了科耶 辣需 衣了 嘟哦 误了低摸 啦握咯

beleke laxu yile duo uledimo lavolo

面试结束

什么时候方便上班?

Quando è conveniente per te iniziare il lavoro?

谐音 况哆 耶 空呜耶腻恩爹 呗了 爹 衣你鸡啊咧 衣了 啦握咯

kuangdo e konveniente bele dei yinijialie yile lavolo

可以电话通知你最终决定吗?

Posso chiamarti sulla nostra decisione finale?

谐音 钵所 科衣啊骂了低 苏啦 诺斯的辣 爹漆鸡哦捏 夫衣呐咧

boso kiamaledi sula nosdela deiqijione finalie

请通知下一个应聘者进来。

Si prega di lasciare che il prossimo candidato a venire.

谐音 西 不咧嘎 低 啦需啊咧 科耶 衣了 不咯西摸 康低大哆 啊 呜耶腻咧

si buliega di laxualie ke yile bulosimo kangdidado a venilie

我们会再联系的。

Ci terremo in contatto.

谐音 漆 爹咧摸 应 空大哆

qi deiliemo ying kondado

8 职场达人

谢谢你来参加我们公司的面试。

Grazie per la tua partecipazione per la nostra azienda.

谐音 个辣鸡耶 呗了 啦 嘟啊 吧了爹漆吧鸡哦捏 呗啦 啦 诺斯的辣 啊鸡恩哒

gelajie bele la dua baledeiqibajione bele la nosdela ajienda

关于工作，你有什么问题吗？

Hai domande per il lavoro?

谐音 啊衣 哆忙爹 呗了 衣了 啦握咯

ayi domangdei bele yile lavolo

感谢来面试，我们将在一周内联系你。

Grazie per la tua venuta e ti chiameremo entro la settimana.

谐音 个辣鸡耶 呗了 啦 嘟啊 温怒哒 耶 低 科衣啊咩咧摸 恩的落 啦 些低骂呐

gelajie bele la dua venuda e di kiamieliemo endelo la sedimana

一旦做出决定，我们就会立即通知你。

Ti informeremo non appena abbiamo fatto la nostra decisione.

谐音 低 应佛了咩咧摸 弄 啊呗那 啊逼啊摸 发哆 啦 诺斯的辣 爹漆鸡哦捏

di yingfolemielemo nong abena abiamo fado la nosdela deiqijione

我期待您的消息。

Non vedo l'ora di sentire da voi.

谐音 弄 呜耶哆 咯啦 低 肾弟咧 哒 我一

nong vedo lola di shendilie da voi

好了，面试到此结束。

Beh, questo è tutto per l'intervista.

谐音 呗 科耶斯哆 耶 渡哆 呗了 应爹了呜衣斯哒

be kuesdo e dudo bele lindeilevisda

我什么时候能得到结果?
Quando posso ottenere il risultato?
谐音 况哆 钵搜 哦爹捏咧 衣了 里苏了大多
kuangdo boso odeinelie yile lisuledado

入职办理

我带你四处看看，向你介绍一下情况。
Ti faccio vedere in giro e ti presento la situazione.
谐音 低 发漆哦 呜耶爹咧 应 鸡咯 耶 低 不咧震哆 啦 西嘟啊鸡哦捏
di faqio vedeilie ying jilo e di buliezendo la siduajione

我是来报到的。
Sto per il lavoro.
谐音 斯舵 呗了 衣了 啦握咯
sdo bele yile lavolo

我向你们介绍一位新同事。
Vi presento il nostro nuovo collega.
谐音 呜衣 不咧震哆 衣了 诺斯 的落 怒哦喔 括咧嘎
vi buliezendo yile nosdelo nuovo koliega

我没有什么工作经验，请你多指教。
Sono nuovo al mondo del lavoro e gradisco la vostra guida.
谐音 所诺 怒哦喔 啊了 梦多 爹了 啦握咯 耶 个啦弟斯括 啦 我斯的辣 贵哒
sono nuovo ale mondo deile lavolo e geladisko la vosdela guida

你是做哪方面工作的?
Qual'è la tua posizione?
谐音 跨 咧 啦 嘟啊 波鸡鸡哦捏
kua lie la dua pojijione

人事部让我到这里报到上班做秘书。
Sono stata assunta dalla Sezione Personale e mi hanno per lavorare come segretaria.
谐音 所诺 斯大哆 啊送哆 哒啦 斯哒鸡哦捏 呗了所那咧 耶 爹哆低 李飞丽咧 溃 呗了 啦喔辣咧 括咩 些个咧大里啊
sono sdado asongdo dala sejione belesonalie e deido di lifelilie kui bele lavolalie komie segeliedalia

我想知道哪张办公桌是我的?
Qual'è il mio banco?
谐音 跨咧 衣了 米哦 傍括
kua lie yile mio bangkuo

你可以先了解一下办公室的规章制度。
Puoi iniziare dalla normativa in ufficio.
谐音 不哦衣 衣你鸡啊咧 哒啦 诺了嘛地哇 应 呜夫衣气哦
buoyi yinijialie dala nolemadiva ying ufiqio

现在我带你去见见其他办公室的同事们。
Ora ti mostrerò gli altri colleghi di diversi uffici.
谐音 哦啦 低 摸斯的咧落 衣 啊了的丽 括咧鸡 低 低呜耶了西 呜夫衣气
ola di mosdelielo yi aledeli kolieji di divelesi ufiqi

办公设备

请问打印机在哪儿?
Mi scusi, dov'è la stampante?
谐音 咪 斯裤就 哆呜耶 啦 斯当棒爹
mi skuzi dove la sdangbangdei

打印机不太好使。

La stampante non funziona bene.

谐音 啦 斯当棒爹 弄 风机哦那 呗捏

la sdangbangdei nong fonjiona bene

能帮我复印一下吗?

La prego di copiare questo per me?

谐音 啦 不咧锅 低 括逼啊咧 哭耶斯哆 呗了 灭

la buliego di kobialie kuesdo bele mie

你要印黑白的还是彩色的?

Vuoi le copie in bianco e nero o a colori?

谐音 呜哦衣 咧 扩逼耶 应 逼盎括 耶 捏洛 哦 啊 括咯丽

vuoyi lie kobie ying biangko e nelo o a kololi

我的电脑出问题了。

C'è qualche problema con il mio computer.

谐音 切 跨了科耶 不咯不咧嘛 空 衣了 咪哦 肯披欧特

qie kualeke bulobuliema kon yile mio kenpouter

托盘里没有纸了。

Non c'è carta nel vassoio

谐音 弄 切 卡了哒 捏了 哇所衣哦

nong qie kaleda nele vasoyio

你能帮我装一下这个软件吗?

Potresti aiutarmi a installare questo software?

谐音 波的咧斯地 爱悠大了咪 啊 应斯哒辣咧 哭耶斯渡 所夫特为

bodeliesdi aiyoudalemi a yingsdalalie kuesdo sofuterwer

传真机好像没有墨了。

Sembra che il fax sia esaurito.

谐音 肾不啦 科耶 衣了 夫爱克斯 西阿 耶枣丽哆

shenbula ke il fax xia ezaolido

你能帮我复印一下这些文件吗？

Puoi copiare questi documenti per me?

谐音 不哦衣 括逼啊咧 哭耶斯地 哆哭闷低 呗了 灭

buoyi kobialie kuesdi dokumendi bele mie

熟悉起来的花点时间。

Ci vorrà un po' di tempo per abituarsi.

谐音 漆 喔辣 翁 钵 低 扽波 呗了 啊逼嘟啊了西

qi vola ong bo di denbo bele abidualesi

留言备忘

你要留言吗？

Vuoi lasciare un messaggio?

谐音 呜哦衣 啦需啊咧 翁 咩撒鸡哦

vuoyi laxualie ong miesajio

能在这份备忘录上签个字吗？

Puoi firmare questo promemoria?

谐音 不哦衣 夫衣了骂咧 哭耶斯哆 不咯咩默里啊

buoyi filemalie kuesdo bulomiemolia

你不在的时候有几个留言给你。

Ci sono dei messaggi per te, mentre non c'eri.

谐音 漆 所诺 爹衣 咩撒鸡 呗了 爹 闷的俩 弄 漆 且里

qi sono deiyi miesaji bele dei mendele nong qieli

我会告诉他你的来电的。

Gli dirò che hai chiamato.

谐音 衣 低落 科耶 啊衣 科衣啊骂哆

yi dilo ke ayi kiamado

李先生打电话过来想跟您约个时间见面。

Il Signor Li ti ha chiamato per fissare un appuntamento con te.

谐音 西诺咧 李 低 啊衣科衣啊骂哆 呗了 夫衣撒咧 翁 啊崩哒闷哆 空 爹

xiniolie li di ayi kiamado bele fisalie ong abongdamendo kon dei

请记得通知所有董事下周二召开董事会。

Per favore non dimenticare di informare tutti i membri del consiglio che ci sarà un incontro martedì prossimo.

谐音 呗了 发我咧 弄 低闷低咔咧 低 应佛了骂咧 渡低 衣 闷呗丽 爹了 空细衣哦 科耶 漆 撒辣 翁 应空的落 吗了爹弟 不咯西摸

bele favolie nong dimendikalie di yingfolemalie dudi yi menbeli deil konsiyio ke qi sala ong yingkondelo maledeidi bulosimo

接待客户

您预约了吗？

Hai un appuntamento?

谐音 啊衣 翁 啊崩哒闷哆

ayi ong abondamendo

请您在会客室等一会儿。

Si prega di attendere un momento nella sala di ricevimento.

谐音 西 不咧嘎 低 啊扽爹咧 翁 摸闷哆 捏啦 撒啦 低 里且呜衣闷哆

si buliega di adendeilie wng momendo nela sala di liqievimendo

请问您喝点什么？

Cosa vuoi bere?

谐音 括咋 呜哦衣 呗咧

koza vuoyi belie

他正在打电话，请稍等片刻。
Al telefono. Per favore aspetta un momento.
谐音 啊了 爹咧佛诺 呗了 发喔咧 啊斯呗哒 翁 摸闷哆
ale deiliefono bele favolie asbeda ong momendo

早上好，史密斯先生。我姓杨，是姚先生的秘书。
Buongiorno, signor Smith. Sono Yang, segretario del signor Yao.
谐音 不翁鸡哦了诺 西诺咧 斯密斯 所诺 杨 些个咧大里哦 爹了 西诺咧 姚
buongjioleno xiniolie smis sono yang segelietalio deile xiniolie yao

请乘电梯上 10 楼。
Si prega di prendere l'ascensore fino al 10° piano.
谐音 西 不咧嘎 低 不认爹咧 啦萱做咧 夫衣诺 啊了 低怯鸡摸 逼啊诺
si buliega di bulendeilie la xuanzolie fino ale diqiejimo biano

姚先生在 26 楼总裁办公室等您。
Signor Yao si aspetta nell'ufficio del direttore generale al 26° piano.
谐音 西诺咧 姚 西 啊斯呗哒 捏路夫衣气哦 爹了 低咧哆咧 觉捏辣咧 啊了 温低谢低鸡摸 逼阿诺
xiniolie yao si asbeda nelufiqio deile diliedolie juenelalie ale vendisejimo biano

召开会议

今天的会议主要是讨论一下广告文案。
Il nostro principale obiettivo oggi è quello di discutere i programmi della pubblicità.
谐音 衣了 诺斯的落 不拎漆爸咧 哦逼耶弟喔 哦鸡 耶 哭耶咯 低 低斯裤爹咧 衣 不咯哥辣咪 爹啦 不不丽漆哒
yile nosdelo bulinqibalie obiedivo oji e kuelo di diskudeilie yi bulogelami deila bubuliqida

这个问题在今天会议的讨论范围内。

Questa domanda è nella zona discussione della riunione di oggi.

谐音 哭耶斯哒 哆芒哒 耶 捏啦 坐那 低斯裤斯哦捏 低 哦鸡 啦 里呜你哦捏 低 哦鸡

kuesda domangda e nela zona diskusione deila liu nione di oji

人都到齐了吗？

Sono tutti qui?

谐音 所诺 渡低 溃

sono dudi kui

会议可以开始了吗？

Dovrebbe iniziare la riunione?

谐音 哆呜咧呗 衣你鸡啊咧 啦 里呜你哦捏

dovliebe yinijialie la liunione

公司将在周一召开会议。

La società convoca una riunione di lunedi.

谐音 啦 所切大 控喔卡 呜呐 里呜你哦捏 低 路捏弟

la soqieda konvoka wuna liunione di lunedi

所有员工都要参加会议。

Tutto il personale dovrebbe partecipare alla riunione.

谐音 渡哆 衣了 呗了所呐咧 哆呜咧呗 吧了爹漆爸咧 啊啦 里呜你哦捏

dudo yile belesonalie dovliebe baledeiqibalie ala liunione

通知大家下午开会。

Si prega di informare loro di avere un incontro questo pomeriggio.

谐音 西 不咧嘎 低 应佛了骂咧 落咯 低 啊呜耶咧 翁 应空的落 哭耶斯哆 波咩丽鸡哦

si buliega di yingfolemalie lolo di avelie ong yingkondelo kuesdo bomlijio

我认为你是最合适的人选。

Credo che tu sia la persona giusta per il lavoro.

谐音 科咧哆 科耶 西阿 啦 呗了所呐 就死哒 呗了 衣了 啦握咯

kliedo ke du xia la belesona jiusda bele yile lavolo

出差的事情确定了吗？

È stato risolto il viaggio di lavoro?

谐音 耶 斯哒舵 里缩了哆 衣了 呜衣啊鸡哦 低 啦握咯

e sdado lisoledo yile viajio di lavolo

我出差期间由李代经理一职。

Li sostituirà per me come direttore quando sono in affari.

谐音 李 所斯地嘟衣辣 呗了 灭 括咩 低咧哆咧 况哆 所诺 应 啊发里

li sosdiduyila bele mie komie diledole kuangdo sono ying afali

如果有问题，可以给我打电话。

Puoi chiamarmi se c'è qualcosa di importante.

谐音 不哦衣 科衣啊骂了咪 些 切 夸了扩咋 低 应波了当爹

buoyi kiamalemi se qie kualekoza di yingboledangdei

手头的工作都安排好了吗？

Hai organizzato il lavoro in mano?

谐音 啊衣 哦了嘎你炸哆 衣了 啦握咯 应 骂诺

ayi oleganizado yile lavolo ying mano

我想安排一下我出差期间大家的工作。

Voglio organizzare il vostro lavoro durante il mio viaggio di lavoro.

谐音 握衣哦 哦了嘎你炸咧 衣了 我斯的落 啦握咯 嘟浪爹 衣了 咪哦 呜衣啊鸡哦 低 啦握咯

voyio oleganizale yile vosdelo lavolo dulangdei yile mio viajio di lavolo

我们这次出差主要是去拜访厂商。

Andiamo per lavoro principalmente per visitare il produttore.

谐音 肮低啊摸 呗了 啦握咯 不拎漆爸了闷爹 呗了 呜衣鸡大咧 衣了 不咯嘟哆咧

angdiamo bele lavolo bulinqibalemente bele vijidalie yile bulodudole

你这次一定要把合同签回来。

Devi firmare il contratto questa volta.

谐音 爹呜衣 夫衣了骂咧 衣了 空的辣哆 哭耶斯哒 握了哒

deivi filemale yile kondelado kuesda voleda

你要提前把代理商的资料准备好。

Dovrei preparare i materiali degli agenti in anticipo.

谐音 哆呜累 不咧爸辣咧 衣 骂爹里啊里 爹衣 啊娟地 应 肮低气波

dovlei buleba lale yi mateliali deiyi ajuandi ying angdiqibo

团队合作

凡是诚实的人，我都可以和他们很好地合作。

Posso lavorare con chiunque, purché onesti.

谐音 钵所 啦握啦咧 空 科衣翁哭耶 不了科耶 哦聂斯低

boso lavolal-e kon kiongkue buleke onesdi

我不太喜欢和懒惰或讲闲话的人一起工作。

Non mi piacciono le persone pigre o le persone pettegole.

谐音 弄 咪 逼啊切漆哦诺 咧 呗了所捏 毕个咧 哦 咧 呗了所捏 呗爹过咧

nong mi biaqiono lie belesone bigelie o lie belesone bedeigole

您要在一定的期限内完成某项工作，时间很紧，这时您的一位同事需要帮助，您会如何处理呢？

Dovrebbe finire un lavoro entro un termine e non c'è molto tempo e uno del tuo compagno di squadra ha bisogno di aiuto, cosa fa?

谐音 哆呜咧呗 夫衣腻咧 翁 啦握咯 恩的落 翁 爹了咪捏 耶 弄 切 默了哆 扽波 耶 误诺 爹了 渡哦 空吧你哦 低 斯跨的辣 啊 逼 做你哦 低 爱又哆 括咋 发

dovliebe finilie ong lavolo endelo ong deilemine e nong qie moledo denbo e wuno deile duo kon banio di skuadela abizonio di aiyoudo koza fa

你喜欢跟其他部门的人合作吗？

Ti piace lavorare con le persone provenienti da diversi reparti?

谐音 低 逼啊切 啦握辣咧 空 咧 呗了所捏 不咯呜耶你恩低 哒 低 呜耶了西 咧吧了低

di biaqie lavolalie kon lie belesone buloveniendi da divelesi liebaledi

这家公司特别注重团队合作。

Il lavoro di squadra è molto apprezzato in questa società.

谐音 衣了 啦握咯 低 斯跨的辣 耶 摸了哆 啊不咧炸哆 应 哭耶斯哒 所切大

yile lavolo di skuadela e moledo abuliezado ying kuesda soqieda

感觉自己是团队的一份子很重要。

È molto importante sentirsi parte del gruppo di lavoro.

谐音 耶 摸了哆 应波了当爹 肾弟了西 爸了爹 爹了 个路波 低 啦握咯

e moledo yingboledandei shendilesi baledei deile gelubo di lavolo

大多数的工作都是在团队里完成的。

La maggior parte del lavoro è fatto in gruppo.

谐音 啦 吗鸡哦咧 吧了爹 爹了 啦握咯 耶 发哆 应 个路波

la majiolie baledei deile lavolo e fado ying gelubo

工作交流

说话时要表现得再自信点。

Basta parlare con più fiducia in te stesso.

谐音 爸斯哒 吧了辣咧 空 逼悠 夫衣渡漆啊 应 爹 斯爹所

basda balelalie kon biou fiduqia ying dei sdeiso

你看过我给你的报告了吗?

Hai letto il rapporto che ti ho dato?

谐音 啊衣 咧哆 衣了 啦钵了哆 科耶 低 哦 大哆

ayi liedo yile laboledo ke di o dado

如果我是你，我会把有关生产的信息放在成本之前。

Se fossi al posto tuo, vorrei mettere le informazioni di produzione prima che il costo.

谐音 些 佛西 啊了 钵斯哆 嘟哦 我累 灭爹咧 咧 应佛了骂鸡哦你低 不咯渡鸡哦捏 不丽嘛 科耶 衣了 扩斯哆

se fosi al posdo duo volei miedeilie lie yingfolemajioni di bulodujione bulima ke yile kosdo

这里需要修改一下。

È necessario fare alcune modifiche qui.

谐音 耶 捏切撒丽哦 发咧 啊了裤捏 摸弟夫衣科耶 溃

e neqiesalio falie alekune modifike kui

着装规范

女士要穿长款的晚礼服。

Signore devono indossare abito da sera.

谐音 西诺咧 爹喔诺 应哆撒咧 啊逼哆 哒 谢啦

xiniolie deivono yingdosalie abido da sela

这是正式的宴会，所以你的着装要正式。

Si tratta di un banchetto formale, dovresti vestire formalmente.

谐音 西 的啦大 低 翁 帮科耶哆 佛了骂咧 哆呜咧斯低 呜耶斯弟咧 佛了嘛了闷爹

se delada di ong bangkedo folemalie dovliesdi vesdilie folemalemendei

必须化妆吗？

Devo mettere il trucco?

谐音 爹喔 灭爹咧 衣了 的路括

deivo miedeilie yile deluko

商务谈判时一定要穿正装。

Dobbiamo essere in abiti formali quando frequentano la negoziazione.

谐音 多逼啊摸 耶 些咧 应 啊逼低 佛了骂丽 况哆 夫咧坤大诺 啦 捏过鸡啊鸡哦捏

dobiamo eselie ying abidi folemali kuangdo fuliekundano la negojiajione

女士在正式场合要穿高跟鞋。

La Signore devono indossare i tacchi alti in occasioni formali.

谐音 啦 西诺咧 爹喔诺 应哆撒咧 衣 大科衣 啊了低 应 哦卡机哦你 佛了骂丽

la xiniolie deivono yingdosalie yi daki aledi ying okajioni folemali

记得要打领带。
Non dimenticare di indossare una cravatta.
谐音 弄 低们低咔咧 低 应哆撒咧 误呐 科啦哇哒
nong dimendikalie di yingdosalie wuna kelavada

皮鞋和深色袜子是理想搭配。
Le scarpe di cuoio con calze scure sono ideali.
谐音 咧 斯卡了呗 低 哭衣哦 空 卡了啧 斯裤咧 所诺 衣爹啊里
lie skalebe di kuyio kon kaleze skulie sono yideiali

裙子要及膝或到膝盖以下。
La gonna deve cadere o sotto il ginocchio.
谐音 啦 过呐 爹呜呐耶 卡爹咧 哦 所哆 衣了 鸡诺科衣哦
la gona deive kadeilie o sodo yile jinokio

矛盾摩擦

我觉得我和他在工作中发生了一些问题。
Credo di avere qualche problema a lavorare con lui.
谐音 科咧哆 低 啊呜耶咧 夸了科耶 不咯不咧嘛 啊 啦握辣咧 空路衣
keliedo di avelie kualeke bulobuliema a lavolalie kon luyi

别把什么事都推给我！
Non imporre tutto su di me!
谐音 弄 应钵咧 渡哆 苏 低 灭
nong yingbolie dudo su di mie

你为什么把我们合作的工作占为己有？
Perché prendi tutto il merito che abbiamo fatto insieme?
谐音 呗了科耶 不认低 渡哆 衣了 灭里哆 科耶 啊逼啊摸 发哆 应西耶咩
beleke bulendi dudo yile mielido ke abiamo fado yingsiemie

他从来没有为他人着想过。
Lui non pensa mai per gli altri.
谐音 路衣 弄 奔萨 啊呗那 骂衣 呗了 衣 啊了的丽
luyi nong bensa mayi bele yi aledeli

要不是你打扰我的话，我现在早已完成了我的工作。
Se non avesse interferito, avrei finito il mio lavoro ormai.
谐音 些 所诺 啊呜耶些 应爹了飞丽哆 啊呜累 夫衣腻哆 衣了 咪哦 啦握咯 哦了买
se nong avese yingdeilefelido avlei finido yile mio lavolo olemai

你有性别歧视问题。
Hai un problema di discriminazione di sesso.
谐音 啊衣 翁 不咯不咧嘛 低 低斯科丽咪那鸡哦捏 低 谢所
ayi ong bulobuliema di diskeliminajione di seso

他有点专横。
Èun po'prepotente.
谐音 耶 翁 波 不咧波扽爹
e ong bo buliebodendei

出勤请假

这个星期五我是否可以休一天假?
Sarebbe possibile per me chiedere il congedo per questo venerdì?
谐音 撒咧呗 波细逼咧 呗了 灭 科衣耶爹咧 衣了 空觉哆 呗了 哭耶斯哆 呜耶捏了弟
saliebe bosibilie bele mie kiedeilie yile konjuedo bele kuesdo veneledi

我不舒服，想早点走。

Non mi sento bene, vorrei andare via un po'prima.

谐音 弄 咪 肾哆 呗捏 我累 肮大咧 呜衣啊 翁 钵 不丽嘛

nong mi shendo bene volei angdalie via ong bo bulima

我和客户有约，现在可以走吗？

Ho un appuntamento con il cliente, posso andare adesso?

谐音 哦 翁 啊崩哒闷哆 空 衣了 科丽恩爹 钵所 肮大咧 啊爹所

o ong abondamendo kon yile kelien te boso angdalie adeiso

我家里有事，想提前走一会儿。

Ho delle cose in famiglia, vorrei andare via un po'prima.

谐音 哦 爹咧 括咋 应 发密衣啊 我累 肮大咧 呜衣啊 翁 钵 不丽嘛

o deilie koze ying famiyia volei angdalie via ong bo bulima

我还有一个星期的年假，下个星期可以休吗？

Ho ancora una settimana di ferie annuali, posso fare la settimana prossima?

谐音 哦 肮扩啦 呜呐 些低骂呐 低 飞丽叶 啊怒啊里 波所 发咧 啦 些低骂呐 不咯西骂

o angkola wuna sedimana di felie anuali boso falie la sedimana bulosima

抱歉，我有很紧急的事情要做，今天可以提前下班吗？

Scusi, ho delle cose urgenti, posso andare via qualche ora prima oggi?

谐音 斯哭鸡 哦 爹咧 括喷 呜了娟低 钵所 肮大咧 呜衣啊 跨了科耶 哦啦 不里骂 哦鸡

skuji o deilie koze ulejuandi boso angdalie via kualeke ola bulima oji

我请了三天假。
Ho chiesto un congedo per 3 giorni.
谐音 哦 科衣耶斯哆 翁 空卷哆 呗了 的咧 鸡哦了你
o kiesdo ong konjuedo bele delie jioleni

我星期三可以请假吗?
Posso chiedere il congedo per mercoledì?
谐音 钵所 科衣耶爹咧 衣了 空卷哆 呗了 咩了括了弟
boso kiedeilie yile konjuedo bele mielekoledi

保罗今天不在。
Paolo è assente oggi.
谐音 保罗 耶 啊肾爹 哦鸡
baolo e asendei oji

我想去休假。
Vorrei andare in vacanza.
谐音 握累 肮大咧 应 哇抗咋
volei angdalie ying vakangza

我可以请多少天的婚假?
Quanti giorni di ferie posso avere per il matrimonio?
谐音 况低 鸡哦了你 低 飞丽耶 钵所 啊呜耶咧 呗了 衣了 骂的丽默腻哦
kuangdi jioleni di felie boso avelie bele yile madelimonio

你什么时候能回来上班?
Quando puoi ritornare al lavoro?
谐音 况哆 不哦衣 里哆了呐咧 啊了 啦握咯
kuangdo buoyi lidolenalie ale lavolo

今天是你连续第三天上班迟到了。
Questo è il terzo giorno di fila che sei tardivo a lavorare.
谐音 哭耶斯哆 耶 衣了 爹了佐 鸡哦了诺 低 夫衣啦 科耶 些衣 哒了弟喔 啊 啦握辣咧
kuesdo e yile deilezo jioleno di fila ke seyi daledivo a lavolalie

不要再迟到了！
Non essere in ritardo di nuovo!

谐音 弄 耶些咧 应 里大了哆 低 怒哦喔

nong eselie ying lidaledo di nuovo

这样会扣你工资的。
Sarai dedotta per questo.

谐音 撒辣衣 爹哆哒 呗了 哭耶斯哆

salayi deidoda bele kuesdo

我想请产假。
Vorrei chiedere un congedo di maternità.

谐音 我累 科衣耶爹咧 翁 空觉哆 低 嘛爹了你大

volei kiedeilie ong konjuedo di madeilenida

工作汇报

董事会已经批准了我们的计划。
Il Consiglio ha approvato il piano.

谐音 衣了 空细衣哦 啊 啊不咯哇哆 衣了 逼啊诺

yile konsiyio ha abulovado yile biano

对于这一点您有没有特别的指示？
Hai qualche istruzione speciale per questo?

谐音 啊衣 夸了科耶 衣斯的噜鸡哦捏 斯呗漆啊咧 呗了 哭耶斯哆

ayi kualeke yisdelujione sbeqialie bele kuesdo

我早上已经把策划书放在您桌子上了。
Ho messo il mio piano sulla scrivania questa mattina.

谐音 哦 灭所 衣了 咪哦 逼啊诺 苏啦 斯科丽哇腻啊 哭耶斯哒 骂弟呐

o mieso yile mio biano sula skelivania kuesda madina

我想情况进展得很不错。

Penso che stia andando molto bene.

谐音 笨所 科耶 斯低阿 肮当哆 摸了哆 呗捏

benso ke sdia angdangdo moledo bene

我们今天要和他们销售部主管见面。

Ci stiamo incontrando con il loro direttore di vendita oggi.

谐音 漆 斯地啊摸 应空的浪哆 空 衣了 咯咯 低咧哆咧 低 问低哒 哦鸡

qi sdiamo yingkonde angdo kon yile lolo diliedolie di vendida oji

我们遇到了一些棘手的问题。

Abbiamo incontrato alcuni problemi.

谐音 啊逼啊摸 应空的辣哆 啊了裤你 不咯不咧咪

abiamo yingkondelado alekuni bulobuliemi

同事闲聊

我是搞市场调研的。你呢？

Sono sul lato di ricerche di mercato. E tu?

谐音 所诺 苏了 啦哆 低 里且了科耶 低 咩了卡哆 耶 嘟

sono sule lado di liqeleke di mielekado e du

我刚来 IBM 工作，在销售部。

Ho appena iniziato il lavoro per IBM. Sono nel reparto di vendita.

谐音 哦 啊呗那 衣你鸡啊哆 衣了 啦握咯呗了 哎逼们 所诺 捏了 咧吧了哆 低 问低哒

o abena yinijiado yile lavolo bele ibm sono nele liebaledo di vendida

你听说他退休后打算干什么吗?

Hai sentito quello che farà dopo il suo ritiro?

谐音 啊衣 肾低哆 哭耶咯 科耶 发辣 哆钵 衣了 苏哦 里弟咯

ayi shendido kuelo ke fala dobo yile suo lidilo

休息一下如何?

Che ne dici di una pausa?

谐音 科耶 捏 弟漆 低 呜呐 报咋

ke ne diqi di wuna baoza

下班后一起去喝一杯吧?

Beviamo dopo il lavoro?

谐音 呗呜衣啊摸 哆钵 衣了 啦握咯

beviamo dobo yile lavolo

近来工作如何?

Com'è il tuo lavoro?

谐音 括咩 衣了 嘟哦 啦握咯

komie yile duo lavolo

工作加薪

你每月的工资会涨200元。

Il tuo stipendio mensile aumenterà di 200 yuan.

谐音 衣了 嘟哦 斯低笨低哦 闷西咧 凹闷爹辣 低 嘟耶欠哆 元

yile duo sdibendio mensilie aomendeila di dueqiando yuan

你答应过试用期满后给加薪的。

Hai promesso di aumentare lo stipendio dopo il periodo di prova.

谐音 啊衣 不咯灭所 低 凹们大咧 咯 斯低笨低哦 哆钵 衣了 呗丽哦哆 低 不咯哇

ayi bulomieso di aomendalie lo sdibendio dobo yile beliodo di bulova

工作出色，你就会得到加薪。

Fai un ottimo lavoro e ottieni un aumento.

谐音 发衣 翁 哦低摸 啦喔咯 耶 哦低耶腻 翁 凹闷哆

fayi ong odimo lavolo e odieni ong aomendo

我们决定给你加薪。

Decidiamo di aumentare il tuo stipendio.

谐音 爹漆低啊摸 低 凹们哒咧 衣了 嘟哦 斯低笨低哦

deiqidiamo di aomendalie yile duo sdibendio

我想知道是否有加薪的机会。

Voglio sapere se c'è qualche possibilità di un aumento di stipendio.

谐音 握衣哦 撒呗咧 些 切 夸了科耶 波西逼里大 低 翁 凹闷哆 低 斯地笨低哦

voyio sabelie se qie kualeke bosibilida di ong aomendo di sdibendio

三个月试用期后将根据工作表现加薪。

Rilanci sono dati dopo periodo di prova di tre mesi in base alle proprie prestazioni.

谐音 里浪漆 所诺 大地 多波 呗丽哦哆 低 不咯哇 低 的咧 灭鸡 应 爸啧 啊咧 不咯不丽耶 不咧斯哒鸡哦你

lilangqi sono dadi dobo beliodo di bulova di delie mieji ying baze alie bulobulie buliesdajioni

员工升职

这是公司的晋升制度。
Questo è il sistema di promozione della nostra azienda.
谐音 裤耶斯哆 耶 衣了 西斯爹骂 低 不咯摸鸡哦捏 爹啦 诺斯的辣 啊鸡恩哒
kuesdo e yile sisdeima di bulomojione deila nosdela ajienda

每个员工都有升职的机会。
Ognuno ha la possibilità di ottenere una promozione.
谐音 哦妞诺 啊 啦 波西逼里大 低 哦爹捏咧 呜呐 不咯摸鸡哦捏
oniuno a la bosibilida di odeinelie wuna bulomojione

我们决定提升你。
Decidiamo di promuoverti.
谐音 爹漆低啊摸 低 不咯木哦呜耶了低
deiqidiamo di bulomuoveledi

我推荐你当经理。
Ti ho raccommandato come il direttore.
谐音 低 哦 啦括芒大哆 括咩 衣了 低咧哆咧
di o lakomangdado komie yile diliedolie

恭喜升职。
Complimenti per la tua promozione.
谐音 空不丽闷低 呗了 啦 嘟啊 不咯摸鸡哦捏
konbulimendi bele la dua bulomojione

我希望我能有升职的机会。
Voglio avere una possibilità di promozione di lavoro.
谐音 我衣哦 啊呜耶咧 呜呐 波西逼里大 低 不咯摸鸡哦捏 低 啦喔咯
voyio avelie wuna bosibilida di bulomojione di lavolo

升职决定公布了吗？

È stata annunciata la decisione di promozione?

谐音 耶 斯大哒 啊弄恰哒 啦 爹漆鸡哦捏 低 不咯摸鸡哦捏

e sdada anongqiada la deiqijione di bulomojione

我认为他可以胜任这个职位。

Credo che sia qualificato per la posizione.

谐音 科咧哆 科耶 西啊 跨里夫衣卡哆 呗了 啦 波鸡鸡哦捏

keliedo ke sia kualifikado bele la bojijione

领导谈话

我对你的表现印象深刻。

Sono impressionato per le tue prestazioni.

谐音 所诺 应不咧西哦那哆 呗了 咧 嘟耶 不咧斯哒鸡哦你

sono yingbuliesionado bele lie due buliesdajioni

你的工作业绩很好。

Hai fatto un risultato eccezionale.

谐音 啊衣 发哆 翁 里苏了大哆 耶切鸡哦呐咧

ayi fado ong lisuledado eqiejionalie

你的项目为公司赚了很多利润。

Il tuo progetto ha molto profitto per l'azienda.

谐音 衣了 嘟哦 不咯觉哆 啊 摸了哆 不咯付衣哆 呗了 啦鸡恩哒

yile duo bulojuedo a moledo bulofido bele lajienda

你喜欢你的工作吗？

Ti piace il tuo lavoro?

谐音 低 逼啊切 衣了 嘟哦 啦握咯

di biaqie yile duo lavolo

我一直在关注你，知道你工作很努力。
Ti ho osservato e so che lavori molto duramente.

谐音 低 哦 哦些了哇哆 耶 所 科耶 啦握里 摸了哆 嘟啦闷爹
di o oselevado e so ke lavoli moledo dulamendei

并不是每个人都适合在领导层工作。
Non tutti sono adatti per lavorare a livello manageriale.

谐音 弄 渡低 所诺 啊大低 呗了 啦握辣咧 啊 里呜耶咯 吗呐觉里 啊咧
nong dudi sono adadi bele lavolalie a livelo manajuelialie

你能来我的办公室吗？我需要跟你谈谈。
Potresti venire nel mio ufficio? Ho bisogno di parlare con te.

谐音 波的咧斯低 呜耶腻咧 捏了 咪哦 呜夫衣气哦 哦 逼做你哦 低 吧了辣咧 空 爹
bodeliesdi venilie nele mio ufiqio o bizonio di balelalie kon dei

你对公司的发展有什么建设性的意见吗？
Hai qualche consiglio costruttivo per il nostro sviluppo?

谐音 啊衣 夸了科耶 空细衣哦 括斯的噜弟我 呗了 衣了 诺斯的落斯呜衣路波
ayi kuale ke konsiyio kosdeludivo bele yile nosdelo svilubo

我希望今年的销售业绩能提高 10%。
Spero che le vendite di quest'anno abbiano un aumento del 10%.

谐音 斯呗咯 科耶 咧 问低爹 低 哭耶斯大诺 啊逼阿诺 翁 凹闷哆 爹了 低耶漆 呗了欠哆
sbelo ke lie vendidei di kuesdano abianuo ong aomendo deile dieqi beleqiando

8 职场达人

我希望看到一个充满干劲的团队。

Mi aspetto di vedere una squadra energica.

谐音 咪 啊斯呗哆 低 呜耶爹咧 呜呐 斯跨的辣 耶捏了鸡卡

mi asbedo di vedeilie wuna skuadela enelejika

工作调动

我们想把他调到一个不用跟很多人一起共事的部门去。

Vogliamo trasferirlo ad un reparto dove non ha bisogno di lavorare con la gente.

谐音 我里啊摸 的啦斯飞丽了咯 啊 懂 咧爸了哆 哆呜耶 弄 啊 逼做你哦 低 啦握辣咧 空 啦 卷爹

voyiamo delasfelilelo ad ong liebaledo dove nong abizonio di lavolalie kon la juandei

你会是这个职位的最佳人选。

Saresti il candidato ideale per la posizione.

谐音 撒咧斯低 衣了 康低大哆 衣爹啊咧 呗了 啦 波鸡鸡哦捏

salieisdi yile kandidado yideialie bele la bojijione

我会努力适应新的工作。

Farò del mio meglio per adattare il nuovo lavoro.

谐音 发咯 爹了 咪哦 灭衣哦 呗了 啊哒大咧 衣了 怒哦喔 啦握咯

falo deile mio mieyio bele adadalie yile nuovo lavolo

把你调到销售部怎么样？

Che ne dici di promuovere per una posizione di vendita?

谐音 科耶 捏 弟漆 低 不咯木哦呜耶咧 呗了 误呐 波鸡鸡哦捏 低 问低哒

ke ne diqi di bulomuovelie pele wuna bojijione di vendida

人事方面要有调动了。

Ci sarà una riorganizzazione.

谐音 漆 撒啦 呜呐 里哦了嘎你咋鸡哦捏

qi sala wuna oleganizajione

我想申请调到别的部门。

Voglio applicare per il trasferimento ad un altro reparto.

谐音 握衣哦 啊不丽卡咧 呗了 衣了 的啦斯飞丽闷哆 啊 咚 啊了 的落 咧爸了哆

voyio abulikalie bele yile delasfelimendo ade ong aledelo liebaledo

你想调到哪个部门?

Quale dipartimento vuoi?

谐音 夸咧 低吧了低闷哆 呜哦衣

kualie dibaledimendo vuoyi

一旦市场部有了合适的职位我就把你调过去。

Io ti trasferisco al reparto marketing una volta che c'è una posizione corretta.

谐音 衣哦 低 的啦斯飞丽斯括 啊了 咧爸了哆 嘛科应 呜呐 我了哒 科耶 切 呜呐 波鸡鸡哦捏 括咧哒

yio di delasfelisko ale liebaledo making wuna voleda ke qie wuna bojijione kolieda

辞职交接

我想辞职。

Vorrei lasciare il mio lavoro.

谐音 我累 啦需啊咧 衣了 咪哦 啦握咯

volei laxualie yile mio lavolo

我觉得在这个公司没有成长空间了。
Sento che non posso crescere più in azienda.
谐音 肾哆 科耶 弄 钵所 科咧学咧 逼悠 应 啊鸡恩哒
shendo ke nong boso keliexuelie biou ying ajienda

你为什么想辞职?
Perché vuoi lasciare qui?
谐音 呗了科耶 呜哦衣 啦需啊咧 溃
beleke vuoyi laxualie kui

我已经递交辞职报告了。
Ho consegnato la mia lettera di dimissioni.
谐音 哦 空些你啊哆 啦 咪啊 咧爹啦 低 低咪西哦你
o konseniado la mia liedeila di dimisioni

违约金是多少?
Quanto costa il risarcimento per rottura del contratto?
谐音 况哆 扩斯哒 衣了 里撒了期闷哆 呗了 咯渡啦 爹了 空的辣哆
kuangdo kosda yile lisaleqimendo bele lodula deile kondelado

你需要填好工作交接单。
Si prega di compilare la lista del lavoro.
谐音 西 不咧嘎 低 空逼辣咧 啦 丽斯哒 爹了 啦握落
si buliega di konbilalie la lisda deile lavolo

我需要一个星期来交接我的工作。
Ho bisogno di una settimana per consegnare e prendere in consegna il mio lavoro.
谐音 哦 逼做你哦 低 呜呐 谢低骂呐 呗了 空些你啊咧 耶 不认爹咧 应 空谢你啊 衣了 咪哦 啦握咯
o bizonio di wuna sedimana bele konsenialie e bu lendeilie ying konsenia yile mio lavolo

这是所有需要跟进的订单。

Questi sono tutti gli ordini da elaborare.

谐音 哭耶斯低 所诺 渡低 衣 哦了弟你 哒 耶啦波拉咧

kuesdi sono dudi yi oledini da elabolalie

不要删除任何与工作相关的文件。

Non eliminare nulla legato al lavoro.

谐音 弄 耶丽咪那咧 怒啦 咧嘎哆 啊了 啦握咯

nong eliminalie nula liegado ale lavolo

通知客户你离职的消息了吗？

Hai informato il cliente che ti sei smesso il lavoro?

谐音 啊衣 应佛了骂哆 衣了 科丽恩爹 科耶 低 些 斯灭所 衣了 啦握咯

ayi yingfolemado yile keliendei ke di sei smieso yile lavolo

所有与工作相关的文件都交给我了吗？

Mi hai dato tutti i documenti legati al lavoro?

谐音 咪 啊衣 大哆 渡低 衣 哆哭闷低 咧嘎低 啊了 啦握咯

mi hayi dado dudi yi dokumendi liegadi ale lavolo

一定要注意，名单上前十个是我们的重点客户。

Si prega di notare che i primi dieci clienti sono i nostri clienti importanti.

谐音 西 不咧嘎 低 诺大咧 科耶 衣 不丽咪 低耶漆 科丽恩低 所诺 衣 诺斯的丽 科丽恩低 应波了当低

si buliega di nodalie ke yi bulimi dieqi keliendi sono yi nosdeli keliendi yingboledangdi

解雇失业

抱歉，我们不得不解雇所有的新员工。

Mi dispiace tanto che dobbiamo licenziare tutti i dipendenti più recenti.

谐音 咪 低斯逼啊切 当哆 科耶 哆逼啊摸 丽欠鸡啊咧 渡低 衣 低奔扽低 逼悠 咧欠低

mi disbiaqie dangdo ke dobiamo liqianjialie dudi yi dibendendi biou lieqiandi

我们正在精简员工。
Stiamo diminuendo la nostra forza lavoro.
谐音 斯地啊摸 低咪怒恩哆 啦 诺斯的辣 佛了咋 啦握咯
sdiamo diminuendo la nosdela foleza lavolo

我只能辞退你。
Non ho altra scelta che respingerti.
谐音 弄 哦 啊了的辣 雪了哒 科耶 咧斯并觉了低
nong ho aledela xueleda ke liesbinjueledi

我失业了。
Sono senza lavoro ora.
谐音 所诺 肾咋 啦握咯 哦啦
sono shenza lavolo ola

我被炒鱿鱼了。
Mi sono licenziata.
谐音 咪 所诺 里欠鸡啊哒
mi sono liqianjiada

我能得到解聘赔偿金吗？
Posso essere dato dei soldi di terminazione?
谐音 钵所 耶些咧 大哆 爹衣 索了低 低 爹了咪那鸡哦捏
boso eselie dado deiyi soledi di deileminajione

你为什么要解雇我？
Perché mi hai licenziato?
谐音 呗了科耶 咪 啊衣 里欠鸡啊哆
beleke mi ayi linqianjiado

我不能失去这个工作。
Non posso perdere questo lavoro.
谐音 弄 钵所 呗了爹咧 哭耶斯哆 啦握咯
nong boso beledeilie kuesdo lavolo

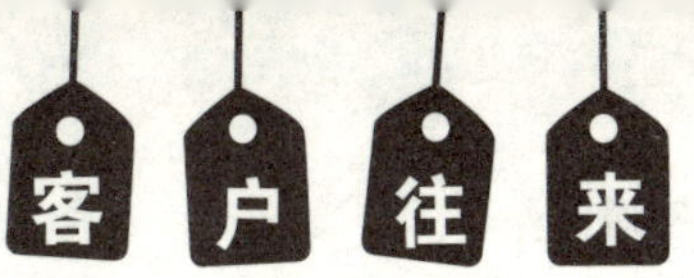

预约客户

我打电话是想确认一下明天见面的事。

Sto chiamando per confermare il nostro appuntamento di domani.

谐音 斯哆 科衣啊盲哆 呗了 空飞了骂咧 衣了 诺斯的落 啊崩哒闷哆 低 哆骂你

sdo kiamangdo bele konfelemalie yile nosdelo abondamendo di domani

抱歉，我明天的日程安排得很紧。

Mi dispiace, ma ho un calendario molto serrato domani.

谐音 咪 低斯逼啊切 吗 哦 翁 卡楞大里哦 摸了哆 些辣哆 哆骂你

mi disbiaqie ma o ong kalendalio moledo selado domani

下午 5 点合适吗？

Sarebbe adatto a venire alle cinque?

谐音 撒咧呗 啊大哆 啊 呜耶腻咧 啊咧 沁哭耶

saliebe adado a venilie alie qinkue

您能为我抽出半个小时的时间吗？

Mi puoi risparmiare mezz'ora?

谐音 咪 不哦衣 里斯吧了咪啊咧 咩做啦

mi buoyi lisbalemialie miezola

你希望安排一次单独会谈吗？

Vuoi organizzare un colloquio personale?

谐音 呜哦衣 哦了嘎你炸咧 翁 括落哭衣哦 呗了所呐咧

vuoyi oleganizalie ong kolokuyio belesonalie

我明天有时间。

Sono disponibile domani.

谐音 所诺 低斯波腻逼咧 多骂你

sono disbonibilie domani

10 点在你的办公室见。

Ci vediamo in ufficio alle 10:00.

谐音 漆 呜耶低啊摸 应 呜夫衣气哦 啊咧 低耶漆

qi vediamo ying ufiqio alie dieqi

您预约了吗？

Hai un appuntamento?

谐音 啊衣 翁 啊崩哒闷哆

ayi ong abongdamendo

我们定在 10 点见面。

Il nostro incontro è fissato alle 10.

谐音 衣了 诺斯的落 耶 夫衣撒哆 啊咧 低耶漆

yile nosdelo yingkondelo e fisado alie dieqi

他最近很忙，这周都预约满了。

Lui è piuttosto occupato in questi giorni. Questa settimana è tutto prenotato.

谐音 路衣 耶 逼悠哆斯哆 哦哭爸哆 应 哭耶斯低 鸡哦了你 哭耶斯哒 些低骂呐 耶 渡哆 不咧诺大哆

luyi e bioudosdo okubado ying kuesdi jioleni kuesda sedimana e dudo bulienodado

机场接待

您一定是来自美国的布莱恩先生吧？

È signore Brian dall'America?

谐音 耶 西诺咧 不丽恩 哒啦咩丽卡

e xiniolie bulien dalamielika

不好意思，请问您是来自美国的布莱恩先生吗?
Scusami. È signore Brian dall'America?
谐音 斯裤咋咪 耶 西诺咧 不丽恩 哒啦咩丽卡
skuzami e xiniolie bulien dalamielika

欢迎来到上海。
Benvenuti a Shanghai.
谐音 奔呜耶怒低 啊 上海
benvenudi a shang hai

我们公司派我来接您。
La nostra azienda mi ha chiesto di prendervi.
谐音 啦 诺斯的辣 啊鸡恩哒 咪 啊 科衣耶斯哆 低 不认爹了呜衣
la nosdela ajienda mi ha kiesdo di buledeilevi

我已经恭候多时了。
Ti ho aspettato molto tempo.
谐音 低 哦 啊斯呗大哆 摸了哆 扽波
di o asbedado moledo denbo

您的旅途还顺利吧?
Com'è stato il tuo viaggio?
谐音 括咩 斯大哆 衣了 嘟哦 呜衣啊鸡哦
komie sdado yile duo viajio

坐了这么久的飞机您一定累了吧?
Devi essere stanco dopo un lungo viaggio?
谐音 爹呜衣 耶些咧 斯当括 多波 翁 隆过 呜衣啊鸡哦
deivi eselie sdangko dobo ong longo viajio

这是您第一次来上海吗?
È questo il tuo primo viaggio a Shanghai?
谐音 耶 哭耶斯哆 衣了 嘟哦 不丽摸 呜衣啊鸡哦 啊 上海
e kuesdo yile duo bulimo viajio a shanghai

您的行李都齐了吗？
Tutti i bagagli sono qui?
谐音 渡低 衣 吧嘎衣 所诺 溃
dudi yi bagayi sono kui

不，我还有一些行李是托运过来的。
No, ho alcuni bagagli consegnati.
谐音 尼欧 哦 啊了裤你 吧嘎衣 空些你啊低
nou o alekuni bagayi konseniadi

我来帮您提行李吧。
Mi lasci che La aiuti con i bagagli.
谐音 米 辣需 科呃 啦 爱又低 空 衣 吧嘎衣
mi laxu a ke la aiyoudi kon yi bagayi

这边请，我们的车就停在外边。
Da questa parte per favore. La nostra auto sta aspettando fuori.
谐音 哒 哭耶斯哒 吧了爹 呗了 发握咧 啦诺斯的辣 傲哆 斯哒 啊是呗当哆 夫哦里
da kuesda baledei bele favolie la nosdela aodo sda asbedangdo fuoli

我们动身去酒店吧。
Faremmo meglio a cominciare ad andare per l'hotel.
谐音 发咧摸 灭衣哦 啊 括民恰咧 啊的 肮大咧 呗了 咯爹了
faliemo mieyio a kominqialie ade angdalie bele lodeile

希望您在此过得愉快。
Buon divertimento.
谐音 不翁 低呜耶了低闷哆
buong diveledimendo

日程安排

您在上海期间将由我陪同。

Sarò la tua guida durante il Suo soggiorno a Shanghai.

谐音 撒落 啦 嘟啊 贵哒 嘟浪爹 衣了 苏哦 所鸡哦了诺 啊 上海

salo la dua guida dulangdei yile suo sojioleno a shanghai

您要看一下日程表吗？

Vuole guardare il programma?

谐音 呜哦咧 瓜了大咧 衣了 不咯哥辣嘛

vuolie gualedalie yile bulogelama

我们为您安排了紧凑的行程。

Abbiamo elaborato un piano stretto per Lei.

谐音 啊逼啊摸 耶啦波辣哆 翁 逼啊诺 斯的咧哆 呗了 类

abiamo elabolado ong biano sdeliedo bele lei

如果您希望有什么要改动的，尽管告诉我。

Se vuole fare alcune modificche, non esiti a dirmela.

谐音 些 呜哦咧 发咧 啊了裤捏 摸弟夫衣可卯 弄 耶鸡低 啊 弟了咩啦

se vuolie falie alekunie modifike nong ejidi a dilemiela

我们专门为您留了一天的时间供您自由支配。

Abbiamo organizzato un giorno libero per Lei.

谐音 啊逼啊摸 哦了嘎你炸哆 翁 鸡哦了诺 丽呗咯 呗了 类

abiamo oleganizado ong jiolno libelo bele lei

明天上午 10 点我们将参观工厂。

Visiteremmo la fabbrica alle 10 domani mattina.

谐音 呜衣鸡爹咧摸 啦 发不丽卡 啊咧 低耶漆 哆骂你 骂弟呐

vijideiliemo la fabulika alie dieqi domani madina

明天中午 12 点您将和布莱恩先生共进午餐。
Domani alle 12 avrà il pranzo con signore Brian.
谐音 哆骂你 啊咧 舵低漆 啊呜辣 衣了 不浪做 空 西诺咧 不丽恩
domani alie dodiqi avula yile bulangzo kon xiniolie bulien

介绍公司

我们从 1900 年就开始从事这一行业。
Siamo stati in questa linea dal 1900.
谐音 西啊摸 斯大低 应 奎耶斯哒 丽捏啊 大了 密咧诺呜耶欠哆
xiamo sdati ying kuesda linea dale milienoveqiando

你们公司设在哪里？
Dove si trova la vostra azienda?
谐音 多呜耶 西 的落哇 啦 我斯的辣 啊鸡恩哒
dove si delova lavosdela ajienda

去年我们的纯利润是一千万元。
L'anno scorso il nostro utile netto è stato di 10 milioni di Yuan.
谐音 啦诺 斯扩了所 衣了 诺斯的咯 误弟咧 捏哆 耶 斯大哆 低 低耶漆 咪里哦你 低 元
lano skoleso yile nosdelo wudilie nedo e sdado di dieqi milioni di yuan

我们的产品在亚洲享有很高的赞誉。
Il nostro prodotto gode di una buona reputazione in Asia.
谐音 衣了 诺斯的落 不咯舵哆 过爹 低 呜呐 不哦那 咧不哒鸡哦捏 应 啊细啊
yile nosdelo bulododo godei di wuna buona liebudajione ying asia

这是一家国有企业吗？

È una compagnia di stato?

谐音 耶 呜呐 空吧你啊 低 斯大哆

e ong konfbaniaa di sdado

2013 年的产值是多少？

Come'è il fatturato nel 2013?

谐音 括咩 衣了 发嘟辣哆 捏了 嘟耶密啦的咧低溙

komie yile fadulado nele duemiladeliediqi

这是我们的技术部门。

Questo è l'ufficio tecnico.

谐音 哭耶斯哆 耶 噜夫衣气哦 爹科腻括

kuesdo e lufiqio deikeniko

我们专营化妆品。

Ci siamo specializzati in prodotti cosmetici.

谐音 溙 西啊摸 斯呗恰里炸低 应 不咯哆低 括斯灭低溙

qi siamo sbeqializadi ying bulododi kosmiediqi

贵公司在中国的最大贸易伙伴是哪家公司？

Quale azienda in Cina è il vostro principale partner commerciale?

谐音 跨咧 啊鸡恩哒 应 气呐 耶 衣了 喔斯的落 不拎溙爸咧 趴特呢 括咩了恰咧

kualie ajienda ying qina e yile vosdelo bulinqibalie patene komieleqialie

你们公司的主打产品是什么？

Qual'è il prodotto principale della vostra azienda?

谐音 跨 咧 衣了 不咯舵哆 不拎溙爸咧 爹啦 握斯的辣 啊鸡恩哒

kua lie yile bulododo bulinqibalie deila vosdela ajienda

参观工厂

你想去参观我们的工厂吗？

Vuoi visitare la nostra fabbrica?

谐音 呜哦衣 呜衣鸡大咧 啦 诺斯的辣 发不丽卡

vuoyi vijidalie la nosdela fabulika

开车到那里要多长时间呢？

Quanto tempo ci vuole per guidare lì?

谐音 况哆 扽波 漆 呜哦咧 呗了 规大咧 丽

kuangdo denbo qi vuolie bele guidalie li

欢迎来到我们工厂。

Benvenuto alla nostra fabbrica.

谐音 奔呜耶怒哆 啊啦 诺斯的辣 发不丽卡

benvenudo ala nosdela la fabulika

让我来带您参观一下吧，这边请。

Mi permetta di mostrare in giro. Da questa parte per favore.

谐音 咪 呗了灭哒 低 摸斯的辣咧 应 鸡咯 哒 哭耶斯哒 吧了爹 呗了 发我咧

mi belemieda di mosdelalie ying jilo da kuesda baledei bele favolie

你们工厂占地面积是多少？

Quanto è grande la vostra fabbrica?

谐音 况哆 耶 个浪爹 啦 喔斯的辣 发不丽卡

kuangdo e gelangdei la vosdela fabulika

您想去参观一下我们的生产车间吗？

Vuole vedere il nostro negozio di produzione?

谐音 呜哦咧 呜耶爹咧 衣了 诺斯 的落 捏过鸡哦 低 不咯嘟鸡哦捏

vuolie vedeilie yile nosdelo negojio di plodujione

你们有多少员工?
Quanti dipendenti avete?
谐音 况低 低奔扽低 啊呜耶爹
kuangdi dibendendi avedei

我可以去看看主车间吗?
Posso guardare il reparto principale?
谐音 钵所 瓜了大咧 衣了 咧爸了哆 不拎漆爸咧
boso gualedalie yile liebaledo bulinqibalie

我们实行三班轮换制。
Noi facciamo tre turni.
谐音 诺衣 发漆啊摸 的咧 渡了你
noyi faqiamo delie duleni

您觉得我们工厂怎么样?
Che ne pensi del nostro stabilimento?
谐音 科耶 捏 笨西 爹了 诺斯的落 斯哒逼里闷哆
ke ne benxi deile nosdelo sdabilimendo

宴请宾客

我很高兴东西能合您的口味。
Sono contento che il cibo sia di Suo gusto.
谐音 所诺 空扽哆 科耶 衣了 气波 西啊 弟 苏哦 故斯哆
sono kondendo ke yile qibo xia di suo gusdo

你对什么东西过敏吗?
Sei allergico a qualcosa?
谐音 些衣 啊咧了鸡括 啊 跨了扩咋
seyi alielejiko a kualekoza

为了您的身体健康和我们的合作干杯！

Per la tua salute e la nostra cooperazione. Saluti!

谐音 呗了 啦 嘟啊 撒路爹 耶 啦 诺斯的辣 括哦呗啦鸡哦捏 撒路低

bele la dua saludei e la nosdela koobelajione saludi

请随意品尝。

Assaggia come vuole.

谐音 啊撒鸡啊 括咩 呜哦咧

asajia komie vuolie

我们设宴为您接风。

Abbiamo preparato una cena per Lei.

谐音 啊逼啊摸 不咧吧辣哆 呜呐 切呐 呗了 累

abiamo buliebalado wuna qiena bele lei

我们由衷感激能有机会与您合作。

Apprezziamo molto la collaborazione con voi.

谐音 啊不咧鸡啊摸 默了哆 啦 括啦波辣鸡哦捏 空 握衣

abuliejiamo moledo la kolabolajione kon voyi

送走宾客

您的航班已经开始登机了。

Il Suo volo è ora d'imbarco.

谐音 衣了 苏哦 握咯 耶 哦啦 订爸了括

yile suo volo e ola dinbaleko

祝您旅途愉快。

Buon viaggio.

谐音 不翁 呜衣啊鸡哦

buong viajio

我们希望您能再次来我们公司参观。

Speriamo che possa visitare di nuovo la nostra azienda.

谐音 斯呗丽啊摸 科耶 钵撒 呜衣鸡大咧 低 怒哦喔 啦 诺斯的辣啊鸡恩哒

sbeliamo ke bosa vijidale di nuovo la nosdela ajienda

请代我向王经理问好。

Saluti per me il Direttore Wang.

谐音 撒路低 俏 呗了 灭 衣了 低咧舵咧 王

saludi bele mie yile diledole wang

我们会派司机过去送您去机场的。

Invieremo il nostro autista a prenderLa all'aeroporto.

谐音 应呜衣耶咧摸 衣了 诺斯的落 凹弟低哒 啊 不认爹了啦 啊啦耶咯钵了哆

yingvielemo yile nosdelo aodisda a bulendeilela alaeloboledo

感谢你们的热情款待。

Grazie per la vostra ospitalità.

谐音 个辣鸡耶 呗了 啦 嘟啊 喔斯的辣 哦斯逼哒里大

gelajie bele la vosdela osbidalida

会展准备

我们最好先弄清楚对展览的要求。

Faremmo meglio a capire le esigenze per la mostra in anticipo.

谐音 发咧摸 灭衣哦 啊 卡毕咧 咧 耶鸡卷啧 呗了 啦 默斯的辣 应肮弟漆波

faliemo mieyio a kabilie lie ejijuanze bele la mosdela ying andiqibo

你想怎么摆放我们的产品？
In che modo vuoi esporre i nostri prodotti?
谐音 应 科耶 默哆 呜哦衣 耶斯钵咧 衣 诺斯的丽 不咯舵低
ying ke modo vuoyi esbolie yi nosdeli bulododi

你这里需要多少工作人员？
Quante persone avete bisogno qui?
谐音 况爹 呗了所捏 啊呜耶爹 逼做你哦 溃
kuangdei belesone avedei bizonio kui

你想在这儿用哪种颜色和装饰呢？
Che tipo di colore e decorazione vorresti usare qui?
谐音 科耶 弟波 低 扩咯咧 耶 爹括啦鸡哦捏 喔咧斯低 呜炸咧 溃
ke dibo di kololie e deikolajione voleisdi uzalie kui

筹备会展的第一步是要选择一个合适的地址。
La scelta di un luogo adatto è il primo passo nella preparazione di una mostra.
谐音 啦 血了哒 低 翁 噜哦过 啊大哆 耶 衣了 不丽摸 爸所 捏啦 不咧爸啦鸡哦捏 低 呜呐 默斯的辣
la xueleda di ong luogo adado e yile bulimo baso nela buliebarajione di wuna mosdela

工人们什么时候开始搭建展台？
Quando gli operai iniziano a costruire la teca?
谐音 况哆 衣 哦呗辣衣 衣腻鸡啊诺 啊 括斯的噜一咧 啦 爹卡
kuangdo yi obelayi yinijiano a kosdeluyilie la deika

我们需要定制宣传册。
Dobbiamo fare libretto di promozione.
谐音 哆逼啊摸 发咧 里不咧哆 低 不咯摸鸡哦捏
dobiamo falie libuliedo di bulomojione

在哪儿办会展最好呢？
Dove sarebbe la posizione migliore per la nostra mostra?

谐音 哆呜耶 撒咧呗 啦 波鸡鸡哦捏 咪衣哦咧 呗了 啦诺斯的辣 默斯的辣

dove saliebe la bojijione miyiolie bele la nosdela mosdela

展会期间我们需要两张桌子和四把椅子。
Abbiamo bisogno di due tavoli e quattro sedie durante la mostra.

谐音 啊逼啊摸 逼做你哦 低 嘟耶 大喔里 耶 跨的落 谢低耶 嘟浪爹 啦 默斯的辣

abiamo bizonio di due davoli e kuadelo sedie dulangdei la mosdela

展台搭建得怎么样了？
Com'è la costruzione della teca?

谐音 括咩 啦 括斯的噜鸡哦捏 爹啦 爹卡

komie la kosdelujione deila deika

这应该有个场地图标示各个公司的摊位所在。
Ci dovrebbe essere una planimetria per mostrare dov'è la posizione di ogni società.

谐音 漆 哆呜咧呗 耶些咧 呜呐 不啦尼灭的丽啊 呗了 摸斯的辣咧 哆呜耶 啦 波鸡鸡哦捏 低 哦你 所切大

qi dowuliebe eselie wuna bulanimiedelia bele mosdelalie dove labojijione di oni soqieda

现在展销会的准备工作进展得如何？
Com'è la preparazione per la fiera?

谐音 括咩 啦 不咧爸鸡哦捏 呗了 啦 夫衣耶啦

komie la buliebalajione bele la fiela

展览品的运输有问题吗?

Com'è il trasporto degli oggetti esposti?

谐音 括咩 衣了 的辣斯钵了哆 爹衣 哦觉低 耶斯钵斯低

komie yile delasboledo deiyi ojuedi esbosdi

通知所有客户了吗?

Tutti i visitatori sono stati notificati?

谐音 渡低 衣 呜衣鸡哒舵里 所诺 斯大低 诺地夫衣卡低

du di yi vijidadoli sono sdadi nodifikadi

询价报价

请提供以上产品的报价。

Si prega di citare la vostra offerta per la richiesta di cui sopra.

谐音 西 不咧嘎 低 漆大咧 啦 喔斯的辣 哦飞了哒 呗了 啦 里科衣耶斯哒 低 溃

si buliega di qidalie la vosdela ofeleda bele la likiesda di kui sobula

敬请惠寄报价单和样品。

Vi prego di inviarci alcuni dei vostri campioni e le citazioni.

谐音 呜衣 不咧嘎 低 应呜衣啊了漆 啊了裤你 爹衣 握斯的丽 康逼哦你 耶 咧 漆哒鸡哦你

vi buliego di yingvialeqi alekuni deyi vosdeli kangbioni e lie qidajioni

你方报价几日有效?

per quanto tempo la tua offerta resta valida?

谐音 呗了 况哆 扽波 啦 嘟啊 哦飞了哒 咧斯哒 哇丽哒

belepe kuangdo denbo la dua ofeleda liesda valida

请向我方报以下产品的最低报价。
Vorremmo avere la quotazione più bassa per i seguenti prodotti.
谐音 喔咧摸 啊呜耶咧 啦 括哒鸡哦捏 逼悠 爸撒 呗了 衣 些棍低不咯舵低
voliemo avelie la kodajione biou basa bele i segundi bulododi

敬请告知该货以现金支付的最低价格。
Vi preghiamo di favorirci con il più basso prezzo in contanti per le merci.
谐音 呜衣 不咧鸡啊摸 低 发我里了漆 空 衣了 逼悠 爸所 不咧做应 空当低 呗了 咧 灭了漆
vi buliejiamo di favolileqi kon yile biou baso buliezo ying kondangdi pele lie mieleqi

感谢您的询问。
Grazie per la Sua richiesta.
谐音 个辣鸡耶 呗了 啦 苏啊 里科衣耶斯哒
gelajie bele la sua likiesda

我方报价三天有效。
La nostra offerta è valida per tre giorni.
谐音 啦 诺是的辣 哦飞了哒 耶 哇里哒 呗了 的咧 鸡哦了你
la nosdela ofeleda e valida bele delie jioleni

我们会为您提供最大程度的折扣。
Vi offriamo il migliore sconto.
谐音 呜衣 哦夫丽啊摸 衣了 咪衣哦咧 斯控哆
vi ofuliamo yile miyiolie skondo

如果订单量大的话，我们会为您提供折扣的。
Se l'ordine è così grande, vi offriamo uno sconto.
谐音 些 落了低捏 耶 括鸡 个浪爹 呜衣 哦夫丽啊摸 呜诺 斯控哆
se loledine e koji gelangdei vi ofuliamo wuno skondo

我能知道您的详细询问吗？

Posso avere la Sua richiesta specifica?

谐音 钵所 啊呜耶咧 啦 苏啊 里科衣耶斯哒 斯呗气夫衣卡

boso avelie la sua likiesda sbeqifika

请详告价格、质量、可供数量及其他有关情况。

Informazioni complete in materia di prezzi, qualità e quantità disponibile sarebbero apprezzate.

谐音 应佛了嘛鸡哦你 空不咧爹 应 嘛爹丽啊 低 不咧鸡 夸里大耶 况低大 低斯波腻逼咧 撒咧呗咯 啊不咧炸爹

yingfolemajioni konbuliedei ying madeilia di bulieji kualida e kuangd da saliebelo abuliezadei

我对你们的产品很感兴趣。

Sono interessato ai vostri prodotti.

谐音 所诺 应 爹咧撒哆 啊衣 握斯的丽 不咯舵低

sono yingdeiliesado ayi vosdeli bulododi

商定价格

这价格高得离谱。

Il prezzo è troppo alto.

谐音 衣了 不咧做 耶 的落波 啊了哆

yile buliezo e delobo aledo

3% 的折扣怎么样？

Che ne dici di uno sconto del 3%?

谐音 科耶 捏 弟漆 低 呜诺 斯控哆 爹了 的咧 呗了欠哆

ke ne di qi di wuno skondo deile delie peleqiando

考虑到产品的质量，我认为价格是合理的。

Prendiamo la qualità in considerazione, credo che il prezzo sia ragionevole.

谐音 不人低阿莫 啦 夸里大 应 空西爹啦鸡哦捏 科咧哆 科耶 衣了 不咧做 西阿 啦鸡哦捏握咧

bulendiamo la kualida ying konsideilajione keliedo ke yile buliezo xia lagionevolie

我们的报价对你们很合适。

Il prezzo che citiamo è abbastanza buono per voi.

谐音 衣了 不咧做 科耶 漆低啊摸 耶 啊爸斯当咋 不哦诺 呗了 握衣

yile buliezo ke qidiamo e abasdangza buono bele voyi

您能再降点儿价格吗?

Potrebbe fare il prezzo un po'più basso?

谐音 波的咧呗 发咧 衣了 不咧做 翁钵 逼悠 爸所

bodeliebe falie yile buliezo ongbo biou baso

还有商议的空间吗?

C'è spazio per negoziare?

谐音 切 斯爸鸡哦 呗了 捏过鸡啊咧

qie sbajio bele negozialie

我已经把价格压到最低了。

Ho tagliato il prezzo al minimo.

谐音 哦 哒衣啊哆 衣了 不咧做 啊了 密腻摸

o dayiado yile buliezo ale minimo

发盘还盘

我方希望贵方能认真考虑我方的还盘。

Speriamo che consideri la nostra contro-offerta più favorevole.

谐音 斯呗丽啊摸 科耶 空西爹丽 啦 诺斯的辣 空的落 哦飞了哒 逼悠 发喔咧握咧

sbeliamo ke konsideili la nosdela kondeloofeleda biou favolievolie

你方的报价并不比其他报价有优势。

La vostra offerta non è affatto favorevole rispetto a quelli di altri origini.

谐音 啦 握斯的辣 哦飞了哒 弄 耶 啊发哆 发喔咧握咧 里斯呗哆 啊 哭耶里 低 啊了的里 哦丽鸡你

la vosdela ofeleda non e afado favolievolie lisbedo a kueli di aledeli olijini

你方的价格超出了我们的预料。

Il vostro prezzo è oltre le nostre aspettative.

谐音 衣了 握斯的落 不咧做 耶 哦了的咧 咧 诺斯的咧 啊斯呗哒 弟呜耶

yile vosdelo buliezo e oledelie lie nosdelie asbedadive

你方报价与现行市场价不符。

Il prezzo che offrite non è in linea con il mercato prevalente.

谐音 衣了 不咧做 科耶 哦夫丽爹 弄 耶 应 丽聂啊 空 衣了 咩了卡 哆 不咧哇楞爹

yile bulie o ke ofulidei nong e ying ilnea kon yile mielekado bulievalengdei

买得越多，价格越便宜，这是惯例。

Come regola generale, l'ordine è più grande, il prezzo è più basso.

谐音 括咩 咧过啦 觉捏辣咧 落了低捏 耶 逼悠 个浪爹 衣了 不咧 做 耶 逼悠 爸所

komie liegola juenelalie loledine e biou gelangdei yile buliezo e biou baso

请给我们你们最好的还盘。

Si prega di farci la vostra contatore migliore.

谐音 西 不咧嘎 低 发了漆 啦 喔斯的辣 空哒舵咧 咪衣哦咧

si buliega di faleqi la vosdela kondadolie miyiolie

我很想知道你们的报盘情况。
Voglio sapere la vostra offerta.
谐音 握衣哦 撒呗咧 啦 握斯的辣 哦飞了哒
voyio sabelie la vosdela ofeleda

谈判事宜

我们愿意与你们立即签订代理协议。
Vorremmo firmare un contratto di agenzia con voi immediatamente.
谐音 喔咧摸 夫衣了骂咧 翁 空的辣哆 低 啊娟鸡啊 空握衣 应咩地啊哒闷爹
voliemo fuilemalie un kondelado di ajuanjia kon voyi yingmiediadamendei

我们应该在谈判前列出最理想和最不理想的结果。
Dobbiamo elencare il migliore e il peggiore risultato prima della negoziazione.
谐音 哆逼啊摸 耶扔卡咧 衣了 咪衣哦咧 耶 衣了 呗鸡哦咧 里苏了大哆 不丽嘛 爹啦 涅锅鸡啊机哦捏
dobiamo elenkalie yile miyiolie e yile bejiolie lisuledado bulima deila negojiajione

你们准备好商务谈判了吗？
Avete preparato per la trattativa d'affari?
谐音 啊呜耶爹 不咧吧辣哆 呗了 啦 的辣哒弟哇 哒发里
avedei buliebalado bele la deladadiva dafali

除了你们公司，我们还有别的选择。
Oltre alla vostra azienda, abbiamo anche altre scelte.
谐音 哦了的咧 啊啦 握斯的辣 啊鸡恩哒 啊逼啊摸 肮科耶 啊了的咧 血了爹
oledelie ala vosdela ajienda abiamo angke aledelie xueledei

首先我们要搜集相关情报。

Prima dobbiamo raccogliere alcune informazioni rilevanti.

谐音 不丽嘛 哆逼啊摸 啦括衣耶咧 啊了裤捏 应佛了骂鸡哦你 里咧汪低

bulima dobiamo lakoyielie alekune yingfolemajioni liliewangdi

这是我们做出的最大让步。

Questo è il miglior compromesso che possiamo fare.

谐音 哭耶斯哆 耶 衣了 咪衣哦咧 空不咯灭所 科耶 波西啊摸 发咧

kuesdo e yile miyiolie konbulomieso kie bosiamo falie

达成共识是我们双方最好的结果。

Raggiungere il consenso è il miglior risultato per tutti e due.

谐音 啦鸡翁觉咧 衣了 空肾所 耶 衣了 咪衣哦咧 里苏了大哆 呗了 渡低 耶 嘟耶

lajiongjuelie yile konsenso e yile miyiolie lisuledado bele dudi e due

市场调查

调研结果表明，我们的定价应该比我们的主要竞争者略低一些。

La ricerca suggerisce che dovremmo fare il prezzo appena inferiore a quelli dei nostri principali concorrenti.

谐音 啦 里切了卡 苏觉丽学 科耶 哆呜咧摸 发咧 衣了 不咧做 啊呗那 应飞丽哦咧 啊 哭耶里 爹衣 诺斯的丽 不拎漆爸里 空括认低

la liqieleka sujuelixue ke dovlemo falie iyle buliezo abena yingfeliolie a kueli i deiyi nosdeli bulinqibali konkorendi

我们决定在开始阶段做一次市场调查。

All'inizio abbiamo deciso di fare una ricerca di mercato.

谐音 啊里腻鸡哦 啊逼啊摸 爹气做 低 发咧 呜呐 里且了卡 低 咩了卡哆

aliniji o abiamo deiqizo di falie wuna liqieleka di mielekado

市场调研有什么发现?

Qual'è il risultato della ricerca di mercato?

谐音 夸 咧 衣了 丽苏了大哆 爹啦 里怯了卡 低 咩了卡哆

kua lie yile lisuledado deila liqieleka di mielekado

怎样选择市场?

Come selezionare un mercato?

谐音 括咩 些咧鸡哦那咧 翁 咩了卡哆

komie seliejionalie un mielekado

我们要对同类产品进行调查吗?

Dobbiamo fare ricerca su altri prodotti simili?

谐音 多逼啊摸 发咧 里切了卡 苏 啊了的丽 不咯舵低 细咪里

dobiamo falie liqieleka su aledeli bulododi simili

我们可以先进行小规模的试销来试探一下市场的潜力。

Siamo in grado di impostare una sperimentazione su piccola scala per sondare il potenziale di mercato.

谐音 西啊摸 应 个辣哆 低 应波斯大咧 呜呐 斯呗丽们哒鸡哦捏 苏 毕括啦 斯卡辣 呗了 松大咧 衣了 波扽鸡啊咧 低 咩了卡多

siamo ying gelado di yingbosdalie wuna sbelimendajione su bikola skala bele sondalie yile bodengjialie di mielekado

销售代理

互相信任在建立代理关系中非常重要。

La fiducia reciproca conta molto nella creazione di un rapporto di agenzia.

谐音 啦 夫衣渡恰 咧溱不咯卡 控哒 摸了哆 捏啦 科咧啊鸡哦捏 低 翁 啦钵了哆 低 啊娟鸡啊

la fiduqia lieqibuloka konda moledo nela kelieajione di ong laboledo di ajuonjia

我想担任你们在中国的代理。

Vorrei agire come agente in Cina.

谐音 我累 啊记咧 括咩 啊娟爹 应 气呐

volei ajilie komie ajuandei ying qina

我或许就是最佳人选。

Potrei essere la persona giusta per voi.

谐音 钵的累 耶些咧 啦 崩了所呐 就死哒 呗了 握衣

bodelei eselie la belesona jiusda bele voyi

你当代理的销售目标是多少？

Qual'è il tuo scopo di vendita come un agente?

谐音 夸 咧 衣了 嘟哦 斯扩波 低 问低哒 括咩 翁 啊卷爹

kua lie yile duo skobo di vendida komie ong ajuandei

你们有什么优势呢？

Che tipo di vantaggi che potete offrire?

谐音 科耶 弟波 低 汪大鸡 科耶 波爹爹 哦夫丽咧

ke dibo di vangdaji ke bodeidei ofulilie

我们有丰富的人脉资源。

Abbiamo risorse ricche di clienti.

谐音 啊逼啊摸 里所了些 里科耶 低 科丽恩低

abiamo lisolese like di keliendi

我们只需要独家代理。
Abbiamo bisogno di solo un agente.

谐音 啊逼啊摸 逼做你哦 低 所洛 翁 啊娟爹

abiamo bizonio di solo ong ajuandei

我们有稳定的客户群。
Abbiamo un solido gruppo di clienti.

谐音 啊逼啊摸 翁 所丽咯 个路波 低 科丽恩低

abiamo un solido gelubo di keliendi

销售佣金

每卖出一个产品就能拿到发票面额的 15% 的佣金。
L'agente otterrà il 15% di commissione del valore della fattura su ogni prodotto che vendi.

谐音 啦 娟爹 哦爹辣 衣了 困低漆 呗了欠哆 低 括咪西哦捏 爹了 哇咯咧 爹啦 发渡啦 苏 哦你 不咯舵哆 科耶 温低

la juandei odeila yile kundiqi beleqiando di komisione deile valolie deila fadula su oni bulododo ke vendi

包括佣金吗?
C'è qualche commissione inclusa?

谐音 切 跨了括咋 括咪西哦捏 应科路咋

qie kualeke komisione yingkeluza

我们不会提供任何的佣金，这是我们公司的规定。
Noi non offriamo alcuna commissione, questo è la regola della nostra azienda.

谐音 诺衣 弄 哦夫丽啊摸 啊了裤呐 括咪西哦捏 哭耶斯哆 耶 啦 咧锅啦 爹啦 诺斯的啦 阿机嗯哒

noyi non ofuliamo alekuna komisione kuesdo e la liegola deila nosdela ajienda

如果销量上升的话，你会得到更高的佣金。

È possibile ottenere una maggiore commissione se le vendite aumentano.

谐音 耶 波细逼咧 哦爹捏咧 呜呐 骂鸡哦咧 括咪西哦捏 些 咧 问低爹 奥闷大诺

e bosibilie odeinelie wuna majiolie komisione se lie vendidei aomendano

你们一般给代理人的佣金率是多少?

Qual'è il tuo tasso di commissione abituale per gli agenti?

谐音 跨咧 耶 衣了 嘟哦 大所 低 括咪西哦捏 啊逼嘟啊咧 呗了 衣啊卷低

kualie e yile duo daso di komisione abidualie bele yi ajuandi

你能再加点儿吗?

Puoi aumentare un po'di più?

谐音 不哦衣 凹闷大咧 翁 钵 低 逼悠

buoyi aomendalie un bo di biou

你更倾向于哪种，佣金还是折扣?

Quale preferisci, una commissione o uno sconto?

谐音 跨咧 不咧飞丽需 呜呐 括咪西哦捏 哦 呜诺 斯控哆

kualie buliefelixu wuna komisione o wuno skondo

想要鼓励代理人，提供佣金最有效了。

Una commissione funziona meglio per incoraggiare un agente.

谐音 呜呐 括咪西哦捏 风机哦呐 灭衣哦 呗了 应括啦鸡啊咧 翁啊娟爹

wuna komixione fenjiona mieyio bele yingkolajialie ong ajuandei

投标招标

我们正准备发招标通知。

Siamo pronti per iniziare a inviare l'invito alla gara.

谐音 西啊摸 不龙低 呗了 衣你家咧 啊 应呜衣啊咧 拎呜衣哆 啊啦 噶啦

siamo bulongdi bele yinizialie a yingvialie linvido ala gala

什么时候开始招标？

Quando inizierà l'offerta?

谐音 况哆 衣你鸡耶辣 咯飞了哒

kuangdo yinijie a lofeleda

我们会在两周后公布招标结果。

Noi pubblicizziamo il risultato della gara in due settimane.

谐音 诺衣 不不丽漆鸡啊摸 衣了 丽苏了大哆 爹啦 嘎辣 应 嘟耶些低骂捏

noyi bubuliqijiamo yile lisuledado della gala ying due sedimane.

这次是秘密招标还是公开招标？

Si tratta di una offerta segreta o pubblica?

谐音 西 的啦大 低 翁 哦飞了哒 些个咧哒 哦 不不丽卡

si delada di wuna ofeleda segelieda o bubulika

你们对投标有什么要求？

Qual'è il tuo requisito per la gara?

谐音 跨 咧 衣了 嘟哦 咧亏记哆 呗了 啦 嘎啦

kua lie yile duo liekuizido bele la gala

9 商务贸易

你会邀请投标者来监督招标吗？

Vuoi invitare gli offerenti di supervisionare l'apertura?

谐音 呜哦衣 应呜衣大咧 衣 哦飞了低 低 苏呗了呜衣鸡哦那咧 啦呗了渡啦

vuoyi yingvidalie yi ofelendi di subelevijionalie labeledula

很多公司都对这次的招标感兴趣。

Molte aziende sono interessate a questa offerta.

谐音 默了爹 啊鸡恩爹 所诺 应爹咧丧爹 啊 哭耶斯哒 哦飞了哒

moledei ajiendei sono yingdeiliesadei a kuesda ofeleda

这样对其他投标者不公平。

Non sarebbe giusto per gli altri offerenti.

谐音 弄 撒咧呗 就死哆 呗了 衣 啊了的丽 哦飞认低

nong saliebe jiusdo bele yi aledeli ofelendi

要交保证金吗？

È necessario un deposito in contanti?

谐音 耶 捏切撒丽哦 翁 爹钵鸡哆 应 空当低

e neqiesalio un deibojido ying kondangdi

如果你们公司符合要求的话，我们会考虑你们的。

Prenderemo la tua azienda in considerazione se si soddisfa le vostre esigenze.

谐音 不认爹咧摸 啦 嘟啊 啊鸡恩哒 应 空西爹啦鸡哦捏 些 西 所弟斯发 咧 喔斯的咧 耶鸡娟啧

burendeiliemo la dua ajienda ying konsideilajione se si sodisifa lie vosdelie ejijuanze

市场拍卖

你竞拍了什么？
Che cosa hai fatto un'offerta su?

谐音 科耶 括咋 啊衣 发哆 翁 哦飞了哒 速
ke koza ayi fado ong ofeleda su

我宣布你为本次拍卖品的得主。
Dichiaro che sei l'offerente di vincita.

谐音 低科衣啊落 科耶 些衣 咯飞认爹 低 呜应气哒
dikialo ke seyi loferendei di vinqida

我们奉行"价高者得"的做法。
Seguiamo la pratica di "il più alto offerente ottiene".

谐音 些规啊摸 啦 不辣低咔 低 衣了 逼悠 啊了哆 哦飞认爹 哦低耶捏
seguiamo la buladika di yile biou aledo oferendei odiene

最低竞投价是多少？
Qual'è il minimo prezzo di offerta?

谐音 跨 咧 衣了 密你麽 不咧做 低 哦飞了哒
kua lie yile minimo buliezo di ofeleda

会有多少人参与到这次拍卖？
Quante persone parteciperanno a questa asta?

谐音 况爹 呗了所捏 吧了爹漆呗啦诺 啊 哭耶斯哒 啊斯哒
kuangdei belesone baledeiqibelano a kuesda asda

有些竞拍者会故意推高价格。
Alcuni offerenti manterrebbero un'offerta più alta con intenzione.

谐音 啊了裤你 哦飞认低 芒爹裂呗咯 翁哦飞了哒 逼悠 啊了哒 空应找鸡哦捏
alekuni oferen di mandeilebelo wuno ofeleda biou aleda kon yingdenjione

技术转让

我们来谈谈技术转让的细节吧。

Parliamo dei dettagli del contratto di cessione.

谐音 吧了里啊摸 爹衣 爹大衣 爹了 空的辣哆 低 切西哦捏

baleliamo deiyi deidayi deile kondelado di qiesione

我想购买贵公司的专有技术。

Voglio comprare la vostra tecnologia esclusiva.

谐音 握衣哦 空不辣咧 啦 喔斯的辣 爹科诺咯鸡啊 耶斯科噜记哇

voyi o konbulalie la vosdela deikenolojia eskelujiva

有可能无偿转让吗？

È possibile che il trasferimento sia gratuito?

谐音 耶 波细逼咧 科耶 衣了 的啦斯飞丽闷哆 西阿 个啦嘟衣哆

e bosibilie ke yile delasfelimendo xia geladuyido

你们技术转让要价多少？

Quanto chiedete il trasferimento?

谐音 况哆 科衣耶爹爹 衣了 的啦斯飞丽闷哆

kuangdo kiedeidei yile delasfelimendo

你想以何种形式转让技术呢？

In quale forma vorresti trasferire la tecnologia?

谐音 应 跨咧 佛了嘛 喔裂斯低 的啦斯飞丽咧 啦 爹科诺咯鸡啊

ying kualie folema volesidi delasfelilie la deikenolojia

我方认为，最好还是以技术投资的方式来转让我们的技术。

Noi pensiamo che è meglio trasferire le nostre conoscenze in forma di investimento tecnico.

谐音 诺衣 奔西啊摸 科耶 耶 灭衣哦 的啦斯飞丽咧 咧 诺斯的咧 括诺需恩咋 应佛了嘛 低 应呜耶斯低闷哆 爹科你括

noyi bensiamo ke e mieyio delasfelilie lie nosdelie konoxuenze ying folema di yingvesdimendo deikeniko

技术转让费将以专利使用费的形式来支付。

La tassa di trasferimento di tecnologia deve essere pagato in diritti d'autore.

谐音 啦 大萨 低 的啦斯飞丽闷哆 低 爹科诺咯鸡啊 爹呜耶 耶啧咧 吧嘎哆 应 低丽低 刀哆咧

la dasa di delasfelimendo di deikenolojia deive eselie bagado ying dildi daodolie

合资经营

我觉得合资经营对我们双方都有利。

Credo che la cooperazione beneficherà entrambi.

谐音 科咧哆 科耶 啦 括哦呗啦鸡哦捏 呗捏夫衣可卯 辣 恩的浪逼

keliedo ke la koobelajione benefikela endelangbi

你方的合资条件是什么?

Qual'è il tuo termine e condizione in joint venture?

谐音 跨咧 衣了 嘟哦 爹了咪捍 耶 空低鸡哦捏 应 娟恩特 温切

kualie yile duo deilemine e kondijione ying joiente wenqie

合资企业有合营期限吗?

C'è un limite di tempo per una joint venture?

谐音 切 翁 丽咪爹 低 扽波 呗了 呜呐 娟恩特 温切

qie un limidei di denbo bele wuna joiente wenqie

找个好的合伙人是很重要的。

È importante trovare un buon socio.

谐音 耶 应波了当爹 的落哇咧 翁 不翁 索漆哦

e yingboledangdei delovalie ong buong soqio

贸易方式

补偿贸易是一种信贷。
Il commercio di compensazione è una sorta di prestito.
谐音 衣了 括灭了漆哦 低 空奔撒鸡哦捏 耶 呜呐 所了哒 低 不咧斯低哆
yile komieleqio di konbensajione e wuna soleda di buliesdido

您选择全额补偿贸易还是部分补偿贸易?
Vuole fare il commercio di compensazione totale o parziale?
谐音 呜哦咧 发咧 衣了 括灭了漆哦 低 空奔撒鸡哦捏 哆大咧 哦 吧了鸡啊咧
vuolie falie yile komieleqio di konbensajione dodalie o balejialie

您认为易货贸易如何?
Cosa ne pensa di condurre un baratto?
谐音 括咋 捏 笨萨 低 空渡咧 翁 吧辣哆
koza ne bensa di kondulie un balado

我们愿以寄售的方式接受本交易。
Noi possiamo accettare il commercio in conto deposito.
谐音 诺衣 波西啊摸 啊切大咧 衣了 括灭了漆哦 应 控哆 爹钵鸡哆
noyi bosiamo aqiedalie yile komieleqio ying kondo deibojido

你们对加工业务有兴趣吗?
Siete interessati all’elaborazione di business?
谐音 西耶爹 应爹咧撒滴 啊咧啦波辣鸡哦捏 低 逼子腻斯
siedei yingdeiliesadi alielabolajione di biuznisi

你们的加工费是多少？

Quanto vale il vostro carico di elaborazione?

谐音 况哆 哇咧 衣了 喔斯的落 卡丽括 低 耶啦波辣鸡哦捏

kuangdo valie yile vosdelo kaliko di elabolajione

你们要加工什么产品？

Che tipo di prodotti volete elaborare?

谐音 科耶 弟波 低 不咯舵低 喔咧爹 耶啦波辣咧

ke dibo di bulododi voliedei elabolalie

订单确认

你方下订单了吗？

Avete prenotato l'ordine?

谐音 啊呜耶爹 不咧诺大哆 落了低捏

avedei bulienodado loledine

我来确认一下您的订单。

Confermo il Suo ordine.

谐音 空飞了摸 一了 苏哦 哦了低捏

kongfelemo yile suo oledine

您什么时候能确认订单？

Quando possiamo aspettarci la conferma dell'ordine?

谐音 况哆 波西啊摸 啊斯呗大了漆 啦 空飞了骂 爹落了低捏

kuangdo bosiamo asbedaleqi la kongfelema deiloledine

你可以通过传真确认订单。

È possibile confermare l'ordine per mezzo di fax.

谐音 耶 波细逼咧 空飞了骂咧 落了低捏 呗了 灭做 低 夫爱克斯

e bosibilie konfelemalie loledine bele miezo di fuaikesi

如果贵方尽快确认订单，我们不胜感激。
Apprezzeremo se potesse confermare l'ordine il più presto possibile.
谐音 啊不咧啧咧摸 些 波爹些 空飞了骂咧 落了低捏 衣了 逼悠不咧斯哆 波细逼咧
abuliezeliemo se bodeise konfelemalie loledine yile biou buliesdo bosibilie

您想订购多少呢？
Quanti ne vuole ordinare?
谐音 况低 捏 呜哦咧 哦了低呐咧
kuangdi ne vuolie oledinalie

您还订购其他东西吗？
Ha qualche altro ordine?
谐音 啊 跨了科耶 啊了的落 哦了低捏
ay kualeke aledelo oledimie

付款条件

能否告知贵方付款条件？
Puoi farci sapere quali sono i vostri termini di pagamento?
谐音 不哦衣 发了漆 撒呗咧 跨里 所诺 衣 喔斯的丽 爹了咪你 低吧嘎闷哆
buoyi faleqi sabelie kuali sono yi vosdeli deilemini di bagamendo

我想同你讨论一下付款条件。
Voglio discutere i termini di pagamento con voi.
谐音 喔衣哦 低斯裤爹咧 衣 爹了咪你 低 吧嘎闷哆 空 喔衣
voyio diskudeilie yi deilemini di bagamendo kon voyi

不知你能否接受付款交单的方式？
Voglio sapere se si desidera accettare il D / P?
谐音 握衣哦 撒呗咧 些 西 爹鸡爹啦 啊 啊切大咧 衣了 地 皮
voio sabelie se si deijideila aqiedalie yile di pi

我们希望第一次订的货能先付款。

Speriamo che i soldi possano pagare in anticipo sulla prima prenotazione.

谐音 斯呗丽啊摸 科耶 衣 所了低 钵撒诺 吧嘎咧 应 肮弟漆波 苏啦 不丽嘛 不咧诺哒鸡哦捏

sbeliamo ke yi soledi bosano bagalie ying angdiqibo sula bulima bulienodajione

对不起，我们不能接受承兑交单的支付方式。

Ci dispiace, ma non accettiamo nessun assegno, vogliamo i contanti.

谐音 漆 低斯逼啊切 嘛 弄 啊切低啊摸 捏松 啊谢你哦 喔里啊摸 衣 空当低

qi disbiaqie ma nong aqiediamo nesong asenio voliamo yi kondangdi

我方要求贵方在收到货运单据后立刻支付货款。

Abbiamo bisogno di pagamento immediato al momento della presentazione dei documenti di spedizione.

谐音 啊逼啊摸 逼做你哦 低 吧嘎闷哆 衣咩地啊哆 啊了 摸闷哆 爹啦 不咧真哒鸡哦捏 爹一 哆哭闷低 低 斯呗低机哦捏

abiamo bizonio di bagamendo yimiediado ale momendo deila buliezendajione deiyi dokumendi di sbedijione

我们不能接受延期付款。

Non possiamo accettare il pagamento ritardo.

谐音 弄 波西啊摸 啊切大咧 衣了 吧嘎闷哆 里大了哆

nong bosiamo aqiedalie yile bagamendo lidaledo

我方要求贵方支付 5000 美元作为定金。

Viene richiesto di pagare $5000 come acconto.

谐音 呜衣耶捏 里科衣耶斯哆 低 吧嘎咧 沁哭耶密啦 多辣里 括咩 啊控哆

viene likiesdo di bagalie qinkuemila dolali komie akondo

贵方应以美元支付。

Dovrebbe pagare in dollari.

谐音 哆呜咧呗 吧嘎咧 应 哆辣里

dowuliebe bagalie ying dolali

货运期限

货物能按时运到吗？

Le merci possono arrivare in tempo?

谐音 咧 灭了漆 钵所诺 啊里哇咧 应 扽波

lie mieleqi bosono alivalie ying denbo

能把交货期延长两个星期吗？

Potrebbe estendere il periodo di consegna di due settimane?

谐音 波的咧呗 耶斯扽爹咧 衣了 呗丽哦哆 低 空些你啊 低 嘟耶些低骂捏

bodeliebe esdendeilie yile beliodo di konsenia di due sedimane

交货期限是什么时候？

Quando è il termine?

谐音 况哆 耶 衣了 爹了咪捏

kuangdo e yile deilemine

货运时间不能晚于 5 月 10 号。

Il momento della spedizione non dovrebbe essere superiore al 10 maggio.

谐音 衣了 摸闷哆 爹啦 斯呗低鸡哦捏 弄 哆呜咧呗 耶 些咧 苏呗丽哦咧 啊了 低耶漆 骂鸡哦

yile momendo deila sbedijione non dowuliebe eselie subeliolie ale dieqi majio

你方何时能装运货物？

Quando potete spedire la merce?

谐音 况哆 波爹爹 斯呗地咧 啦 灭了切

kuangdo bodeidei sbedilie la mieleqie

我们把交货期定下来吧。

Cerchiamo di fissare il momento della spedizione.

谐音 切了科衣啊摸 低 夫衣撒咧 衣了 摸闷哆 爹啦 斯呗低鸡哦捏

qielekiamo di fisalie yile momendo deila sbedijione

我们这批货的装船期限是什么时候?

Quando è il termine di carico?

谐音 况哆 耶 衣了 爹了咪捏 低 卡丽括

kuangdo e yile deilemine di kaliko

包装运输

包装不另收费。

Nessun addebito è fatto per il confezionamento.

谐音 捏松 啊爹逼哆 耶 发哆 呗了 衣了 空飞机哦呐闷哆

nesun adeibido e fado bele yile konfejionamendo

你们对包装有什么要求吗?

Qual'è il tuo rcquisito per l'imballaggio?

谐音 跨咧 衣了 嘟哦 咧亏记哆 呗了 拎吧辣鸡哦

kualie yile duo liekuizido bele linbalajio

我们是来检验我们的包装的。

Siamo qui per controllare l'imballaggio.

谐音 西啊摸 溃 呗了 空的落辣咧 拎吧辣鸡哦

siamo kui bele kondelolalie lingbalajio

我们想用木箱来包装。

Vorremmo confezionare con casse di legno.

谐音 喔咧摸 空飞机哦那咧 空 卡些 低 咧尼哦

voliemo konfejionalie kon kase di lienio

我们提供以下几种包装方式。

Forniamo seguenti stili di confezione.

谐音 佛了你啊摸 些棍低 斯弟里 低 空飞机哦捏

foleniamo segundi sdili di konfejione

请在箱子上标明数量和型号。

Si prega di contrassegnare la scatola con quantità e numero di modello.

谐音 西 不咧嘎 低 空的啦些你啊咧 啦 斯卡哆啦 空 框低哒 耶 怒咩咯 低 摸爹落

si buliega di kondelasenialie la skadola kon kuangdida e numielo di modeilo

你选择哪种运输方式?

Qual'è la tua scelta della modalità di trasporto?

谐音 跨咧 啦 嘟啊 血了哒 爹啦 摸哒里大 低 的啦斯钵了哆

kua lie la dua xueleda deila modalida di delasboledo

这批货请走船运。

Si prega di avere le merci trasportate in nave.

谐音 西 不咧嘎 低 啊呜耶咧 咧 灭了漆 的啦斯波了大爹 应 那呜耶

si buliega di avelie lie mieleqi delasboledadei ying nave

空运要花多少钱?

Quanto costa il trasporto aereo?

谐音 况哆 扩斯哒 衣了 的啦斯钵了哆 啊耶了哦

kuangdo kosda yile delasboledo aeleo

一周内必须把货物运到。

I prodotti devono arrivare entro una settimana.

谐音 衣 不咯舵低 爹喔诺 啊里哇咧 恩的落 呜呐 些低骂呐

yi bulododi deivono alivalie endelo wuna sedimana

我方希望贵方能同意分批装运。

Ci auguriamo che la spedizione parziale sia permessa.

谐音 漆 凹故里啊摸 科耶 啦 斯呗低鸡哦捏 吧了鸡啊咧 西阿 呗了灭撒

qi aoguliamo ke la sbedijione balejialie xia belemiesa

货物已于上周装船运走。

La merce è stata spedita la scorsa settimana.

谐音 啦 灭了切 耶 斯大哒 斯呗弟哒 啦 斯括了撒 些低骂呐

la mieleqie e sdada sbedida la skolesa sedimana

货物将于下月中旬装船备妥。

La merce sarà pronta a metà del prossimo mese.

谐音 啦 灭了切 撒辣 不龙大 啊 咩大 爹了 不咯细摸 灭啧

la mieleqie sala bulonda a mieda deile bulosimo mieze

交货条件

贵方的交货条件是什么？

Quali sono le condizioni di consegna?

谐音 跨里 所诺 咧 空低鸡哦你 低 空谢你啊

kuali sono le condijioni di konsenia

第一批货物的装船不迟于 2013 年 5 月。

La prima parte della merce deve essere spedita non oltre maggio 2013.

谐音 啦 不丽嘛 爸了爹 爹啦 灭了切 爹呜耶 耶些咧 斯呗弟哒 弄哦了的咧 骂鸡哦 嘟耶密啦的咧低漆

la bulima baledei deila mieleqie deive eselie sbedida non oledelie majio duemiladeliediqi

交货将于两周后进行。
La consegna sarebbe fatta in due settimane.
谐音 啦 空些你啊 撒咧呗 发哒 应 嘟耶 些低骂捏
la konsenia saliebe fada ying due sedimane

你的选港在哪儿?
Qual'è la tua porta opzionale?
谐音 跨咧 啦 嘟啊 钵了哒 哦呗鸡哦那咧
kua lie la dua boleda obejionalie

你们何时能完成交货?
Quando potete finire la consegna?
谐音 况哆 波爹爹 夫衣腻咧 啦 空些你啊
kuangdo bodeidei finilie la konsenia

选港费该由买家承担。
Le spese opzionali sono a carico dell'acquirente.
谐音 咧 斯呗啧 哦呗鸡哦那里 嗦诺 啊 卡丽括 爹啦亏认爹
lie sbeze obejionali sono a kaliko deilakuirendei

三 海关通关

你能告诉我通关的步骤吗?
Potrebbe dirmi le procedure di compensazione?
谐音 钵的咧呗 弟了咪 咧 不咯切渡咧 低 空奔撒鸡哦捏
bodeliebe dilemi lie buloqiedule di konbensajione

你方应负责报关。
È la vostra responsabilità di dichiare le abitudini.
谐音 耶 啦 喔斯的辣 咧斯崩撒逼里大 低 低科衣啊咧 咧 啊逼渡低尼
e la vosdela liesbonsabilida di dikialie lie abidudini

所有东西都要申报吗?

Ho bisogno di dichiarare tutte le cose?

谐音 哦 逼做腻哦 低 低科衣啊辣咧 渡爹 咧 括喷

o bizonio di dikialalie dudei lie koze

海关通关手续有哪些?

Quali sono le procedure?

谐音 跨里 所诺 咧 不咯切渡咧

kuali sono lie buloqiedulie

你得填写申报单。

Devi compilare il modulo di dichiarazione.

谐音 爹呜衣 空逼辣咧 衣了 摸渡咯 低 低科衣啊啦鸡哦捏

deivi konbilalie yile modulo di kialajione

您要回答工作人员提出的一些问题。

È necessario rispondere ad alcune domande dei funzionari.

谐音 耶 捏 切撒丽哦 里斯崩爹咧 啊的 啊了裤捏 哆芒爹 爹衣 风机哦那里

e neqiesalio lisbondeilie ade alekune domandei deiyi fenjionali

保险事宜

您能给我一份保险费率表吗?

Mi può dare un modulo del tasso di assicurazione?

谐音 咪 钵 大咧 翁 摸渡咯 爹了 大所 低 啊西哭啦鸡哦捏

mi bo dalie un modulo deile daso di asikulajione

保险责任有效期是多久?

Quanto dura il periodo di validità della responsabilità di assicurazione?

谐音 况哆 渡啦 衣了 呗丽哦哆 低 哇里低大 爹啦 咧斯崩撒逼里大 低 啊西哭啦鸡哦捏

kuangdo dula yile beliodo di validida deila liesbonsabilida di asikulajione

---

你们投什么险?

Quali sono rischi comprate?

谐音 跨里 所诺 丽斯科衣 空不辣爹

kuali sono lisiki konbuladei

保费已包含在到岸价里了。

Il premio di assicurazione è già incluso nel prezzo CIF.

谐音 衣了 不咧咪哦 低 啊西哭啦鸡哦捏 耶 鸡啊 应科路做 捏了 不咧做 斯艾爱抚

yile buliemio di asikulajione e gia yingkeluzo nele buliezo siaifu

---

你所选的险别必须适合你的货物。

L'assicurazione scelta deve essere adatta alla tua merce.

谐音 啦 西哭啦鸡哦捏 血了哒 爹呜耶 耶些咧 啊大哒 啊啦 嘟啊 灭了切

la sikulajione xueleda deive eselie adada ala dua mieleqie

有三种基本险别:平安险、水渍险、综合险。

Ci sono tre tipi di assicurazioni di base: FPA, WPA e ogni rischio.

谐音 漆 所诺 的咧 弟逼 啊西哭啦鸡哦你 低 爸啧 爱抚皮埃 大不留皮埃 耶 哦你 丽斯科衣哦

qi sono delie dibi asikulajioni di baze aifupiai dabuliupiai e oni liskio

索赔事宜

我们希望你们能全面理赔。

Speriamo che possiate effettuare un insediamento completa.

谐音 斯呗丽啊摸 科耶 波西啊爹 耶飞嘟啊咧 翁 应些低啊闷哆 空不咧哒

sbeliamo ke bosiadei efedualie un yingsediamen o konbulieda

我想跟你谈谈赔偿条款的问题。

Voglio discutere la clausola di indennizzo con te.

谐音 握衣哦 低斯哭爹咧 啦 科涝所啦 低 应爹腻做 空 爹

voyio disikudeilie la kelaosola di yingdeinizo kon dei

这项索赔属于保险公司责任范围。

La richiesta deve essere affidata alla compagnia di assicurazione.

谐音 啦 里科衣耶斯哒 爹呜耶 耶些咧 啊夫衣大哒 啊啦 空吧腻啊低 啊西哭啦鸡哦捏

la likiesda deive eselie afidada ala konbania di asikulajione

明天我会去贵公司洽谈索赔一事。

Andrò alla vostra azienda per parlare dell'indennizzo

谐音 肮的咯 啊啦 喔的啦 啊鸡恩哒 呗了 吧了辣咧 爹拎爹腻做

angdelo ala vosdela ajienda bele balelalie deilindeinizo

我想你方应该赔偿我们的损失才算合理。

Penso che sia ragionevole che tu debba compensare la nostra perdita.

谐音 奔所 科耶 西啊 啦鸡哦聂握咧 科耶 渡 爹吧 空奔撒咧 啦 诺斯的辣 呗了低哒

benso ke sia lajionevolie ke du dieba konbensalie la nosdela beledida

任何运输途中产生的损失要求赔偿，我们都不予接受。

Non accettiamo le richieste di risarcimento per la perdita in transito.

谐音 弄 啊切低啊摸 咧 里科衣耶斯爹 低 里撒了漆闷哆 呗了 啦 呗了低哒 应 的浪鸡哆

nong aqiediamo lie likesdei di lisaleqimendo bel la beledida ying delanjido

看来，我们只好放弃索赔了。

Sembra che dovremo rinunciare alla pretesa.

谐音 肾不啦 科耶 哆呜咧摸 里弄漆啊咧 啊啦 不咧爹咋

senbula ke dowuliemo linonqialie ala buliedeiza

一些木箱破裂，货物严重受损。

Molte casse di legno sono rotte e il contenuto viene gravemente danneggiato.

谐音 默了爹 卡些 低 咧尼哦 所诺 咯爹 耶 衣了 空爹怒哆 呜衣耶捏 个啦呜耶闷爹 大捏鸡啊哆

moledei kase di lienio sono lodei e yile kondeinudo vinie gelavemendei danejiado

基于检查报告，我们向你方索赔3000美金。

Sulla base del rapporto di indagine, registriamo la nostra richiesta con voi per $3.000.

谐音 苏啦 吧喷 爹了 啦钵了哆 低 应大鸡捏 咧鸡是的丽啊摸 啦 诺斯的辣 里科衣耶斯大 空 握衣 呗了 的咧密啦 哆辣里

sula baze deile laboledo di yingdajine liejisdeliamo la nosdela likiesda kon voyi bele deliemila dolali

请早日将索赔款汇给我们。

Vi preghiamo di rinviare l'importo del credito al più presto.

谐音 呜衣 不咧鸡啊摸 低 拎呜衣啊咧 拎钵了哆 爹了 科咧低哆 啊了 逼悠 不咧斯哆

vi buliejiamo di linviale linboliedo deile keliedido ale biou buliesdo

外贸仲裁

进行仲裁时我们必须提供哪些文件？

Quali documenti dobbiamo fornire ad arbitrato?

谐音 跨里 哆哭闷低 哆逼啊摸 佛了腻咧 啊的 啊了逼的辣哆

kuali dokumendi dobiamo folenilie ade alebidelado

我们必须通过仲裁解决分歧吗？

Dobbiamo risolvere la controversia mediante arbitrato?

谐音 哆逼啊摸 里所了鸣耶咧 啦 空的落鸣耶了西啊 咩地肮爹 阿了逼的辣哆

dobiamo lisolevelie la kondelovelexia miediangdei alebidelado

最好的方法是通过双方协商圆满解决。

Il modo migliore è di raggiungere un consenso attraverso la consultazione.

谐音 衣了 默哆 咪衣哦咧 耶 低 啦鸡翁觉咧 翁 空肾嗦 啊的啦鸣耶了所 啦 空苏啦鸡哦捏

yile modo miyiolie e di lajionjuelie ong konsenso adelaveleso la konsuledajione

仲裁通常是在别无选择的情况下的最后手段。

L'arbitrato è generalmente l'ultima risorsa, se non ci sono alternative.

谐音 啦了逼的辣哆 耶 觉捏啦了闷爹 路了低嘛 里所了撒 些 弄漆 所诺 啊了爹了那弟鸣耶

lalebidelado e juenelalemendei luledima lisolesa se non qi sono aledeilenadive

我们希望仲裁在中国进行。

Speriamo che l'arbitrato sia condotto in Cina.

谐音 斯呗丽啊摸 科耶 啦了逼的辣哆 西啊 空舵哆 应 漆呐

sbeliamo ke lalebideilado sia kontodo ying qina

我们来谈谈仲裁问题。

Parliamo di arbitrato.

谐音 吧了里啊摸 低 啊了逼的辣哆

baleliamo di alebidelado

如果一方不执行仲裁的决定和判决该怎么办？

Che cosa succede se una delle parti non segue la decisione dell'arbitrato?

谐音 科耶 括咋 苏怯爹 些 误呐 爹咧 吧了低 弄 谢古耶 啦 爹漆鸡哦捏 爹啦了逼的辣哆

ke koza suqiedei se wuna deilie baledi nong segue la deiqijione deilalebidelado

这个索赔要求将以仲裁方式解决。

Questa chiesta dell'indennizzo sarà risultata in arbitrato.

谐音 哭耶斯哒 科衣耶斯哒 爹拎爹腻做 撒辣 里苏了大哒 应 啊了逼的辣哆

kuesda kiesda deilindeinizo sala lisuledada ying alebidelado